ANDERS GEDACHT

ANDERS

Text and Context in the

GEDACHT

German-Speaking World

Irene Motyl-Mudretzkyj
BARNARD COLLEGE AT COLUMBIA UNIVERSITY

Michaela Späinghaus
UNIVERSITÄT HEIDELBERG

HEINLE
CENGAGE Learning

Australia • Brazil • Japan • Korea • Mexico • Singapore • Spain • United Kingdom • United States

HEINLE
CENGAGE Learning

Anders gedacht: Text and Context in the German-Speaking World, Second Edition
Motyl-Mudretzkyj and Späinghaus

Editor-in-Chief: P.J. Boardman

Publisher: Beth Kramer

Senior Development Editor: Judith Bach

Development Editor: Paul Listen

Assistant Editor: David Naden

Editorial Assistant: Catherine Mooney

Media Editor: Laurel Miller

Marketing Manager: Mary Jo Prinaris

Marketing Coordinator: Janine Enos

Senior Marketing Communications Manager:
  Stacey Purviance

Senior Content Project Manager:
  Aileen Mason

Senior Art Director: Linda Jurras

Senior Print Buyer: Betsy Donaghey

Senior Rights Acquisition Account Manager:
  Katie Huha

Senior Photo Editor: Jennifer Meyer Dare

Production Service: Pre-Press PMG

Text Designer: Hecht Design

Cover Designer: Hecht Design

Compositor: Pre-PressPMG

For product information and technology assistance, contact us at
Cengage Learning Customer & Sales Support, 1-800-354-9706

For permission to use material from this text or product,
submit all requests online at **cengage.com/permissions**
Further permissions questions can be emailed to
permissionrequest@cengage.com

Library of Congress Control Number: 2009943957

ISBN-13: 978-1-439-08253-9

ISBN-10: 1-439-08253-7

Heinle
20 Channel Center Street
Boston, MA 02210
USA

Cengage Learning is a leading provider of customized learning solutions with office locations around the globe, including Singapore, the United Kingdom, Australia, Mexico, Brazil, and Japan. Locate your local office at:
international.cengage.com/region

Cengage Learning products are represented in Canada by Nelson Education, Ltd.

For your course and learning solutions, visit **academic.cengage.com**

Purchase any of our products at your local college store or at our preferred online store **www.CengageBrain.com**

Printed in the United States of America
2 3 4 5 6 7 14 13 12 11 10

Contents

To the Student

Anders gedacht means *thinking differently*, and thinking differently about the German language and the cultures of German-speaking countries is exactly what we hope to encourage with this textbook. We want to encourage you to think differently—to change your point of view so as to engage in cross-cultural interpretation, analysis, and comparison.

Our approach in this textbook is to create a balance between intellectually stimulating content and the language skills you need to communicate effectively. You will learn grammar, vocabulary, and other aspects of language by learning about the cultural and historical contexts of the German language—in short, by learning about the lives of native speakers of German. Conceived in this way, *Anders gedacht* becomes a "content course," with many opportunities to connect your study of German to other fields, such as music, science, business, political science, history, and philosophy.

Through discussion and written exercises based on film, visual arts, and print texts,

you will study the world views and unique ways of life and patterns of behavior of Germans, Austrians, and Swiss, as expressed through contemporary culture. This will deepen your understanding of the context of the German language—which will help you better speak German. We hope that besides further developing your language skills this book will help you become a better observer and analyst of this different culture, while learning to see your own culture from a different perspective.

Anders gedacht is learner-centered, learner-friendly, and easy to follow. The text provides cross references to the Instructor Audio CD, Companion Website, and Student Activities Manual (*Übungsbuch*), as well as to the poems, songs, interviews, speeches, and author readings featured in the Student Text **(Anhang A)**. A list of irregular verbs and a German-German glossary are also provided in the reference section.

We hope you enjoy learning German with *Anders gedacht!*

Acknowledgments

We thank our colleagues and friends for their encouragement and valuable contributions: Jutta Schmiers-Heller, Miranda Emre, Alexander J. Motyl, Holger Breithaupt, Richard Korb, Michael Knop, Sabine Dinsel, Andrew Homan, Rainer Schachner, Anne-Katrin Titze, Christina Frei, Claudia Lynn, Nicole Tenschert, and the Consortium for Language Teaching and Learning.

In particular we thank Paul Listen for his work as Development Editor, and Senior Development Editor Judith Bach for guiding this book through development and Senior Content Project Manager Aileen Mason for guiding it through production.

The authors and publisher thank the following reviewers for their comments and recommendations, which were invaluable in the development of this program.

SECOND EDITION

Stefanie Borst, Texas Tech University
Christopher Clason, Oakland University
Andrea Dortman, New York University
Peter Ecke, University of Arizona
Susanne Even, Indiana University
Anke Finger, University of Connecticut
Senta Goertler, Michigan State University
Robin Huff, Georgia State University
Cornelius Partsch, Western Washington University
Guenter Pfister, University of Maryland
Carmen Taleghani-Nikazm, Ohio State University
Eileen Wilkinson, Fairfield University

FIRST EDITION

Gary L. Baker, Denison University
Claudia A. Becker, Loyola University, Chicago
Robert K. Bloomer, State University of New York, Stony Brook
Nikolaus Euba, University of California, Berkeley
Anke K. Finger, University of Connecticut
Lynne H. Frame, University of California, Berkeley
Christina Frei, University of Pennsylvania
Jan L. Hagens, University of Notre Dame
Maryanne Heidemann, Ferris State University
Heike Henderson, Boise State University
Janette C. Hudson, University of Virginia
Astrid Klocke, University of California, Los Angeles
Dwight E. Langston, University of Central Arkansas
Hans Rudolf Nollert, University of Central Oklahoma
Renate S. Posthofen, Utah State University
Hartmut Rastalsky, University of Michigan, Ann Arbor
Richard Rundell, New Mexico State University
Michael Schultz, New York University
Sylvia A. Smith, North Carolina State University
Carmen Taleghani-Nikazm, Ohio State University
Marilya Veteto, Northern Arizona University

ANDERS GEDACHT

Das Reisen

DIE ERLEBNISGESELLSCHAFT — TRENDS UND GEGENTRENDS

:: **ABSCHNITTE**

A Das Reisen: Texte und Statistiken
B Neue Trends beim Reisen
C Freizeitstress oder Nichtstun?

:: **TEXTE**

- Deutschland ist Reiseweltmeister 2007 (Internetartikel)
- Erlebnis-Urlaub im Iglu-Dorf (Werbetext)
- Wellness-Urlaub in den Alpen (Werbetext)
- Nur Mut zum Nichtstun! (Internetartikel)

:: **INTERNET-AKTIVITÄTEN**

- Beliebteste Reiseziele
- Reisetrends
- Aktuelle Reiseangebote
- Die Slow-Food- und die Slow-City-Bewegung

:: **SPRACHLICHE STRUKTUREN**

- Verb-Konjugation
- Komposita
- Präpositionen mit Akkusativ und Dativ, Wechselpräpositionen
- Imperativ

:: **LESESTRATEGIEN**

- Schlüsselwörter
- Hypothesen aufstellen

:: **SCHREIBSTRATEGIEN**

- Texte zusammenfassen
- Meinung äußern

:: **IN DIESER EINHEIT**

Sie erfahren etwas über das Reiseverhalten der Deutschen und vergleichen es mit dem Reiseverhalten der Menschen in Ihrem Land. Neue Trends beim Reisen werden vorgestellt.

E

EINSTIEG

EINSTIEG

Wenn jemand eine Reise tut, so kann er was erzählen.
—Matthias Claudius

Einstimmung auf das Thema

 :: 1 :: BEGRIFFE ASSOZIIEREN

Schreiben Sie Assoziationen zum Thema **Ferien** auf. Arbeiten Sie mit Ihrem Partner/Ihrer Partnerin. Sammeln Sie dann die Ergebnisse an der Tafel.

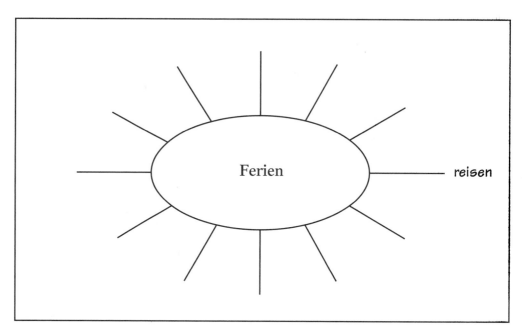

 :: 2 :: EIN GESPRÄCH FÜHREN

Arbeiten Sie in Kleingruppen (3–4 Personen). Fragen Sie Ihre Kommilitonen/Kommilitoninnen[1]:

a. Wohin möchtet ihr gern einmal in Urlaub fahren? Wo wart ihr schon?

b. Aus welchen Ländern kommen die meisten Touristen, was denkt ihr?

c. Findet ihr Touristen angenehm oder unangenehm? Habt ihr eine lustige Geschichte mit Touristen erlebt?

> **Redemittel**
>
> Ich möchte (gern) … *
> Ich würde gern … *
> Ich denke, … (+ *Hauptsatz*)
> Ich denke, dass … (+ *Nebensatz*)
> Ich finde …
> Ich bin der Meinung, dass …
> Ich glaube, dass …

d. Welche Touristen sind eurer Meinung nach die Reiseweltmeister? Warum?

:: 3 :: ZUSAMMENFASSEN

Stellen Sie Ihre Antworten jetzt im Kurs vor.

---

[1]der Kommilitone, -n; die Kommilitonin, -nen die anderen Studenten   *Erinnerung: <u>nach</u> Deutschland, *aber:* <u>in die</u> Schweiz

Deutschland ist Reiseweltmeister 2007

Lesestrategie • Schlüsselwörter

Wenn man einen Text verstehen will, muss man nicht jedes Wort kennen. Jeder Text hat **Schlüsselwörter**; das sind die wichtigsten Wörter im Text.

:: 1 :: SCHLÜSSELWÖRTER SORTIEREN

In dem Text „Deutschland ist Reiseweltmeister 2007" gibt es folgende Schlüsselwörter:

  der Weltmeister

  das Ausland

  Geld ausgeben

  die Fernreise

  die Einnahme

  beliebtes Reiseziel

Sind Ihnen die Schlüsselwörter bekannt? Sortieren Sie.

  Bekannte Wörter: _____

  Unbekannte Wörter: _____

:: 2 :: UNBEKANNTE WÖRTER VERSTEHEN

Um die Bedeutung der unbekannten Wörter zu verstehen, haben Sie nun drei Möglichkeiten:

• Sie können die Wörter von bekannten Wörtern ableiten.
• Sie können sie aus dem Kontext ableiten.
• Sie können im Wörterbuch nachschlagen oder Ihren Kursleiter/Ihre Kursleiterin fragen.

Leiten Sie die folgenden Wörter von bekannten Wörtern ab und notieren Sie die Erklärung.

BEISPIEL das Ausland

Das Land, in dem ich lebe, sind die USA. Das Gegenteil von „in" ist „aus".

Die USA sind für mich das Inland, alle anderen Länder auf der Welt sind

für mich das Ausland.

der Weltmeister

Geld ausgeben

Lesen • Global- und Detailverständnis

:: 3 :: SCHLÜSSELWÖRTER AUS DEM KONTEXT VERSTEHEN

Lesen Sie jetzt den Internetartikel „Deutschland ist Reiseweltmeister 2007". Versuchen Sie, die folgenden Schlüsselwörter aus dem Kontext zu verstehen und schreiben Sie eine Definition. Wenn Sie ein Wort nicht aus dem Zusammenhang erschließen konnten, sehen Sie ins Wörterbuch oder fragen Sie jemanden.

die Fernreise

die Einnahme

beliebtes Reiseziel

DEUTSCHLAND IST REISEWELTMEISTER 2007

Handball-Weltmeister, Fußball-Weltmeister – 2007 war für Deutschland
allein aus sportlicher Sicht sehr erfolgreich. Nun erklärt uns eine aktuelle
Studie ... auch noch zum Reise-Weltmeister des vergangenen Jahres. Dafür
mussten sich die Deutschen zwar auch ein bisschen bewegen, aber vor
5 allem mehr Geld im Ausland ausgeben als die gegnerischen Teams. Der
Sieg[1] kostete 84,7 Milliarden US-Dollar, dahinter folgen die USA (74,2 Mrd.)
und Großbritannien (70,6 Mrd.).

Das meiste Geld aus deutschen Reisekassen floss wie gewohnt nach
Spanien, Österreich und Italien. Deutliche Gewinner der vergangenen
10 Urlaubssaison sind Ägypten und die Türkei, die nach Terrorproblemen
und Karikaturenstreit[2] wieder mehr Touristen anlocken konnten. „Neben
den islamischen Ländern standen bei den Deutschen ungeachtet der
Klimadiskussion einmal mehr Fernreisen hoch im Kurs[3]", sagt Hans-
Peter Muntzke, Tourismusexperte. ... Mehr als 20 Prozent der gesamten
15 Reiseausgaben wurden für Aufenthalte in Ländern außerhalb Europas
verwendet.

Deutschland selbst verbuchte[4] Einnahmen von knapp 26,5 Milliarden
Euro, ein Zuwachs von 1 Prozent, und reiht sich damit unter den
beliebtesten Reisezielen auf Platz sieben ein. Niederländer, Schweizer
20 und Franzosen zeigten sich hierzulande am ausgabefreudigsten.

Quelle: http://news.idealo.de/, 16.01.2008 von Nils Kersten

---

[1]**der Sieg: siegen** (*Verb*) gewinnen   [2]**der Karikaturenstreit** Konflikt zwischen der islamischen Welt und Dänemark
wegen Karikaturen über den Propheten Mohammed   [3]**hoch im Kurs stehen** beliebt sein   [4]**verbuchen** *hier:* haben

:: 4 :: HAUPTINFORMATIONEN NOTIEREN

Lesen Sie den Text noch einmal und füllen Sie mit Ihrem Partner/Ihrer Partnerin
die Tabelle aus.

Reiseweltmeister	Beliebteste Reiseziele der Deutschen	Weitere beliebte Reiseziele der Deutschen	Häufige ausländische Touristen in Deutschland
Platz 1: _____	1. _____	1. _____	1. _____
Platz 2: _____	2. _____	2. _____	2. _____
Platz 3: _____	3. _____	3. _____	3. _____

STRUKTUREN Verb-Konjugation

Sie werden gleich Ihre Ergebnisse von Aufgabe 4 im Plenum vergleichen. Als Vorbereitung darauf konjugieren Sie die Verben **reisen**, **fahren**, **ausgeben** und **verreisen** in den vier Zeitformen.

das regelmäßige Verb *reisen*

Person	Präsens	Präteritum	Perfekt	Futur
ich	reise			
du			bist ... gereist	
er/sie/es/man				
wir		reisten		
ihr				
sie/Sie				werden ... reisen

das unregelmäßige Verb *fahren*

Person	Präsens	Präteritum	Perfekt	Futur
ich				
du	fährst			
er/sie/es/man			ist ... gefahren	
wir				werden ... fahren
ihr		fuhrt		
sie/Sie				

das trennbare Verb *ausgeben*

Person	Präsens	Präteritum	Perfekt	Futur
ich			habe ... ausgegeben	
du				
er/sie/es/man	gibt ... aus			
wir				werden ... ausgeben
ihr		gabt ... aus		
sie/Sie				

das untrennbare Verb *verreisen*				
Person	Präsens	Präteritum	Perfekt	Futur
ich			bin ... verreist	
du				
er/sie/es/man		verreiste		
wir				
ihr	verreist			
sie/Sie				werden ... verreisen

:: 5 :: INFORMATIONEN VERSPRACHLICHEN

Vergleichen Sie Ihre Ergebnisse von Aufgabe 4 jetzt im Plenum.

Übungsbuch
Einstieg, Teil A

BEISPIEL „In dem Artikel steht: Die Deutschen haben 2007 84,7 Milliarden US-Dollar für ihre Reisen ausgegeben. Die Amerikaner haben im Vergleich dazu …"

:: 6 :: MIT DEM INTERNET ARBEITEN

Der Text „Deutschland ist Reiseweltmeister 2007" berichtet, dass Deutschland unter den beliebtesten Reisezielen auf Platz 7 liegt. Vermuten Sie, welche sechs Reiseziele beliebter sind:

1. _____ 3. _____ 5. _____
2. _____ 4. _____ 6. _____

Recherchieren Sie anschließend im Internet, vergleichen Sie Ihr Ergebnis mit Ihrer Vermutung und berichten Sie im Kurs.

STRUKTUREN Komposita

Übungsbuch
Einstieg, Teil A

Im Text gibt es viele zusammengesetzte Wörter. Man nennt sie Komposita. Komposita schreibt man immer zusammen, d.h. in einem Wort! Bei Nomen bestimmt das Wort am Ende den Artikel: Reiseweltmeister (**die Reise + die Welt + der Meister = <u>der</u> Reise<u>welt</u>meister**). Lesen Sie jetzt den Text noch einmal und notieren Sie alle Komposita.

1. _____
2. _____
3. _____
4. _____
5. _____
6. _____
7. _____
8. _____
9. _____
10. _____
11. _____
12. _____
13. _____
14. _____

*Man kann lange Komposita mit Bindestrich schreiben.

Weiterführende Aufgaben

:: 7 :: ÜBER EIGENE ERFAHRUNGEN SPRECHEN

Sprechen Sie in kleinen Gruppen. Berichten Sie anschließend im Plenum.

Übungsbuch
Einstieg, Teil A

a. Verreisen Amerikaner/Briten wirklich seltener als die Deutschen? Warum könnte das so sein?

b. Die Deutschen sind sehr reiselustig, Österreicher zum Beispiel eher reisefaul. Wie würden Sie Ihre Landsleute bezeichnen?

c. Was sind die beliebtesten Reiseziele Ihrer Landsleute im Inland und im Ausland?

d. Wie sieht Ihrer Meinung nach ein typischer Urlaub Ihrer Landsleute aus?

:: 8 :: SCHREIBEN: ZUSAMMENFASSUNG

Welche Informationen haben Sie in Abschnitt A dieser Einheit bekommen? Fassen Sie noch einmal schriftlich zusammen. Schreiben Sie 50–100 Wörter.

Urlaubstrends der Gegensätze

:: 1 :: EIN QUIZ MACHEN

Testen Sie, welcher Urlaubstyp Sie sind. Gehen Sie dazu auf die *Anders gedacht* Website und bearbeiten Sie ein Quiz. Berichten Sie davon im Kurs.

Lesestrategie • Hypothesen aufstellen

:: 2 :: HYPOTHESEN AUFSTELLEN UND TEXT AUSWÄHLEN

Sie werden gleich einen Text über einen aktuellen Reisetrend lesen. Jeder Text hat einen Titel. Der Titel suggeriert den Inhalt des Textes. Arbeiten Sie in Gruppen und wählen Sie die Reise aus, über die Sie mehr wissen wollen.

- ☐ A. Erlebnis-Urlaub im Iglu-Dorf
- ☐ B. Wellness-Urlaub in den Alpen

Stellen Sie nun in der Gruppe Hypothesen zum Inhalt Ihres Textes auf:

Lesen

:: 3 :: SELEKTIVES LESEN

Sehen Sie sich zunächst die folgende Tabelle an. Dann wissen Sie beim Lesen schon, welche Informationen für Sie wichtig sein werden. Lesen Sie anschließend mit Ihrer Gruppe den gewählten Text und füllen Sie nach dem Lesen die Tabelle aus. Denken Sie daran, dass das Markieren von Schlüsselwörtern hilfreich sein kann!

Anmerkung: Die Spalte *Wie teuer* müssen Sie mit Hilfe des Internets ausfüllen. Gehen Sie dazu auf die *Anders gedacht* Website.

1. Wo?	2. Was?	3. Wie teuer? Internetrecherche	4. Ihre Meinung

(A) ERLEBNIS-URLAUB IM IGLU-DORF

Willkommen im Iglu-Dorf. Tauchen Sie ein in die Welt der Inuit …

In Davos, Engelberg, Gstaad und Zermatt in der Schweiz, sowie auf der Zugspitze in Deutschland und in Andorra können Sie unsere einzigartigen Iglu-Dörfer besuchen.

5 Nebst[1] dem herausragenden Übernachtungsangebot[2] eignet sich das Iglu-Dorf auch allerbestens für Events, Incentives und Anlässe[3] aller Art. Natürlich kann der Tag, der Abend, die Nacht oder der Morgen im und um das Iglu-Dorf auf verschiedenste Weise genutzt werden, die Möglichkeiten sind vielfältig: Iglu-Bar, Iglu-Fondue, Schneeschuhlaufen und klassischer Iglu-Bau.

10 Im Iglu-Dorf kann man in Standard-Iglus, die Platz für 6 Personen bieten, oder in Romantik-Iglus für Pärchen[4] übernachten. Nebst dem 15 klassischen Romantik-Iglu bietet die Romantik-Iglu-Suite in Gstaad, Davos und in Zermatt zusätzlich einen privaten Whirlpool! An einigen 20 Standorten steht für alle Gäste ein Whirlpool oder eine Sauna zur Verfügung[5]. Übernachtet wird auf Thermomatten, Matratzen und in Expeditions-Schlafsäcken bis −40 °C.

Iglus in der Schweiz

© Daniel Boschung / Corbis

Schmökern[6] Sie auf unserer Homepage, stöbern[7] Sie in unserer Welt aus Schnee und Bergen! Viel Spass[8] und bis bald in einem unserer Iglu-Dörfer.

Quelle: www.iglu-dorf.com

---

[1] schweizerisch für neben   [2] das Übernachtungsangebot: übernachten schlafen; das Angebot die Offerte   [3] der Anlass der Grund für ein Fest   [4] das Pärchen die Partner   [5] zur Verfügung stehen es gibt   [6] schmökern *ugs.* lesen   [7] stöbern *ugs.* sich umsehen   [8] schweizerische Schreibweise

(B) WELLNESS-URLAUB IN DEN ALPEN

Juffing Hotel & Spa: Weit weg von Sensationen ist das Juffing schlicht[1]
und klassisch schön. Alte, edle Materialien, viel Holz, Naturstein und
transparentes Glas vermitteln zwischen Tradition und Moderne. Das
Vierstern Superior Wellnesshotel wurde 2007 neu eröffnet und liegt 856 m
über dem Meer auf einem Hochplateau, 15 km von Kufstein entfernt.
Das moderne Design fügt[2] sich harmonisch in die herrliche Natur des
Thierseetals mit seinem großartigen Panorama.

In 43 Zimmern und Suiten mit höchstem Wohnkomfort sowie in einem
traumhaft schönen Spa findet
man Qualität fernab vom
Üblichen[3]. Die Verwöhn-
programme[4] für Beauty und
Wohlbefinden[5] umfassen
Massagen und Spezial-
behandlungen von Alpiner
Wellness bis Ayurveda.
Hallenbad, Saunen,
Sanarium, Dampfbad
sowie ein modernst ausge-
statteter Fitnessraum runden
das Relax-Angebot ab[6].
Kulinarische Genüsse bieten
die exzellente Gourmetküche und der gut sortierte Weinkeller.

Wellness

Chris Ryan / OJO Images / Photolibrary
Royalty-Free

Im Speisesaal[7] reicht das Glas bis zum Boden, wodurch sich ein freier
Blick aufs Alpenglühen[8] ergibt. Die fantastische Beleuchtung[9] wurde
von der Tiroler Weltfirma Swarovski entworfen.

Willkommen im Leben. Willkommen bei uns.

Quelle: www.juffing.at

---

[1] **schlicht** einfach   [2] **sich fügen** integrieren   [3] **das Übliche** das Normale   [4] **das Verwöhnprogramm: sich verwöhnen**
(Verb) sich Gutes tun   [5] **das Wohlbefinden** das gute Gefühl   [6] **abrunden** komplettieren   [7] **der Speisesaal** der Essraum
[8] **das Alpenglühen** der Sonnenuntergang über den Alpen   [9] **die Beleuchtung** das Licht

:: 4 :: HYPOTHESEN ÜBERPRÜFEN

Lesen Sie den Text noch einmal und überprüfen Sie Ihre Hypothesen aus Aufgabe 2.

:: 5 :: ERGEBNISSE PRÄSENTIEREN

Berichten Sie nun Ihren Kommilitonen/Kommilitoninnen von „Ihrer Reise".
Benutzen Sie folgende Redemittel:

1. … liegt/liegen in …
2. Man kann dort …
3. Eine Übernachtung mit Frühstück / ein Wochenende kostet …
4. Unserer Meinung nach ist diese Reise …

:: 6 :: WORTSCHATZ

Welche Wörter und Ausdrücke in Ihrem Text gehören zum Thema Reisen im
Allgemeinen, welche zum neuen Trend beim Reisen? Notieren Sie und erklären
Sie Ihre Auswahl im Kurs.

a. Wörter und Ausdrücke zum Thema Reisen im Allgemeinen:
die Übernachtung

b. Wörter und Ausdrücke, die den neuen Trend beim Reisen beschreiben:
die Wellness

Was fällt Ihnen in der zweiten Kategorie auf?

:: 7 :: WEITERFÜHRENDE FRAGEN

Beantworten Sie die folgenden Fragen.

a. Wie würden Sie die neuen Trends beim Reisen beschreiben?
b. Würden Sie einen der beiden Urlaube buchen? Welchen? Warum (nicht)?

:: 8 :: ZUSATZAUFGABEN

a. Versuchen Sie in Gruppen oder allein herauszufinden, was die gegenwärtigen
Reisetrends in Ihrem Land sind.
b. Versuchen Sie im Internet Beispiele für weitere Reisetrends im deutsch-
sprachigen Raum zu finden und berichten Sie Ihren Kommilitonen/
Kommilitoninnen davon. Gehen Sie auch auf die *Anders gedacht* Website.
Dort finden Sie Links, die Ihnen helfen können.

Projekt • einen Werbespot schreiben und aufnehmen

:: 9 :: REISEANGEBOTE RECHERCHIEREN

Suchen Sie ein Angebot von *Neckermann, TUI* oder von einem anderen deutschen, österreichischen oder Schweizer Reiseveranstalter im Internet. Suchen Sie sich eine interessante Reise aus und notieren Sie wichtige Informationen wie: Art der Reise, Reiseziel, Unterkunft[1], Verpflegung[2], Preis und Freizeit- bzw. Wellness-Möglichkeiten.

STRUKTUREN ALS VORBEREITUNG AUF DAS SCHREIBEN
Präpositionen mit Akkusativ und Dativ, Wechselpräpositionen

Übungsbuch
Einstieg, Teil B

:: a :: Lesen Sie zunächst die folgenden Sätze aus den Texten „Erlebnis-Urlaub im Iglu-Dorf" und „Wellness-Urlaub in den Alpen". Überlegen Sie, mit welchem Kasus die Präpositionen benutzt werden und warum. Tragen Sie Ihre Ergebnisse in die Tabelle ein.

1. Willkommen **im** Iglu-Dorf.
2. Tauchen Sie ein **in** die Welt der Inuit.
3. Natürlich kann der Tag, der Abend, die Nacht oder der Morgen **im** und **um** das Iglu-Dorf auf verschiedenste Weise genutzt werden.
4. Das Vierstern Superior Wellnesshotel wurde 2007 neu eröffnet und liegt 856 m **über** dem Meer **auf** einem Hochplateau.
5. In 43 Zimmern und Suiten **mit** höchstem Wohnkomfort sowie in einem traumhaft schönen Spa findet man Qualität fernab vom Üblichen.
6. Die fantastische Beleuchtung wurde **von** der Tiroler Weltfirma Swarovski entworfen.

	Kasus	Begründung
1	**in** = Wechselpräposition, hier mit Dativ gebraucht	Auf die Frage „Wo?" steht **in** + Dativ.
2		
3		
4		
5		
6		

---

[1]**die Unterkunft** wo man im Urlaub übernachtet, z.B. ein Hotel [2]**die Verpflegung** Essen und Getränke

:: b :: Sammeln Sie Präpositionen für die folgenden drei Kategorien:

1. Präpositionen mit Akkusativ: _____

_____

2. Präpositionen mit Dativ: _____

_____

3. Wechselpräpositionen: _____

_____

:: c :: Setzen Sie die richtigen Artikel oder Endungen ein.

1. Reisen Sie mit uns in ein_____ Welt (*f.*) aus Schnee und Eis!

2. Erleben Sie die untergehende Sonne in d_____ Alpen (*Pl.*).

3. Übernachten Sie auf d_____ Gipfel (*m.*) der Zugspitze und nehmen Sie ein Bad i_____ Whirlpool (*m.*) unter d_____ Sternenhimmel (*m.*).

4. Genießen Sie die Ruhe mit Ihr_____ Partner, Ihr_____ Partnerin oder allein und ganz ohne d_____ Stress (*m.*) des Alltags.

5. Wandern Sie durch d_____ Schnee (*m.*), bauen Sie mit Ihr_____ eigenen Händen ein Iglu und entspannen Sie sich a_____ Abend an d_____ Iglu-Bar (*f.*).

6. Lassen Sie sich von unser_____ Relax-Angeboten (*Pl.*) verwöhnen!

Übungsbuch
Einstieg, Teil B

STRUKTUREN ALS VORBEREITUNG AUF DAS SCHREIBEN
Imperativ

:: a :: Lesen Sie zunächst die folgenden Reklamesätze. Füllen Sie dann die Tabelle aus.

1. Reisen Sie in unsere Welt aus Schnee und Eis!

2. Erlebe die aufgehende Sonne in den Alpen!

3. Stöbert doch einmal auf unserer Homepage!

4. Machen wir doch einen Wellness-Urlaub!

	Imperativform	Regel
Sie-Form (Sing. und Plur.)	*reisen Sie*	*Das Verb hat die gleiche Form wie im Präsens, auch das Personalpronomen bleibt, die Reihenfolge ist aber vertauscht.*
du-Form		

	Imperativform	Regel
ihr-Form	_____	
wir-Form	_____	

:: b :: **Übung**   Schreiben Sie die Aufforderungen in allen vier Imperativformen.

1. *Sie*-Form: _Rufen Sie heute noch an!_ _____

   du-Form: _____

   ihr-Form: _____

   wir-Form: _____

2. *du*-Form: _Buch jetzt und bezahl' 25 % weniger!_ _____

   Sie-Form: _____

   ihr-Form: _____

   wir-Form: _____

:: 10 :: WERBESPOT SCHREIBEN

Schreiben Sie nun einen Werbespot für Radio, Fernsehen oder Internet, in dem Sie für Ihre Reise aus Aufgabe 9 Reklame machen. Lassen Sie ihn von Ihrem Kursleiter/Ihrer Kursleiterin korrigieren.

Übungsbuch
Einstieg, Teil B

:: 11 :: WERBESPOT AUFNEHMEN

Nehmen Sie Ihren Werbespot mit einem MP3- oder Minidisc-Recorder oder mit einer Videokamera auf und stellen Sie ihn Ihren Kommilitonen/ Kommilitoninnen vor.

Hören bzw. sehen Sie sich die Werbespots Ihrer Kommilitonen/Kommilitoninnen an und machen Sie sich Notizen zu Art der Reise, Reiseziel, Unterkunft[1], Verpflegung[2], Preis und Freizeit- bzw. Wellness-Möglichkeiten. Berichten Sie dann, welche dieser Reisen Sie am liebsten machen würden und begründen Sie Ihre Meinung.

LianeM © 2009 Shutterstock

Ein weiterer Reisetrend ist das Pilgern: auf den Jakobswegen durch Europa.

---

[1]**die Unterkunft** wo man im Urlaub übernachtet, z.B. ein Hotel   [2]**die Verpflegung** Essen und Getränke

Hans Punz / AP Images

Fußgängerzone in Wien

Nur Mut zum Nichtstun

:: 1 :: WORTSCHATZ

Arbeiten Sie mit einem Partner/einer Partnerin. Lesen und erklären Sie die folgenden Wörter und finden Sie zwei Kategorien, denen Sie die Wörter zuordnen können.

das Nichtstun	flanieren	die Entspannungskultur
der Aktivurlaub	die Fußgängerzone	der Müßiggang
das Faulenzen	der Freizeitstress	das Aktivsein

Übungsbuch
Einstieg, Teil C

:: 2 :: TITEL ANALYSIEREN

Der Titel des Artikels, den Sie lesen werden, heißt „Nur Mut zum Nichtstun". Was wird wohl im Text stehen?

:: 3 :: REAKTIONEN ÄUSSERN

Was ist Ihre Reaktion zu den folgenden Aussagen? Stimmen Sie zu? Arbeiten Sie mit einem Partner/einer Partnerin.

a. Man sagt nicht gern offen, dass man faulenzt und nichts tut.

b. Viele Menschen finden es schwer, einfach nichts zu tun.

c. Immer mehr zu erleben in kurzer Zeit ist sehr wichtig.

d. Aktivurlaub mit der Möglichkeit etwas Neues zu lernen ist in, denn man möchte nach dem Urlaub etwas erzählen können.

e. Mehr Müßiggang bringt mehr Entspannung in der Freizeit.

f. Im Urlaub wird der Alltagsstress zum Urlaubsstress.

Lesen • Global- und Detailverständnis

Übungsbuch
Einstieg, Teil C

:: 4 :: ÜBERSCHRIFTEN ZUORDNEN

Der folgende Text ist in sechs Absätze unterteilt. Lesen Sie vorerst die sechs Überschriften a.–f. und setzen Sie nach dem Lesen der einzelnen Absätze die entsprechende Überschrift in den Text ein.

a. Gestresste FreizeitaktivistInnen[1]

b. Schummeln inklusive

c. Der Zwang zum Erleben und zum Erzählen

d. Faule Touristen

e. Feldforschung am Wiener Graben

f. Faulenzen ist nicht mehr modern

---

[1]**FreizeitaktivistInnen** Männer und Frauen, die ihre Freizeit mit viel Aktivität verbringen. Die Schreibweise „-Innen" schließt die männliche und weibliche Form ein und ist in Österreich verbreitet.

NUR MUT ZUM NICHTSTUN!

Freizeit? Urlaub? Reisen?

Roland Dreger (Redaktion) am 29. Juli 2005

Wenn einer eine Reise tut … dann muss er was erleben. Aktivurlaub mit Bildungsaspekt ist in, Faulenzen mega-out. Zum vermehrten Müßiggang rät die Kulturwissenschafterin Klara Löffler vom Institut für Europäische Ethnologie der Universität Wien.

In ihrer Forschungsarbeit[1] beschäftigt sich Löffler seit Beginn mit Aspekten der Freizeit, des Tourismus und auch mit dem Nichtstun. „Es ist erstaunlich", bemerkt sie, „dass viele Menschen eigentlich kaum mehr wirklich nichts tun können, zum Beispiel einfach nur einmal da sitzen und in der Kärntner Straße Leute beobachten." Zu eben diesem Thema betreibt eine ihrer Studentinnen Feldforschung in den Fußgängerzonen[2] der Wiener Innenstadt. Sie befragt unter anderem PassantInnen[3], warum sie gerade hier und jetzt flanieren. Nicht selten, so erzählt Löffler, kommen dann sehr schnell die Rechtfertigungen: „Ja, eigentlich hätte ich noch so viel Arbeit, aber …"

Von Entspannung aber keine Spur, wie die Freizeitforschung zeigt. Ganz im Gegenteil, die hohen Ansprüche der Arbeitswelt setzen sich allzu oft in der Freizeit fort, die ebenso streng organisiert und voll gepackt wird wie der Arbeitsalltag. Der Alltagsstress geht nahtlos in den Freizeitstress über. Der Trend hin zu Kurzurlauben ist nur die logische Konsequenz: Immer mehr erleben, in möglichst kurzer Zeit, heißt die Doktrin. Je spektakulärer und exotischer, desto besser.

„Man schafft sich dadurch selbst eine gewisse Art von Druck[4]", konstatiert Prof. Löffler, „das hängt auch damit zusammen, dass Reisen natürlich ein

---

[1]**Die Forschungsarbeit** man recherchiert ein Thema und schreibt darüber   [2]**die Fußgängerzone** eine Einkaufsstraße, die für Fußgänger ist, Autos dürfen hier nicht fahren   [3]**die PassantInnen** Fußgänger (Frauen und Männer— Schreibweise „Innen" ist üblich in Österreich)   [4]**der Druck** man hat Druck, wenn man etwas tun muss

Prestigefaktor ist: einerseits sich Reisen leisten zu können, aber andererseits
25 auch über ganz exotische, unbekannte Ziele erzählen zu können." Das
Erzählen im Alltag über die Reise, den Urlaub, das Erlebte ist eines der
Themen, mit denen sich die Kulturwissenschafterin derzeit beschäftigt:
„Es ist ein ganz wichtiger sozialer Moment, an dem man sieht, wie wiederum
die Reise in den Alltag hineinspielt."

_____

35 Dass bei all diesem sozialen Zwang zum Aktivsein auch kräftig geflunkert[5]
und geschummelt wird, versteht sich von selbst. „Wer will schon gerne als
Couchpotato gelten", scherzt Löffler.

_____

Aber trotz allem, ganz sieht Klara Löffler den Niedergang unserer Ent-
spannungskultur noch nicht besiegelt. Denn es gibt sie noch, die einfachen
40 StrandtouristInnen, die aller Tourismuskritik beharrlich trotzen und einfach
nur faul in der Sonne liegen. „Gott sei Dank!" (ro)

Quelle: www.dieuniversitaet-online.at/

---

[5] **flunkern** nicht die Wahrheit sagen, schummeln

:: 5 :: SELEKTIVES LESEN

Lesen Sie den Text ein zweites Mal und markieren Sie, ob die folgenden Aussagen
richtig (R) oder falsch (F) sind; korrigieren Sie die falschen.

> BEISPIEL _F_ Menschen können heute sehr gut nichts tun.
> *Für die Menschen ist es heute schwer, nichts zu tun.*

1. _____ Menschen geben gern zu, dass sie nur flanieren und durch die
Stadt spazieren.

2. _____ Die Freizeitforschung zeigt, dass der Alltagsstress zum
Freizeitstress wird.

3. _____ Es gibt einen Druck, viel in kurzer Zeit zu erleben.

4. _____ Reisen hat keinen hohen Prestigefaktor.

5. _____ Wer eine exotische Reise macht, kann etwas lernen, aber nichts erzählen.

6. _____ Der soziale Zwang zum Aktivsein bringt die Menschen zum Schummeln.

7. _____ Ein Couchpotato zu sein hat heute sehr viel Prestige.

8. _____ Es gibt keine Leute mehr, die im Urlaub einfach nur faul in der Sonne liegen.

:: 6 :: FEINVERSTÄNDNIS

Ordnen Sie den Begriffen die richtige Erklärung zu.

1. _____ der Aktivurlaub mit Bildungsaspekt
2. _____ FreizeitaktivistInnen
3. _____ faulenzen
4. _____ der Müßiggang
5. _____ die Feldforschung
6. _____ die Fußgängerzone
7. _____ flanieren
8. _____ die Entspannung
9. _____ der Alltagsstress
10. _____ man schafft sich einen Druck
11. _____ sich eine Reise leisten können
12. _____ flunkern
13. _____ als Couchpotato gelten
14. _____ zum Trotz
15. _____ der Niedergang
16. _____ ist noch nicht besiegelt

a. ist noch nicht zu Ende
b. man verlangt viel von sich selbst
c. genug Geld für eine Reise haben
d. Urlaub, in dem man aktiv ist und etwas lernt
e. Leute, die aktiv sind
f. das Nichtstun
g. faul sein
h. eine Recherche in realen Situationen
i. das Ende
j. eine (Einkaufs-) Straße, wo keine Autos fahren dürfen
k. spazieren gehen ohne ein Ziel zu haben
l. das Relaxen
m. täglicher, meist beruflicher Stress
n. dagegen
o. schummeln
p. als Faulpelz gelten

Ergänzen Sie die Grundformen der folgenden wichtigen Verben aus dem Text.

Infinitiv	Präteritum	Perfekt
betreiben (eine Feldstudie)	_____	_____
_____	flanierte	
_____	_____	hat sich fortgesetzt
_____	ging ... über	_____
erleben	_____	_____
sich schaffen (Druck)	_____	hat geschafft
_____	leistete sich	_____
sich beschäftigen mit	_____	hat sich ... mit ... beschäftigt
_____		hat hineingespielt
_____	flunkerte	_____
_____	schummelte	_____
_____	_____	hat gegolten

Schreibstrategie • Texte zusammenfassen

Übungsbuch
Einstieg, Teil C

:: 7 :: SCHREIBEN

Fassen Sie den Artikel *Nur Mut zum Nichtstun!* in einigen Sätzen zusammen.

Gehen Sie folgendermaßen vor:

- Notieren Sie die fünf wichtigsten Schlüsselwörter.
- Schreiben Sie kurze Sätze mit den Schlüsselwörtern.
- Bringen Sie die Sätze in eine logische Reihenfolge.
- Erweitern Sie Ihre Gedanken, z.B. mit **und, aber, denn, weil, wenn, als,** ...

Oben haben Sie Verbformen notiert. Diese können Ihnen beim Schreiben helfen. Erinnern Sie sich auch an die Struktur **... zu ...,** z.B. Es ist heute modern, im Urlaub viel zu erleben.

Weiterführende Aufgaben

:: 8 :: DEBATTIEREN

Bilden Sie in Ihrem Kurs zwei Gruppen.

a. Schritt 1: Eine Gruppe sammelt Argumente für, die andere Gruppe gegen die folgende Behauptung:

„Das moderne Leben ist viel zu schnell! Auf Dauer schadet das dem Menschen."

b. Schritt 2: Die beiden Teams debattieren gegeneinander. Benutzen Sie die Redemittel.

Redemittel

die eigene Meinung äußern	zustimmen	ablehnen
Ich bin der Meinung, dass ...	Da bin ich deiner Meinung.	Da bin ich anderer Meinung.
Meiner Meinung nach ...	Da hast du recht.	Du hast nicht recht./Du hast unrecht.
	Stimmt.	Weißt du das genau?
	Einverstanden!	Woher willst du das wissen?

:: 9 :: MIT DEM INTERNET ARBEITEN

Suchen Sie im Internet nach Informationen über die folgenden Themen. Berichten Sie dann im Kurs.

a. Was sind „Slowcity" und „Slow Food"? Wann sind diese Bewegungen entstanden? Warum?

Das Logo der Slow-Food-Bewegung

b. Was ist „hastloser Urlaub" und „sanfte Mobilität"? Erklären Sie diese Begriffe und finden Sie Beispiele im Internet.

Schreibstrategie • Meinung äußern

:: 10 :: SCHREIBEN

Beschreiben Sie Ihren Idealurlaub. Gehen Sie auf folgende Punkte ein:

• Was?   • Wo?   • Wie lange?   • Mit wem?   • Warum?

So können Sie vorgehen:

• Notieren Sie zunächst Wörter, Gedanken und Ideen.
• Formulieren Sie Sätze mit diesen Satzteilen.
• Bringen Sie die Sätze in eine sinnvolle Reihenfolge.
• Verbinden Sie die Sätze und/oder erweitern Sie sie.
• Ihr Aufsatz sollte eine Einleitung, einen Hauptteil und einen Schluss haben.

Grundwortschatz

:: VERBEN*

aus•geben: er/sie/es gibt ... aus, gab ... aus, hat ... ausgegeben	to spend (money)
buchen: er/sie/es bucht, buchte, hat ... gebucht	to book
erleben: er/sie/es erlebt, erlebte, hat ... erlebt	to experience
(in Urlaub) fahren: er/sie/es fährt, fuhr, ist ... gefahren	to go (on vacation)
faulenzen: er/sie/es faulenzt, faulenzte, hat ... gefaulenzt	to be lazy
genießen: er/sie/es genießt, genoss, hat ... genossen	to enjoy
kosten: er/sie/es kostet, kostete, hat ... gekostet	to cost
reisen: er/sie/es reist, reiste, ist ... gereist	to travel
sich entspannen: er/sie/es entspannt sich, entspannte sich, hat sich ... entspannt	to relax
sich erholen: er/sie/es erholt sich, erholte sich, hat sich ... erholt	to recuperate
übernachten: er/sie/es übernachtet, übernachtete, hat ... übernachtet	to overnight
(den Urlaub) verbringen: er/sie/es verbringt, verbrachte, hat ... verbracht	to spend (vacation)
verreisen: er/sie/es verreist, verreiste, ist ... verreist	to travel, go on a trip

:: NOMEN

der Aktivurlaub	active vacation
das Ausland (*kein Plural*)	foreign country or countries, abroad
die Auslandsreise, -n	foreign travel
die Bildung	education, learning
die Buchung, -en	booking
die Entspannung	relaxation
die Erfahrung, -en	experience
das Erlebnis, -se	experience
das Faulsein	being lazy
die Ferien (*immer im Plural*)	vacation
die Freizeit	leisure time
das Handy, -s	cell phone
die Reise, -n	travel, journey

*Für Verben werden folgende Formen angegeben: Infinitiv (Präsens), Präteritum, Perfekt.

die Ruhe	silence, peace, calm
der Stress	stress
der Tourist, -en	tourist
die Unterkunft, die Unterkünfte	lodging
der Urlaub, -e	vacation
das Urlaubsziel, -e	vacation destination
die Wellness	well-being

:: ADJEKTIVE UND ADVERBIEN

aktiv	active
beliebt	popular; favorite
exotisch	exotic
faul	lazy
häufig	frequent(ly), often
oft	often
selten	seldom, rare(ly)

Das Fernweh zur Zeit Goethes

MÄRCHEN, GEDICHTE UND MALEREI IM 18. UND 19. JAHRHUNDERT

:: ABSCHNITTE

A Das Wandern
B Ausflug in die deutsche Literaturgeschichte
C „Wanderschaft" – Ein Gedicht von Wilhelm Müller
D Der Wald
E Der Mond

:: TEXTE UND HÖRTEXTE

- Das Wandern (Überblick)
- Wilhelm Müller: Wanderschaft (Gedicht)
- Brüder Grimm: Hänsel und Gretel (Märchen: Lese- und Hörtext)
- Johann Wolfgang von Goethe: Wandrers Nachtlied (Ein Gleiches) (Gedicht)
- Matthias Claudius: Abendlied (Gedicht)

:: BILDER

- Drei Gemälde von Caspar David Friedrich

:: MUSIK

- Franz Schubert: Das Wandern (Vertonung des Gedichtes von Wilhelm Müller)
- Johann Abraham Peter Schulz: Der Mond ist aufgegangen (Abendlied) (Vertonung des Gedichtes von Matthias Claudius)

:: INTERNET-AKTIVITÄTEN

- Wanderburschen
- Volksliedversion von „Das Wandern"
- Mythos Wald

:: SPRACHLICHE STRUKTUREN

- Infinitive mit **um** … **zu**
- Verben mit Präpositionalobjekt
- **da**-Komposita
- Präteritum
- **wo**-Komposita
- Verben und verwandte Nomen

:: IN DIESER EINHEIT

Das Fernweh ist gewissermaßen eine deutsche Tradition. Schon zu Goethes Zeiten hatten die Menschen den Drang, Land und Leute kennenzulernen und ihren Horizont zu erweitern.

EINHEIT

Die Brüder Wilhelm und Jacob Grimm

Einstimmung auf das Thema

Caspar David Friedrich wurde 1774 in Greifswald geboren und wurde als Landschaftsmaler und Zeichner berühmt. Er starb 1840 in Dresden.

 :: 1 :: BILDBETRACHTUNG: CASPAR DAVID FRIEDRICH

:: Sehen Sie sich auch die Bilder 1 und 2 im Farbteil von *Anders gedacht* an.

Betrachten Sie die beiden Bilder von Caspar David Friedrich. Bilden Sie zwei Gruppen. Jede Gruppe bearbeitet dann die Aufgaben **a–d**. Gruppe 1 arbeitet mit Bild 1 und Gruppe 2 arbeitet mit Bild 2.

Friedrich, Caspar David (1774–1840), *Der Wanderer über dem Nebelmeer*, ca. 1817. Oil on canvas. Bildarchiv Preussischer Kulturbesitz / Art Resource, NY

1.

Friedrich, Caspar David (1774–1840), *Kreidefelsen auf Rügen*, ca. 1818. Oil on canvas. Bildarchiv Preussischer Kulturbesitz / Art Resource, NY

2.

Redemittel und Wortschatz

Auf dem Bild sieht man ...
Das Bild zeigt ...
der Felsen, -
der Nebel
das Meer
die Klippe, -n

:: a :: Beschreiben Sie, was Sie auf dem Bild sehen.

:: b :: Wie gefällt Ihnen die Landschaft? Warum?

> Redemittel
>
> Ich finde …, weil …
> Mir gefällt …, weil …

:: c :: Auf dem Bild sehen Sie eine Person/Personen. Vermuten Sie, warum diese Person/Personen dort ist/sind und was sie dort macht/machen.

> Redemittel
>
> Ich vermute, dass …
> Wahrscheinlich …
> Ich glaube, …

:: 2 :: WORTSCHATZ

Schreiben Sie alles auf, was Ihnen zu dem Wort **Wandern** einfällt.

—————————————— Wandern ——————————————

Ein Überblick zum Thema „Wandern"

Lesen • Global- und Detailverständnis

:: 1 :: DEN ERSTEN ABSATZ LESEN

Lesen Sie den ersten Absatz des Textes „Das Wandern" und bearbeiten Sie die Aufgaben a und b.

Ullstein-ullsteinbild / The Granger Collection, NY

Auf Wanderschaft

DAS WANDERN

Absatz 1

... Nicht nur die naturverbundenen Berufsstände zieht es hinaus ins Freie, auch Handwerker, Studenten, Bürgersleute[1] drängt es in die Natur. Wer kein Pferd und keinen Wagen hat, der macht sich eben zu Fuß, „auf Schusters Rappen", auf den Weg ....

[1] **die Bürgersleute** die Bourgeoisie

:: a :: **Notieren Sie**   Welche Gruppen gingen früher auf Wanderschaft?

1. _____

2. _____

3. _____

4. _____

:: b :: **„Übersetzen"**   Absatz 1 wurde vor längerer Zeit geschrieben. Die Sprache ist etwas altmodisch. „Übersetzen" Sie den Absatz in „modernes Deutsch", d.h. schreiben Sie den Inhalt in Ihren eigenen Worten.

_____   Meine „Übersetzung" von Absatz 1   _____

_____

_____

_____

_____

_____

_____

_____

Lesen Sie weiter und „übersetzen" Sie.

Absatz 2

5 Wandern ist erst einmal Schauen und Erleben, unmittelbarer, zweckfreier[1] Aufenthalt in der Natur und nicht von vornherein mit einem bestimmten Ziel verbunden. Nur derjenige kann seinen Horizont erweitern, der sich einmal aus den Grenzen seines eigenen Dorfes hinausbewegt.

---

[1]**zweckfrei** ohne spezielles Ziel

Meine „Übersetzung" von Absatz 2

Absatz 3

So war das Wandern guter alter Brauch[1] der Handwerksburschen[2]. Nach der
10 Lehrzeit machte sich ein junger Gesell[3] erst einmal auf den Weg, wo immer es ihn hinzog. Er blieb vielleicht für einige Zeit bei diesem Meister oder in jener Werkstatt, bevor er sich schließlich selbst irgendwo niederließ. Wer nur immer in seinem eigenen Nest sitzen blieb, den konnte man kaum einen rechten Gesellen oder Meister nennen!

---

[1]**der Brauch** die Tradition   [2]**der Handwerksbursche** der Handwerksjunge   [3]**der Gesell** (*kurz für* **Geselle**) ein Handwerker, der seine Lehre gerade beendet hat

_____

_____

_____

_____

Absatz 4

₁₅ Ein Gleiches galt für die Studenten, die nicht nur aus Büchern lernen,
sondern ihre Erfahrungen auch in der konkreten Fremde machen sollten....

_____ Meine „Übersetzung" von Absatz 4 _____

_____

_____

_____

_____

:: 3 :: DEN FÜNFTEN ABSATZ LESEN

Lesen Sie den Rest des Textes. Diesen brauchen Sie nicht zu „übersetzen", da er
aus neuerer Zeit stammt.

Absatz 5

Und heute? Die Deutschen sind Weltmeister im Reisen. Wir leben im Zeitalter
des Tourismus und Jahr für Jahr begeben sich Millionen von Menschen für
wenige Wochen in ferne Länder. Flugzeuge, die Eisenbahn und schnelle Autos
₂₀ machen's möglich. Allerdings dienen Pauschal-Urlaubsreisen selten dem

Kennenlernen von Land und Leuten, denn fremde Sitten und Gebräuche erlebt man an den Urlaubsorten, an denen die Touristen meist unter sich sind, häufig nur in ziemlich verfremdeter Form. Das Wandern in der heimischen Umgebung gibt es natürlich noch – gut organisiert, versteht
25 sich, zum Beispiel vom „Deutschen Alpenverein". Allerdings geschieht das Wandern nicht so ganz zweckfrei: Es dient der Gesunderhaltung der Bevölkerung, so propagiert es die Fitness-Bewegung. ...

Quelle: *Das Wunderhorn*, Inter Nationes

Übungsbuch
Einheit 1, Teil A

:: 4 :: INFINITIVE MIT „UM ... ZU"

Beantworten Sie die Fragen, indem Sie Sätze mit **um ... zu** schreiben.

A. Warum ist man früher gewandert?

BEISPIEL: *Früher ist man gewandert, um in der Natur zu sein.*

1. Die Leute sind früher gewandert, um _____

2. Handwerksburschen _____

3. Studenten _____

B. Warum wandert man heute?

Heute _____

Weiterführende Aufgaben

:: 5 :: KOMMENTIEREN

In Absatz 4 haben Sie gelesen, dass auch Studenten auf Wanderschaft gehen sollten, um eigene Erfahrungen außerhalb des Heimatortes zu sammeln. Was denken Sie? Ist diese Forderung heute noch aktuell und sinnvoll? Wie könnte so eine „Wanderschaft" für Sie aussehen?

 ### :: 6 :: MIT DEM INTERNET ARBEITEN

In Absatz 3 haben Sie gelesen, dass Handwerker nach der Lehre auf Wanderschaft gingen, um von verschiedenen Meistern zu lernen. Wie sieht das heute aus? Recherchieren Sie die Situation in Deutschland heute. Präsentieren Sie Ihr Ergebnis im Kurs.

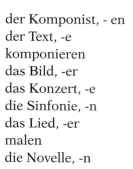

B

ABSCHNITT

Ausflug in die deutsche Literaturgeschichte

Hintergrundwissen

In diesem Abschnitt lernen Sie einige Autoren, Komponisten und Künstler des 18. und 19. Jahrhunderts kennen sowie ihre Werke und die Epochen, in denen sie gelebt und gewirkt haben.

:: 1 :: WORTSCHATZ

Lesen Sie die Wörter und ordnen Sie sie in die Tabelle ein.

Übungsbuch
Einheit 1, Teil B

der Komponist, - en
der Text, -e
komponieren
das Bild, -er
das Konzert, -e
die Sinfonie, -n
das Lied, -er
malen
die Novelle, -n

der Maler, -
der Bildhauer, -
die Skulptur, -en
der Briefroman, -e
das Gemälde, -
schreiben
das Gedicht, -e
der Schriftsteller, -
das Musikstück, -e

der Roman, -e
das Märchen, -
der Dichter, -
vertonen
zeichnen
die Oper, -n
die Zeichnung, -en
dichten

	Kunst	Musik	Literatur
Berufe			
Tätigkeiten			
Werke			

Lesen

:: 2 :: LITERARISCHE EPOCHEN ZEITLICH EINORDNEN

Lesen Sie die Informationen in der Tabelle. Ordnen Sie dann gemeinsam die Epochen zu.

Epochen: die Romantik, der Sturm und Drang, die Klassik, die Aufklärung

Zeitspanne	Epoche	Autoren	Themen/Weltbild
1720–1785	....	Klopstock, Lessing	Kritik an kirchlichen Autoritäten, Rationalismus
1767–1785	....	der junge Goethe, Schiller, Klopstock, Herder, Claudius	unglückliche Liebe, starke Gefühle, Hofkritik[1], Kritik der Aufklärung, Naturverehrung[2]
1786–1832	....	Goethe, Schiller	Humanitätsgedanke, stand in Verbindung mit der Klassik der Antike
1794–1835	....	Schlegel, Fichte, Tieck, Brentano, Bettina von Arnim, Karoline Schlegel, Achim von Arnim, Kleist, Brüder Grimm, E.T.A. Hoffmann, W. Müller	u.a. Ich-Zweifel[3], Ironie, Nationalismus, das Unheimliche[4], Volksgut[5]

 :: 3 :: VORWISSEN SAMMELN

Besprechen Sie mit einem Partner/einer Partnerin, was Sie über die Autoren in Aufgabe 2 wissen. Kennen Sie Werke dieser Autoren? Welche? Wovon handeln sie?

> **Redemittel**
>
> Ich kenne ... von ...
> Der Text handelt von ... (+ *Nomen*).

BEISPIEL: Ich kenne das Märchen „Hänsel und Gretel" von den Brüdern Grimm. Es handelt von zwei armen Kindern. Sie treffen im Wald eine Hexe und wohnen bei ihr.

:: 4 :: BILDER UND DATEN ZUORDNEN

Auf den nächsten Seiten sehen Sie sechs Bilder von Autoren, Komponisten und einem Maler des 18. und 19. Jahrhunderts. Ergänzen Sie die Angaben. Die Informationen im Kasten helfen Ihnen dabei.

---

[1] **die Hofkritik** die Kritik am König [2] **die Naturverehrung** starke Liebe zur Natur [3] **der Zweifel** wenn man nicht sicher ist [4] **das Unheimliche** das Mysteriöse [5] **das Volksgut** einfache Texte und Lieder, die von der Liebe, dem Wandern und dem Tanz erzählen; Volkslieder, Volksmärchen und Volkslegenden

Die schöne Müllerin

Fidelio

Symphonie Nr. 9

Wanderer erleben die Natur

Wanderer über dem Nebelmeer

Briefroman über den Liebeskummer eines jungen Mannes

Faust

Briefsammlung

Eine kleine Nachtmusik

Die Zauberflöte[1]

Ein mächtiger Mann, Sarastro, entführt[2] die Tochter der Königin der Nacht.

Ein Müller findet einen Freund, den Bach, der ihn auf seiner Wanderschaft begleitet.

Ein vom Studium enttäuschter[3] Wissenschaftler beschließt, sich der Magie zuzuwenden.

Die Leiden des jungen Werthers

Goethes Briefwechsel mit einem Kinde

Kreidefelsen auf Rügen*

Eine Frau nimmt eine Stelle als Gefängniswärter[4] an, um ihren Ehemann zu befreien.

---

[1]**Die Zauberflöte** eine Flöte ist ein Instrument; hier ist sie magisch   [2]**entführen** kidnappen   [3]**enttäuscht** frustriert   [4]**der Gefängniswärter** eine Person, die Kriminelle bewacht

*Rügen ist eine Insel vor der Ostseeküste.

NAME: Johann Wolfgang von Goethe

LEBEN: 1749–1832

BERUF: _____

BEKANNTE WERKE: _____

INHALT DER WERKE: _____

_____

1.

NAME: Ludwig van Beethoven

LEBEN: 1770–1827

BERUF: _____

BEKANNTE WERKE: _____

INHALT DER WERKE*: _____

_____

_____

2.

---

* Zu Musikstücken, außer zu Opern und dem Zyklus „Die schöne Müllerin", finden Sie keine Angaben zum Inhalt.

© Bettmann / Corbis

3.

NAME: Franz Schubert

LEBEN: 1797–1828

BERUF: _____

BEKANNTE WERKE: _____

INHALT DER WERKE: _____

_____

_____

Barbara Kraft / © The Gallery Collection / Corbis

4.

NAME: Wolfgang Amadeus Mozart

LEBEN: 1756–1791

BERUF: _____

BEKANNTE WERKE: _____

INHALT DER WERKE*: _____

_____

_____

Ullstein-Teutopress / The Granger Collection, NY

5.

NAME: Caspar David Friedrich

LEBEN: 1774–1840

BERUF: _____

BEKANNTE WERKE: _____

INHALT DER WERKE: _____

_____

_____

Ullstein-Joho / The Granger Collection, NY

6.

NAME: Bettina von Arnim

LEBEN: 1785–1859

BERUF: _____

BEKANNTE WERKE: _____

INHALT DER WERKE: _____

_____

_____

* Zu Musikstücken, außer zu Opern und dem Zyklus „Die schöne Müllerin", finden Sie keine Angaben zum Inhalt.

Übungsbuch
Einheit 1, Teil B

:: a :: **Personen beschreiben** Lesen Sie diese Personenbeschreibung.

- Auf Bild 1 sieht man Johann Wolfgang von Goethe.
- Er lebte von 1749 bis 1832.
- Er war Jurist von Beruf und er war auch Dichter.
- Zu seinen bekanntesten Werken gehört *Die Leiden des jungen Werthers*.
- Dieser Roman <u>handelt</u> <u>von</u> den Problem<u>en</u> eines jungen Mannes.

Oder: Goethe <u>erzählt</u> <u>von</u> den Problemen eines jungen Mannes.

Oder: Dieser Roman <u>beschäftigt</u> <u>sich</u> <u>damit</u>, die Probleme eines jungen Mannes zu beschreiben.

Oder: Goethe <u>schreibt</u> <u>darüber</u>, wie ein junger Mann seine Probleme schildert[1].

:: b :: **Erklärung** In der Personenbeschreibung sind die vier folgenden Verben mit Präpositionen zu finden:

handeln von
erzählen von
sich beschäftigen mit
schreiben über

Das heißt, tatsächlich haben Sie Folgendes gelesen:

… handelt von …
… erzählt von …
… beschäftigt sich <u>damit</u>, wie …
… schreibt <u>darüber</u>, wie …

Die Wörter **damit** und **darüber** nennt man *da*-**Komposita**. Alle Verben mit fester Präposition können ein *da*-Kompositum haben und zwar dann, wenn anschließend ein Nebensatz oder ein Infinitivsatz folgt. Wenn nach dem Verb mit fester Präposition *kein* Nebensatz oder Infinitivsatz steht, sondern ein Nomen, braucht man kein *da*-Kompositum, sondern nur die Präposition und das Nomen.

:: c :: **Übung** Setzen Sie eine Präposition oder ein *da*-Kompositum ein.

von oder **davon**

1. Dieser Roman handelt _____ den Problemen eines jungen Mannes.

2. Dieser Roman handelt _____, wie ein junger Mann seine Probleme schildert.

3. Das Märchen „Hänsel und Gretel" erzählt _____ zwei armen Kindern.

4. Das Märchen „Hänsel und Gretel" erzählt _____, dass zwei arme Kinder im Wald eine Hexe treffen und bei ihr wohnen.

---

[1]**schildern** beschreiben

mit oder **damit**

5. Das Märchen „Hänsel und Gretel" beschäftigt sich _____, wie zwei arme Kinder im Wald eine böse Hexe treffen und sie töten.

6. Das Märchen „Hänsel und Gretel" beschäftigt sich _____ der Geschichte von zwei armen Kindern.

über oder **darüber**

7. Goethe schreibt _____ die Probleme eines jungen Mannes.

8. Goethe schreibt _____, welche Probleme der junge Werther hat.

Regel: Man setzt ein **r** zwischen **da** und die Präposition, wenn die Präposition mit einem Vokal beginnt, z.B. **darüber** aber **damit** und **davon**.

Infinitiv	*da*-Kompositum	Erklärung
handeln von	da + von = **davon**	Die Präposition beginnt mit einem Konsonanten (**v**).
erzählen von	da + von = **davon**	Die Präposition beginnt mit einem Konsonanten (**v**).
sich beschäftigen mit	da + mit = **damit**	Die Präposition beginnt mit einem Konsonanten (**m**).
schreiben über + *Akkusativ*	da + *r* + über = **darüber**	Die Präposition beginnt mit einem Vokal (**ü**).

:: d :: **Übung** Schreiben Sie ein *da*-Kompositum in die Lücke.

1. Dieser Roman handelt _____, wie ein junger Mann seine Probleme beschreibt.

2. Er erzählt _____, welche Gedanken dieser Mann hat.

3. Junge Handwerker beschäftigten sich _____, in die Ferne zu ziehen und bei einem Meister zu lernen.

4. Goethe schreibt _____, warum ein Wissenschaftler sich der Magie zuwendet.

Stellen Sie jetzt eine Person, über die Sie alle Informationen haben, dem Kurs vor.
Wählen Sie vorher Redemittel aus.

Redemittel

- Auf Bild 1 sieht man ... Die Person auf Bild 1 ist ...
- Er/Sie hat von ... bis ... gelebt. Er/Sie lebte ...
- Er/Sie war ... (von Beruf). Sein/Ihr Beruf war ...
- Seine/Ihre bekanntesten Werke sind ...
- *Infinitive:* handeln von; erzählen von; sich beschäftigen mit; schreiben über + *Akkusativ*

Alexander Raths © 2009 Shutterstock

„Wanderschaft" – Ein Gedicht von Wilhelm Müller

ABSCHNITT

Wanderschaft

Lesen • Global- und Detailverständnis

:: 1 :: DIE ERSTEN ZWEI GEDICHTSTROPHEN LESEN

:: Das vollständige Gedicht befindet sich im Anhang des Buches.

Lesen Sie die ersten zwei Strophen des Gedichtes „Wanderschaft" von **Wilhelm Müller** und erklären Sie den Inhalt.

> WANDERSCHAFT
>
> Das Wandern ist des Müllers Lust,
> Das Wandern!
> Das muss ein schlechter Müller sein,
> Dem niemals fiel das Wandern ein,
> 5 Das Wandern.
>
> Vom Wasser haben wir's gelernt,
> Vom Wasser!
> Das hat nicht Rast bei Tag und Nacht,
> Ist stets auf Wanderschaft bedacht,
> 10 Das Wasser.
>
> ...
>
> —von Wilhelm Müller (1818)

:: 2a :: KREATIVES SCHREIBEN — EINE GEDICHTSTROPHE VERFASSEN

Schreiben Sie jetzt selbst eine Strophe zu diesem Gedicht. Behalten Sie die Struktur bei, d.h. schreiben Sie fünf Zeilen und achten Sie darauf, dass sich in der 1., 2. und 5. Zeile jeweils das Nomen wiederholt; die Zeilen 3 und 4 sollen sich reimen.

_____
_____
_____
_____

:: 2b :: STROPHE PRÄSENTIEREN

Präsentieren Sie Ihren Text in einer Kleingruppe Ihren Kommilitonen/Kommilitoninnen. Versuchen Sie, den Text auswendig aufzusagen.

:: 3 :: GEDICHT REKONSTRUIEREN

Das Gedicht hat drei weitere Strophen. Diese erhalten Sie in zerschnittener Form von Ihrem Kursleiter/Ihrer Kursleiterin. Rekonstruieren Sie den Rest des Gedichtes, indem Sie die Gedichtzeilen in die richtige Reihenfolge bringen.

:: 4 :: GEDICHT HÖREN

Hören Sie nun die Vertonung des Gedichtes von Franz Schubert und machen Sie eventuelle Korrekturen.

:: Das Lied befindet sich auf der *Anders gedacht Instructor's Audio CD.*

:: 5 :: FRAGEN ZUM TEXT

Beantworten Sie die Fragen und benutzen Sie dafür die angegebenen Verben mit Präpositionen: **erkennen an** + Dat., **vergleichen mit, bitten um, ausdrücken durch**.

> BEISPIEL: Einen guten Müller erkennt man, nach Aussage des Autors, an …/daran, … .

a. Woran erkennt man, nach Aussage des Autors, einen guten Müller?

b. Womit vergleicht der Autor den Wanderer?

c. Worum bittet der Wanderer seinen Meister am Ende des Gedichtes?

d. Wodurch wird die Dynamik des Wanderers, des Wassers, der Räder und der Steine in der Musik ausgedrückt?

Weiterführende Aufgaben

:: 6 :: PROJEKTARBEIT MUSIK

Zu dem Lied „Das Wandern" gibt es eine Volksliedversion. Suchen Sie die Melodie im Internet und singen Sie das Lied in der Klasse.

Ein Märchen der Brüder Grimm:
Hänsel und Gretel

Lesen • Global- und Detailverständnis

:: **1** :: ERSTES LESEN

Lesen Sie das Märchen und unterstreichen Sie alle Verben im Präteritum.

HÄNSEL UND GRETEL
von den Brüdern Grimm

Am Rande eines großen Waldes
wohnte ein armer Holzhacker[1]
mit seiner Frau und seinen
zwei Kindern, Hänsel und
5 Gretel. Sie waren so arm, dass
sie oft nichts zu essen hatten.
Als nun eine Teuerung[2] kam,
mussten sie jeden Abend
hungrig zu Bett gehen. In ihrer
10 Not beschlossen die Eltern, die
Kinder am nächsten Morgen
in den Wald zu führen und sie
dort zurückzulassen. Gott sollte
ihnen weiterhelfen. Aber Hänsel schlief
15 nicht und hörte alles. Am nächsten

Tag, als sie in den Wald gingen, streute
er kleine Steinchen auf den Weg. Die
Kinder blieben im Wald zurück, aber
sie konnten durch die Steinchen den
20 Rückweg zum Elternhaus finden. Ein
anderes Mal, als die Not wieder groß

---

[1]**der Holzhacker** ein Mann, der sein Geld verdient,
indem er Bäume in kleine Stücke schlägt bzw.
hackt [2]**die Teuerung** (*veraltet*) die Inflation

einem Baum, und am nächsten Morgen standen sie hungrig auf, um weiter nach dem Weg zu suchen. Plötzlich sahen sie ein seltsames kleines Häuschen. Es
45 war aus Brot gebaut, das Dach war mit süßen Kuchen gedeckt und die Fenster waren aus hellem Zucker. Voll Freude brachen die hungrigen Kinder Stücke von dem Dach ab und bissen hinein.
50 Da hörten sie eine feine Stimme aus dem Häuschen:

„Knusper, knusper, Knäuschen, wer knuspert[3] an meinem Häuschen?"

Die Kinder antworteten:

55 „Der Wind, der Wind,
das himmlische Kind."

und ließen sich beim Essen nicht stören.

Da öffnete sich plötzlich die Tür und
60 eine hässliche steinalte Frau mit einem

---

[3]**knuspern** laut essen

war, wollten die Eltern ihre Kinder wieder in den Wald führen. Hänsel hörte wieder alles und wollte nachts
25 heimlich Steinchen sammeln, um sie auf den Weg zu streuen. Aber die Haustür war verschlossen. Am nächsten Tag nahm er sein letztes Stück Brot und streute
30 kleine Bröckchen davon auf den Weg. So hoffte er, den Rückweg aus dem Wald zu finden. Die Kinder blieben allein im Wald zurück. Sie suchten nach den
35 Brotbröckchen; aber die Vögel hatten alle aufgepickt. So fanden Hänsel und Gretel ihren Weg nach Haus nicht mehr und verirrten sich immer mehr
40 im Wald. Sie schliefen unter

Stock[4] kam heraus. Die Kinder erschraken furchtbar, aber die Alte wackelte mit dem Kopf und sagte ganz freundlich: „Ei, ihr lieben Kinder, kommt nur in mein
65 Häuschen und bleibt bei mir. Ich tue euch nichts." Da vergaßen die Kinder ihre Angst und gingen mit der Alten ins Haus, wo sie gutes Essen und weiche Betten zum Schlafen fanden.

70 Die Alte war aber eine böse Hexe[5], obwohl sie zu den Kindern so freundlich gesprochen hatte. Sie wartete nur darauf, dass kleine Kinder zu ihrem Kuchenhäuschen kamen.
75 Diese Kinder fing sie dann, um sie zu braten und zu fressen. Am nächsten Morgen sperrte die Hexe den armen Hänsel in einen kleinen Stall.

Gretel musste im Haus helfen und
80 Hänsel zu essen bringen, damit er fett wurde; denn die Hexe wollte ihn erst auffressen, wenn er fett genug war. Jeden Morgen musste Hänsel seinen Finger durch das Gitter stecken und
85 die Hexe fühlte, ob er fett geworden war. Hänsel aber war nicht dumm und steckte einen Knochen oder ein Holzstückchen heraus. Die Alte merkte es nicht, weil sie so schlecht sah, und
90 wunderte sich darüber, dass der Junge so mager blieb.

Eines Tages aber wurde sie ungeduldig[6] und heizte den Backofen, um Hänsel zu braten. Gretel weinte, während
95 sie Wasser holte. Jetzt sagte die Alte zu Gretel: „Nun sieh mal nach, ob

---

[4]**der Stock** eine Gehhilfe [5]**böse Hexe** eine böse alte Frau mit einer langen Nase

[6]**ungeduldig** wenn man nicht mehr warten will

Nun befreite Gretel schnell ihren Bruder
aus dem Stall. Sie sangen und tanzten
vor Freude, weil die böse Hexe tot war.
Im Häuschen fanden sie Gold und
120 Edelsteine[7] und füllten sich alle Taschen.
Nun machten sie sich auf und fanden
auch bald den Weg nach Haus. Die Eltern
der beiden saßen traurig zu Haus, denn es
hatte ihnen schon lange leid getan, dass
125 sie ihre Kinder in den Wald geschickt
hatten. Wie froh waren sie jetzt, als die
Kinder ins Haus traten! Alle Not hatte
nun ein Ende, denn die Kinder hatten ja
so viele Reichtümer mitgebracht, und sie
130 lebten glücklich zusammen.

Quelle: Rosemarie Griesbach,
Deutsche Märchen und Sagen, 1995

---

[7] **der Edelstein** ein sehr teurer Stein, z.B. ein Diamant

das Feuer im Ofen richtig brennt!"
Sie wollte aber das Mädchen
in den Ofen stoßen und auch
100 braten.

Gretel merkte das und
sagte: „Ich weiß nicht,
wie ich das machen soll!"
„Dumme Gans!" rief die
105 Hexe, „du musst nur so
hineinkriechen", und sie
steckte selbst ihren Kopf in
den Ofen. Da stieß Gretel
mit aller Kraft die Hexe in
110 den Ofen hinein und schlug
die Tür hinter ihr zu. Die
böse Alte schrie und heulte
entsetzlich, aber es half ihr
nichts, sie musste in ihrem
115 eigenen Backofen verbrennen.

STRUKTUREN Präteritum

:: a :: Verben einordnen Nehmen Sie ein Blatt Papier und zeichnen Sie die Tabelle. Tragen Sie alle Präteritumsformen, die Sie im Märchen unterstrichen haben, in die Tabelle ein. Unterscheiden Sie zwischen regelmäßigen und unregelmäßigen Verben und Modalverben.

regelmäßige Verben		unregelmäßige Verben		Modalverben	
Präteritum	Infinitiv	Präteritum	Infinitiv	Präteritum	Infinitiv
wohnte	wohnen	war	sein	mussten	müssen
.	.	.	.	.	.
.	.	.	.	.	.
.	.	.	.	.	.

:: b :: Infinitive zuordnen Ordnen Sie jetzt jeder Präteritumsform in der Tabelle den Infinitiv zu.

:: c :: Verben im Präteritum konjugieren Konjugieren Sie jetzt die folgenden Verben im Präteritum. Ihr Kursleiter/Ihre Kursleiterin hilft Ihnen.

	wohnen	kommen
ich	wohnte	kam
du		
er/sie/es		
wir		
ihr		
sie/Sie		

:: d :: Präteritum der Modalverben Schreiben Sie die Präteritumsformen der Modalverben in die Tabelle.

	können	dürfen	sollen	wollen	müssen	möchten
ich	konnte					
du		durftest				
er/sie/es			sollte			
wir				wollten		
ihr					musstet	
sie/Sie						wollten*

*Die Verbform **möchten** hat keine eigene Präteritumsform. Man gebraucht die Präteritumsform von **wollen** als Präteritum von **möchten**.

:: 2 :: ZWEITES LESEN ODER HÖREN

Lesen Sie das Märchen noch einmal oder hören Sie es. Füllen Sie anschließend oder während des Lesens/Hörens die Tabelle aus.

Wo?	Wer?	Was?	Warum?
zu Hause			
im Wald			
bei der Hexe			
wieder zu Hause			

:: 3 :: MÄRCHEN ERZÄHLEN

Erzählen Sie jetzt anhand Ihrer Notizen das Märchen im Präteritum.

Gruppenprojekt

:: 4 :: DEN MYTHOS WALD IN GRIMMS MÄRCHEN RECHERCHIEREN

Arbeiten Sie in Gruppen mit mindestens drei Personen. Recherchieren Sie auf einer deutschsprachigen Internetseite oder in Büchern, z.B. „Rotkäppchen".

- Suchen Sie ein anderes deutsches Märchen von den Brüdern Grimm, in dem der Wald eine Rolle spielt.
- Lesen Sie das Märchen.
- Welche Bedeutung hat der Wald? Was symbolisiert er?
- Präsentieren Sie Ihre Ergebnisse in der Klasse und vergleichen Sie.

Szene aus dem Märchen „Rotkäppchen" von den Brüdern Grimm

Wandrers Nachtlied (Ein Gleiches)

Goethe schrieb das Gedicht „Wandrers Nachtlied" 1780, als er 31 Jahre alt war. Er ritzte[1] es in die Holzwand einer einsamen Waldhütte, in der er übernachtet hatte.

 :: 1 :: GEDICHT LESEN

Bearbeiten Sie mit einem Partner/einer Partnerin die folgenden Aufgaben **zum** Gedicht.

:: Das vollständige Gedicht befindet sich im Anhang des Buches.

:: a :: Lesen Sie das Gedicht und ergänzen Sie die Verben aus dem Kasten.

WANDRERS NACHTLIED (EIN GLEICHES)

Über allen Gipfeln[1]
_____ Ruh,
In allen Wipfeln[2]
_____ du
5 Kaum einen Hauch[3];
Die Vöglein _____ im Walde.
_____ nur, balde
_____ du auch.

—von Johann Wolfgang von Goethe

---

[1]**der Gipfel** der oberste Teil eines Berges   [2]**der Wipfel** der oberste Teil eines Baumes   [3]**der Hauch** ein sehr leichter Wind; die Luft, die jemand ausatmet

---

warte		schweigen
	spürest	
ist		ruhest

:: b :: Beschreiben Sie die Stimmung[2] in diesem Gedicht. Überlegen Sie **mit** Ihrem Partner/Ihrer Partnerin, wovon Goethe spricht. Überlegen Sie, was **Goethe** mit diesem Gedicht ausdrückt.

:: c :: Versuchen Sie, das Gedicht einem Partner/einer Partnerin vorzutra**gen.** Überlegen Sie, wie es gelesen werden sollte.

---

[1]**ritzen** mit einem scharfen Messer in Holz schneiden   [2]**die Stimmung** die Atmosphäre

Johann Wolfgang von Goethe: Leben und wichtigste Werke

:: 1 :: CHRONOLOGIE

Lesen Sie die folgende Chronologie.

Leben und Wirken Johann Wolfgang von Goethes

1749	geboren in Frankfurt am Main (28.8.)
1765–68	Jurastudium[1] in Leipzig
1770–71	Abschluss des Studiums in Straßburg, Liebe zu Friederike Brion
1774	Fertigstellung des Romans *Die Leiden des jungen Werthers*
1775–76	Einladung des Herzogs Karl August und Eintritt in den weimarischen Staatsdienst
1782	Verleihung[2] des Adelstitels
1786–88	Reise nach Italien, Arbeit an dem Drama Faust
1788	Begegnung mit Christiane Vulpius
1789	Geburt des Sohnes August
1791–92	Leitung des Weimarer Hoftheaters; Teilnahme am Feldzug[3] in Frankreich
1793–94	Beginn der Freundschaft mit Friedrich Schiller
1805	Heirat mit Christiane Vulpius; Abschluss von *Faust I*
1811–12	Begegnung mit Ludwig van Beethoven
1816	Tod Christianes (6.6.); *Italienische Reise I und II*
1830	Tod des Sohnes August in Rom
1832	gestorben in Weimar (22.3.)

[1]**Jurastudium** Studium des Rechts   [2]**die Verleihung** offizielle Übergabe   [3]**der Feldzug** große militärische Aktion; Krieg

---

STRUKTUREN *wo*-Komposita

Übungsbuch
Einheit 1, Teil D

In Aufgabe 2 („Zusammenfassung: Jeopardy") werden Sie Antworten, aber keine Fragen, zu der Chronologie in Aufgabe 1 finden. Sie werden die Fragen dazu schreiben. Erinnern Sie sich vorher an die folgenden drei Regeln für *wo*-Komposita:

> **Regel 1:** Benutzt man in einer Frage ein Verb mit fester Präposition, so heißt das Fragewort: **wo(r)** + Präposition.

BEISPIEL: — **Wofür** interessierte sich Goethe? (*Infinitiv:* sich interessieren für)

— Für <u>Literatur</u>.

> **Regel 2:** Ist die Antwort auf eine Frage aber eine Person, so heißt es: Präposition + **wen** (*Akkusativ*) oder **wem** (*Dativ*)

BEISPIEL: — **Für wen** interessierte sich Goethe?

— Für <u>Friederike Brion</u>. (Friederike Brion ist eine Person!)

:: a :: **Übung** Setzen Sie die richtige Form ein.

worin oder **in wen**

1. — _____ verliebte sich Goethe 1770?
— In Friederike Brion. (*Infinitiv:* sich verlieben in + *Akkusativ*)

woran oder **an wem**

2. — _____ arbeitete Goethe bis 1774?
— An *Die Leiden des jungen Werthers*. (*Infinitiv*: arbeiten an + *Dativ*)

> **Regel 3:** Sie haben es bei den *da*-Komposita schon gesehen:
> Sie brauchen ein **r** zwischen **wo** und der Präposition, wenn die Präposition mit einem Vokal beginnt, z.B. **wofür** und **womit** aber **wor**an und **wor**auf.

Infinitiv	*wo*-Kompositum	Erklärung
sich interessieren für	wo + für = **wofür**	Die Präposition beginnt mit einem Konsonanten (**f**).
sich beschäftigen mit	wo + mit = **womit**	Die Präposition beginnt mit einem Konsonanten (**m**).
arbeiten an + *Dativ*	wo + r + an = **wor**an	Die Präposition beginnt mit einem Vokal (**a**).
sich freuen auf + *Akkusativ*	wo + r + auf = **wor**auf	Die Präposition beginnt mit einem Vokal (**a**).

:: b :: **Übung** Setzen Sie *wo*-Komposita ein.

1. — _____ interessierte sich Goethe?
— Für Naturwissenschaften.

2. — _____ beschäftigte sich Caspar David Friedrich?
— Mit dem Menschen und der Natur.

3. — _____ arbeitete Goethe während seiner ersten Italienreise?
— An *Faust*.

4. — _____ freuten sich die Wanderburschen?
— Aufs Wandern.

Schreiben Sie Fragen zu den Antworten! Spielen Sie dann mit Ihrem Partner/Ihrer Partnerin „Jeopardy!"

BEISPIEL:

Wo wurde Goethe geboren?

— Goethe wurde in Frankfurt am Main geboren. (*Infinitiv:* geboren werden)

:: **Erinnerung:** Benutzt man in einer Frage ein Verb *ohne* feste Präposition, so heißen die Fragewörter einfach wo, wann, wie, warum usw.

1. _____?

— Goethe studierte Jura in Leipzig. (studieren)

2. _____

_____?

— Goethe verliebte sich 1770 in Friederike Brion. (sich verlieben in + *Akkusativ*)

3. _____

_____?

— Der Herzog von Weimar lud Goethe zum Eintritt in den Staatsdienst ein. (einladen zu)

4. _____?

— 1786 reiste Goethe nach Italien. (reisen)

5. _____

_____?

— Während seines Aufenthalts in Italien arbeitete Goethe an *Faust*. (arbeiten an + *Dativ*)

6. _____?

— 1789 wurde Goethes erster Sohn geboren. (geboren werden)

7. _____?

— Er nahm 1792 an dem Feldzug in Frankreich teil. (teilnehmen an + *Dativ*)

8. _____

_____?

— 1793 oder 1794 freundete er sich mit Friedrich Schiller an. (sich anfreunden mit[1])

9. _____?

— 1805 heiratete er Christiane Vulpius. (heiraten)

[1] **sich anfreunden mit** eine Freundschaft beginnen

STRUKTUREN Verben und verwandte Nomen

In der Tabelle finden Sie Verben in der Infinitivform. Suchen Sie
die passenden Nomen aus der Chronologie in Aufgabe 1 heraus und
notieren Sie auch alle Verbformen im Präteritum und Perfekt. Arbeiten
Sie mit Ihrem Partner/Ihrer Partnerin zusammen. Verbformen, die Sie
nicht kennen, erfahren Sie von Ihrem Lehrer/Ihrer Lehrerin. Schreiben
Sie, wenn Sie können, den Artikel zu den Nomen.

Nomen	Verb: Infinitiv	Verb: Präteritum	Verb: Perfekt
das Studium	studieren	studierte	hat ... studiert
der Abschluss	abschließen	schloss ... ab	hat ... abgeschlossen
	lieben;		
	sich verlieben in + Akk.		
	fertigstellen		
	begegnen + Dativ		ist ... begegnet
	einladen zu	lud ... (zu) ... ein	
	eintreten		
	verleihen	verlieh	hat ... verliehen
	reisen		
	arbeiten an + Dativ		
	geboren werden	wurde ... geboren	ist ... geboren worden
	teilnehmen an + Dativ		
	beginnen		
	heiraten		
der Tod	sterben		ist ... gestorben

:: 3 :: SCHREIBEN

Schreiben Sie Goethes Biographie im Präteritum. Beginnen Sie so:

*Johann Wolfgang von Goethe wurde am 28.08.1749 in Frankfurt am Main geboren.
Von 1765 bis 1768 ....*

E Der Mond

Ein Bild von Caspar David Friedrich

:: 1 :: BILDBETRACHTUNG

Arbeiten Sie mit einem Partner/einer Partnerin an den folgenden Aufgaben.

:: a :: **Bilddiktat** Eine Person schaut das Bild an und liest die Redemittel (das Bild ist auch im Farbteil von *Anders gedacht* zu finden), die andere macht das Buch zu. Die Person, die das Bild sieht, beschreibt es dem Partner/der Partnerin und der/die zeichnet es. Sie müssen also sehr genau formulieren und Ihren Partner/Ihre Partnerin kontrollieren und korrigieren.

:: Sehen Sie sich Bild 3 im Farbteil von *Anders gedacht* an.

Friedrich, Caspar David (1774–1840), *Zwei Männer bei der Betrachtung des Mondes*, ca. 1819–1820. Erich Lessing / Art Resource, NY.

Redemittel und Wortschatz

Auf dem Bild ist/sind/sieht man …
Vorne/Hinten ist …
Im Vordergrund/Im Hintergrund ist …
In der Bildmitte …
Auf der rechten/linken Seite des Bildes …
Davor/Dahinter/Daneben/Darüber …
Rechts/Links von …
der Mond (Vollmond, Neumond, Halbmond)
der Felsen, -
die Wurzel, -n
der Nadelbaum, Nadelbäume
der Laubbaum, Laubbäume

:: b :: **Dialog schreiben** Schreiben Sie einen Dialog zwischen den beiden Männern.

DAS BILD DEUTEN

Caspar David Friedrich nannte dieses Bild „Zwei Männer in Betrachtung des Mondes". Diskutieren Sie die folgenden Fragen mit Ihrem Partner/Ihrer Partnerin. Beantworten Sie dann die Fragen schriftlich.

- Welche Bedeutung hatte wohl der Mond für die Menschen der damaligen Zeit? Wie ist das heute?
- Wie stellt Friedrich die Bäume und den Himmel dar?
- Was ist der Mittelpunkt des Bildes?
- Welche Farben verwendet der Künstler?
- Wie ist die Atmosphäre in dem Bild?
- Was drückt das Bild für Sie aus?

Abendlied

Bevor Sie mit der ersten Strophe des Gedichtes „Abendlied" arbeiten, lesen Sie einige Informationen über den Dichter Matthias Claudius. Finden Sie heraus, welche Art von Lyrik typisch für ihn ist.

:: ZUM DICHTER ::

Matthias Claudius wurde 1740 in Reinfeld bei Lübeck als Pfarrerssohn geboren. Er studierte Theologie und Jura. Er starb 1815. Matthias Claudius ist dafür berühmt, schlichte[1], zeitlos gültige[2] Lyrik und geistliche Schriften geschrieben zu haben.

[1]**schlicht** einfach, simpel [2]**zeitlos gültig** immer aktuell

Lesen • Detailverständnis

:: Das vollständige Gedicht befindet sich im Anhang des Buches.

:: 1 :: DIE ERSTE STROPHE LESEN

:: a :: Lesen Sie die erste Strophe. Was beschreibt Claudius?

◤

ABENDLIED

Der Mond ist aufgegangen,
Die goldnen Sternlein prangen[1]
Am Himmel hell und klar;
Der Wald steht schwarz und schweiget[2],
5 Und aus den Wiesen[3] steiget
Der weiße Nebel wunderbar.

---
[1]**prangen** hell scheinen, leuchten   [2]**schweigen** nicht sprechen, still sein   [3]**die Wiese** großes Areal auf dem Gras wächst

:: b :: **Detailverständnis**   Versuchen Sie, das Landschaftsbild zu zeichnen.
Falls Sie Farbstifte haben, arbeiten Sie auch mit Farben.

:: 2 :: WEITERE STROPHEN DES GEDICHTES LESEN

Lesen Sie zwei weitere Strophen und beantworten Sie jeweils die Fragen.

In der nächsten Strophe spricht Claudius über den Mond. Was meint er mit:
„Er ist nur halb zu sehen und ist doch rund und schön."? Womit vergleicht
er dieses Bild?

Seht ihr den Mond dort stehen? –
Er ist nur halb zu sehen
Und ist doch rund und schön.
So sind wohl manche Sachen,
Die wir getrost[1] belachen[2],
Weil unsre Augen sie nicht sehn.

[1]**getrost** ohne etwas fürchten zu müssen [2]**belachen** sich über etwas lustig machen

Wozu fordert Claudius die Menschen in der letzten Strophe auf?

So legt euch denn, ihr Brüder,
In Gottes Namen nieder
Kalt ist der Abendhauch[1];
Verschon[2] uns Gott mit Strafen
Und laß uns ruhig schlafen
Und unsern kranken Nachbarn auch.

—von Matthias Claudius

[1]**der Abendhauch** leichter Abendwind [2]**jemanden verschonen** jemandem nichts Böses tun

Übungsbuch
Einheit 1, Teil E

:: 3 :: ELEMENTE AUS DER NATUR DEUTEN

Matthias Claudius verwendet in seinem Gedicht Elemente aus der Natur:
den Mond, die Sternlein, den Himmel, den Wald, die Wiese, den Nebel, den
Abendhauch. Überlegen Sie, was diese Elemente symbolisieren könnten.
Welche Bedeutung haben sie?

Element der Natur	Symbol für ...
der Nebel	*das, was man nicht klar sehen kann; das Unerklärbare.*

:: 4 :: WEITERFÜHRENDE FRAGEN

Besprechen Sie die Fragen mit einem Partner/einer Partnerin.

- Welche Bitte drückt der Autor aus und welche Stimmung wählt er dafür?
- Worauf soll der Mensch vertrauen?
- Claudius schrieb sein Gedicht an den Mond. Es zeigt eine große Faszination für die Nacht. Wie erklären Sie das?

Hören

:: 5 :: HÖREN DES GEDICHTES

Das Gedicht wurde von Johann Abraham Peter Schulz (1747–1800) vertont. Inzwischen wurde es zu einem Volkslied. Hören Sie jetzt das Lied und achten Sie auf die Melodie. Wie würden Sie sie charakterisieren? Passt die Melodie Ihrer Meinung nach zu dem Text?

:: Das Lied befindet sich auf der *Anders gedacht Instructor's Audio CD.*

:: 6 :: SCHREIBEN – TEXTPRODUKTION

Wählen Sie eins der zwei Themen und schreiben Sie einen Text, in dem Sie auf die angeführten Punkte eingehen. Die Satzanfänge im Kasten können Ihnen helfen.

Thema A Schreiben Sie über ein Gedicht. Gehen Sie in die Bibliothek und suchen Sie ein deutschsprachiges Gedicht, das Ihnen besonders gut gefällt. Vielleicht steht Ihr Lieblingsgedicht auch schon bei Ihnen im Bücherregal.

- Wovon erzählt das Gedicht?
- Warum gefällt Ihnen das Gedicht?
- Woran denken Sie, wenn Sie dieses Gedicht lesen?
- Was wissen Sie über den Autor des Gedichtes?

Thema B Reflektieren Sie über den Mythos Wald.

Schreibmittel

> Es scheint mir …
> Ich bin der Meinung, …
> Meiner Ansicht nach …
> Für mich bedeutet …

- Was bedeutet der Wald für die Deutschen? (Beschäftigen Sie sich mit den Gedichten, die Sie gelesen haben.)
- Welche Parallelen könnten zwischen dem Wald und den Deutschen gezogen werden?
- Gibt es Symbole, die eine nationale Identität für Ihr Land darstellen?

Grundwortschatz

:: VERBEN

komponieren: er/sie/es komponiert, komponierte, hat ... komponiert	to compose
malen: er/sie/es malt, malte, hat ... gemalt	to paint
sich reimen: er/sie/es reimt sich, reimte sich, hat sich ... gereimt	to rhyme
sterben: er/sie/es stirbt, starb, ist ... gestorben	to die
wandern: er/sie/es wandert, wanderte, ist ... gewandert	to hike
zeichnen: er/sie/es zeichnet, zeichnete, hat ... gezeichnet	to draw, sketch

:: NOMEN

die Aufklärung	the Enlightenment
der Dichter, -	poet
die Erfahrung, -en	experience
das Gedicht, -e	poem
das Gemälde, -	painting
der Komponist, -en	composer
das Konzert, -e	concert; concerto
die Landschaft, -en	landscape, countryside
der Maler, -	painter
das Märchen, -	fairy tale
der Mond, -e	moon
die Natur	nature
die Oper, -n	opera
der Reim, -e	rhyme
die Romantik	Romanticism
der Schriftsteller, -	writer
die Stimmung, -en	mood
die Strophe, -n	stanza
der Sturm und Drang	Storm and Stress
der Wald, die Wälder	forest
die Wiese, -n	meadow
die Zeichnung, -en	drawing, sketch
die Zeile, -n	line (of a text)

:: ADJEKTIVE UND ADVERBIEN

froh	happy/happily, glad(ly), cheerful(ly)
furchtbar	awful(ly), terrible/terribly
gefährlich	dangerous(ly)
hell	light, bright(ly)
hungrig	hungry/hungrily
klar	clear(ly)
ruhig	quiet(ly), peaceful(ly), calm(ly)
rund	round
traurig	sad(ly)
wunderbar	wonderful(ly)

:: ANDERE AUSDRÜCKE

Erfahrungen machen/sammeln	to learn by experience; to gain experience

Die Grünen und grüne Ideen

UMWELTBEWUSSTSEIN UND GRÜNE POLITIK

:: ## ABSCHNITTE

A Umweltbewusstsein
B Grüne Politik
C Cem Özdemir, Multikulti-Mann des Jahres
D Der Traum vom grünen Auto

:: ## TEXTE

- Drei kurze Texte zum Thema umweltfreundliche Mobilität
- Beschreibungen von umweltfreundlichen Automodellen (Werbetexte)

:: ## PORTRÄT

- Cem Özdemir

:: ## INTERNET-AKTIVITÄTEN

- Grüne Themen
- Die Grünen in der Schweiz, in Österreich und in Deutschland
- Politische Parteien in Österreich, Deutschland und der Schweiz
- Das Drei-Liter-Auto
- Erneuerbare Energien: Wind, Wasser, Solarenergie

:: ## SPRACHLICHE STRUKTUREN

- Genitiv
- Zweiteilige Konjunktionen: **sowohl ... als auch, weder ... noch** (Übungsbuch)
- Perfekt
- Präpositionen mit Genitiv: **während, trotz, wegen, anstatt/statt**
- Futur

:: ## STRATEGIEN

- Strategien für das Halten von Referaten

:: ## IN DIESER EINHEIT

Die Liebe zu Natur und Umwelt[1] hat in Deutschland und in den anderen deutschsprachigen Ländern Tradition. Da die industrialisierte moderne Welt mit ihrer Emission eine Gefahr für die Umwelt darstellt, werden jetzt Wege gesucht, um die Umwelt zu schützen.

---

[1]**die Umwelt** Menschen, Städte, Natur

2
EINHEIT
EINHEIT

Umweltfreundlich mobil: mit dem Fahrrad durch die Innenstadt

Einstimmung auf das Thema

Vorwissen sammeln Diskutieren Sie mit Ihren Kommilitonen/Kommilitoninnen in Gruppen zu dritt oder zu viert und tauschen Sie Ihre persönlichen Erfahrungen aus.

1. Was haben Sie über den Umweltschutz in den deutschsprachigen Ländern Deutschland, Österreich und der Schweiz gehört oder sogar schon bei einem Aufenthalt in diesen Ländern miterlebt? Notieren Sie im Kasten.

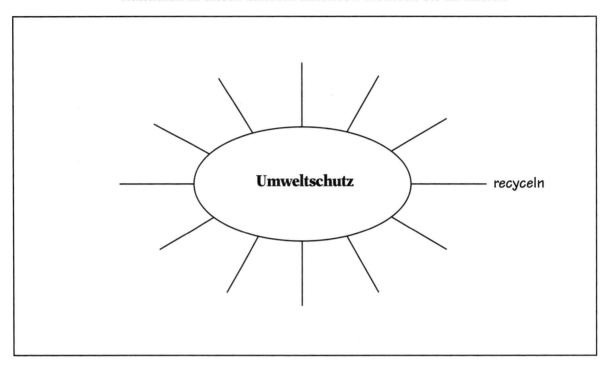

2. Was tun Sie persönlich für den Umweltschutz? Erzählen Sie von Ihren Erfahrungen. Machen Sie sich vorher Notizen.

Umweltbewusstsein

In diesem Abschnitt beschäftigen Sie sich mit unterschiedlichen Projekten in den deutschsprachigen Ländern, die zum Schutz der Umwelt beitragen.

Drei Texte zum Thema Umweltschutz
Lesen • Selektives Lesen

:: 1 :: MIT DREI TEXTEN ARBEITEN

Arbeiten Sie in drei Gruppen. Jede Gruppe übernimmt einen der drei Texte A–C und macht die entsprechenden Aufgaben.

A „Mobility CarSharing – Schweiz"

B „Citybike Wien – das Gratis-Stadtrad in Wien"

C „Berlin, Hannover und Köln verbannen ‚Dreckschleudern'"

Stellen Sie vor dem Lesen anhand der Überschriften Hypothesen zum Inhalt des gewählten Textes auf.

:: a :: **Text A lesen** Lesen Sie die Fragen. Lesen Sie dann den Text „Mobility CarSharing – Schweiz" und beantworten Sie die Fragen in der Gruppe.

1. Was ist CarSharing?

   ....

   ....

2. Mit wie vielen Autos und Mitgliedern hat „Mobility" begonnen? Wie groß ist das Unternehmen heute?

   ....

   ....

3. Was ist der Unterschied zwischen CarSharing und einer Autovermietung wie Hertz oder Avis?

   ....

   ....

(A) MOBILITY CARSHARING – SCHWEIZ

© Mobility Cooperative

Wochenendausflug – nicht unbedingt mit dem eigenen Auto

Sie möchten einmal ein Auto mieten, auch nur stundenweise? Sie brauchen ab und zu oder regelmässig ein Fahrzeug[1]? Sie benötigen ein Fahrzeug für längere Zeit –
5 mindestens aber für einen Monat? Heute verlangt das Leben Mobilität und Flexibilität. Dies bedeutet aber längst nicht mehr, sich an ein eigenes Auto zu binden. CarSharing macht es möglich, ein Auto rund
10 um die Uhr mit all seinen Vorteilen[2] zu nutzen und dabei die finanziellen Nachteile[3] auszusparen. Erleben auch Sie die intelligente Art Auto zu fahren.

Mobility stellt Ihnen 2.200 Fahrzeuge
15 an 1.100 Standorten in der ganzen Schweiz zur Verfügung und dies während 24 Stunden am Tag! Die Tarife basieren auf Stunden und Kilometern. Im Preis ist alles inbegriffen: Benzin,
20 Service, Reparaturen, Versicherung, Administration, Vignette[4], Parkplatzmiete und MWST[5]. Alle Fahrzeuge sind bis unmittelbar vor der Fahrt für eine Stunde bis zu mehreren Wochen reservierbar,
25 ganz bequem per Telefon oder Internet.

Angefangen hatte alles am 13. Mai 1987. Acht Personen gründeten die AutoTeilet Genossenschaft: Sie teilten sich ein Auto. Im Juni 2008 begrüßte Mobility den
30 80.000. Kunden.

Quelle: http://www.mobility.ch

[1] **das Fahrzeug** *hier*: das Auto   [2] **der Vorteil** positiver Aspekt   [3] **der Nachteil** negativer Aspekt   [4] **die Vignette** in der Schweiz braucht man einen Aufkleber am Auto, für den man bezahlen muss, wenn man die Autobahn benutzen will   [5] **MWST** die Mehrwertsteuer

:: b :: **Text B lesen**   Lesen Sie die Fragen. Lesen Sie dann den Text „Citybike
Wien – das Gratis-Stadtrad in Wien" und beantworten Sie die Fragen in der Gruppe.

1. Was ist das Citybike? Wo kann man es nutzen?

    _____

    _____

2. Wo und wann kann man das Citybike ausleihen und wieder zurückgeben?

    _____

    _____

3. Für welche Situationen ist das Citybike gedacht?

    _____

    _____

(B) CITYBIKE WIEN – DAS GRATIS-STADTRAD IN WIEN

Courtesy Citybike Wien

Citybike-Station in Wien

Das Citybike Wien ist ein innovatives
und umweltfreundliches öffentliches
Verkehrsmittel[1] und kein traditioneller
Radverleih. Um das Angebot von Citybike
5 Wien nutzen zu können, ist eine einmalige
Anmeldung[2] erforderlich – via Internet
oder direkt am Citybike-Terminal. Die
Anmeldung ist mittels MAESTRO Card
(Bankomatkarte) eines österreichischen
10 Bankinstituts sowie mit einer VISA,
MasterCard oder JCB Kreditkarte möglich.
Nach erfolgter Anmeldung können Sie
sofort ein Rad entlehnen[3]. Die jeweils erste

Stunde fahren Sie mit dem Citybike gratis.
15 Jede weitere Stunde ist kostenpflichtig.
Die Räder können an 60 Bikestationen in
ganz Wien entlehnt werden. Die Rückgabe
ist an jeder beliebigen Station möglich,
unabhängig davon, wo die Fahrt begonnen
20 wurde. Und das 24 Stunden lang, 7 Tage
die Woche. Also mobil sein, wann immer
Sie wollen.

Beachten Sie bitte: Unser Citybike
ist eine Ergänzung[4] zu öffentlichen
25 Verkehrsmitteln und ist nicht für die
Nutzung über einen längeren Zeitraum
gedacht. Wenn Sie das Rad nicht mehr
benötigen, retournieren Sie es in Ihrem
eigenen Interesse umgehend bei einem
30 Citybike-Terminal. Für Ihre Fragen
steht Ihnen das Citybike Wien-Team
unter kontakt@citybikewien.at gerne zur
Verfügung.

Quelle: www.citybikewien.at

---

[1]**öffentliche Verkehrsmittel** z.B. Bus, Zug, Straßenbahn
[2]**die Anmeldung** die Registrierung   [3]**entlehnen** ausleihen
[4]**die Ergänzung** das Supplement

:: C :: **Text C lesen**   Lesen Sie die Fragen. Lesen Sie dann den Text „Berlin, Hannover und Köln verbannen ,Dreckschleudern'" und beantworten Sie die Fragen in der Gruppe.

1. Wer braucht eine Umweltplakette?

   _____

   _____

2. Welches Ziel hat die Umweltplakette?

   _____

   _____

3. Welche Kategorien gibt es?

   _____

   _____

(C) BERLIN, HANNOVER UND KÖLN VERBANNEN „DRECKSCHLEUDERN[1]"

Umweltplaketten

Mehrere Städte haben im neuen Jahr Umweltzonen mit Fahrverboten für abgasreiche[2] Autos eingerichtet, um den Feinstaub[3] in der Luft zu reduzieren.
5 Damit dürfen nur noch Fahrzeuge mit Umweltplakette[4] mitten in die Städte fahren … Wer ohne Aufkleber in einer Umweltzone erwischt wird, muss 40 Euro zahlen.

Den Anfang bei der Einführung der
10 Umweltzonen machen Berlin, Hannover und Köln. Seit Neujahr 2008 gibt es dort im Innenstadtbereich Umweltzonen. Stuttgart, Leonberg, Ludwigsburg, Mannheim, Reutlingen, Schwäbisch
15 Gmünd und Tübingen folgen am 1. März 2008. Weitere Städte wollen die Umweltzonen spätestens 2010 einführen.

Die Schadstoffplaketten sind für fünf bis zehn Euro beispielsweise bei GTÜ, Dekra
20 oder TÜV erhältlich. Die Aufkleber sind farblich nach Schadstoffgruppen gestaffelt: von grün für die saubersten Wagen ab der Abgasnorm Euro 4 über gelb für Euro 3 bis zu rot für Autos, die nur
25 die Normen Euro 2 und Euro 1 erfüllen. Keine Plakette zugeteilt bekommen alle Fahrzeuge der sogenannten Schadstoffklasse 1. Im Laufe der Jahre wollen die Städte dann sukzessive den Zugang
30 einschränken, sodass letztlich nur noch Autos mit einer grünen Plakette in den Umweltzonen fahren dürfen.

Quelle: http://www.tagesschau.de

[1]**die Dreckschleuder** *ugs.* für Autos mit hohen CO$_2$-Emissionen (Dreck=Schmutz, schleudern=werfen)   [2]**abgasreich** mit viel CO$_2$-Ausstoß   [3]**der Feinstaub** der Teil der Emissionen, den man einatmen kann   [4]**die Plakette** der Aufkleber, der Sticker

Beschäftigen Sie sich weiterhin mit Ihrem Text aus Aufgabe 1.

:: a :: **Präsentation vorbereiten**   Was steht in dem Text, den Sie in Aufgabe 1 gelesen haben? Bereiten Sie eine Präsentation vor. Bilden Sie dabei 2–3 Sätze mit **um … zu, damit** oder **weil**. In dem Kasten finden Sie Wörter, die Ihnen helfen.

Übungsbuch
Einheit 2, Teil A

Wortschatz*

reduzieren	verringern[1]
umweltfreundlich/umweltbewusst	der Verkehr
umweltbewusst handeln	die Emission/der Schadstoffausstoß
die Umwelt schützen/schonen	öffentliche Verkehrsmittel (benutzen)

*Alle Verben in diesem Kasten brauchen den Akkusativ.   [1]**verringern** reduzieren

---

BEISPIEL   In der Schweiz haben viele Leute kein eigenes Auto, weil es ein gutes CarSharing-System gibt.

:: b :: **Informationen austauschen**   Berichten Sie jetzt in der Klasse über den Text, den Sie gelesen haben. Schreiben Sie, wenn nötig, eine Vokabelliste für Ihre Kommilitonen/Kommilitoninnen an die Tafel.

Geschäftsmann auf dem Weg ins Büro

Politische Ziele der Grünen in Deutschland

„Bündnis 90/Die Grünen" sind eine politische Partei, die aus zwei früheren Gruppen hervorgegangen ist.

BÜNDNIS 90
DIE GRÜNEN

Bündnis 90 / Die Grünen

Das Logo von Bündnis 90/ Die Grünen

:: 1 :: HYPOTHESEN AUFSTELLEN

Überlegen Sie, welche politischen Ziele die Partei haben könnte. Leiten Sie aus dem Namen der Partei ihr wichtigstes politisches Ziel ab. Sehen Sie sich auch das Poster und das Logo der Grünen an.

> **Redemittel**
>
> Das wichtigste Ziel der Partei „Bündnis 90/Die Grünen" ist wohl …
> … scheint … zu sein.
> Mir scheint, dass das wichtigste Ziel der Grünen … ist.

grün **2020**
wir denken bis übermorgen!

Bündnis 90 / Die Grünen

:: 2 :: THEMEN UND SLOGANS ZUORDNEN

Unten sind einige Themen der Grünen aufgelistet.

:: a :: Lesen Sie die Themen (1–6) und sehen Sie sich dann die sechs Slogans (a–f) an.

· Welcher Slogan passt zu welchem Thema?
· Versuchen Sie, die Slogans zu erklären.

_b_ 1. Globalisierung _____ 4. Frauenpolitik

_____ 2. Einwanderung _____ 5. Bildung

_____ 3. Energie _____ 6. Kinder

Slogan a. _____

Slogan b. _____

Slogan c. _____

Slogan d. _____

Slogan e. _____

Slogan f. _____

:: b :: Gehen Sie auf die Homepage der Grünen in Deutschland. (Googeln Sie „Gruene".) Lesen Sie unter *Themen A–Z* nach, was die Ansichten der Partei zu den Themen in **a.** sind und fassen Sie sie in 2–3 Sätzen zusammen. Haben Sie die Slogans richtig interpretiert oder bedeuten sie etwas anderes als Sie dachten? Vergleichen Sie im Kurs.

Übungsbuch
Einheit 2, Teil B

STRUKTUREN Genitiv

Artikel und Endungen des Nomens im Genitiv:

	maskulin	feminin	neutrum	Plural
Artikel	des	der	des	der
Endungen	-(e)s	–	-(e)s	–

Übung Ergänzen Sie die Sätze. Wählen Sie dazu das jeweils passende Nomen aus dem Kasten.

Die Grünen wollen …

1. die Ausbildung _____*der*_____ _____*Schüler*_____ verbessern.
2. die Integration _____ _____ unterstützen[1].
3. für ein Umdenken _____ _____ zum Thema Energie sorgen.
4. die Gleichberechtigung[2] _____ _____ verbessern.
5. die Qualität _____ _____ erhöhen.
6. die Anzahl _____ _____ im Bereich der erneuerbaren Energien erhöhen.
7. die Erwärmung _____ _____ verhindern.
8. die Bedürfnisse[3] _____ _____ vertreten[4].
9. die Existenz _____ _____ sichern.
10. für die Gerechtigkeit _____ globalen _____ sorgen.

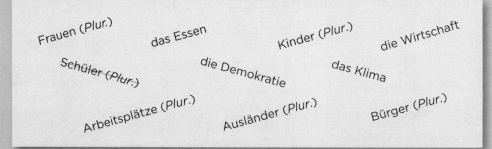

Frauen (Plur.)   das Essen   Kinder (Plur.)   die Wirtschaft
Schüler (Plur.)   die Demokratie   das Klima
Arbeitsplätze (Plur.)   Ausländer (Plur.)   Bürger (Plur.)

---

[1]**unterstützen** fördern, dabei helfen   [2]**die Gleichberechtigung** wenn es keinen Unterschied zwischen Männern und Frauen gibt, z.B. auf dem Arbeitsmarkt   [3]**das Bedürfnis** das, was jemand braucht   [4]**vertreten** repräsentieren

:: 3 :: ARBEIT MIT DEM INTERNET

Gehen Sie auf die Homepage der Grünen in Deutschland und suchen Sie sich unter *Themen A–Z* ein weiteres Thema aus. Berichten Sie von den Zielen der Partei im Kurs. Bilden Sie Sätze mit dem Genitiv.

Projektarbeit

:: 4 :: RECHERCHIEREN

Suchen Sie Fakten über die Grünen in Ihrem Land. Benutzen Sie das Internet, die Bibliothek oder andere Quellen. Vergessen Sie nicht, die benutzten Quellen anzugeben. Bereiten Sie dann eine mündliche Präsentation vor. Gehen Sie auf die folgenden Fragen ein:

- Was sind die politischen Ziele der Grünen in Ihrem Land, in Ihrem Bundesstaat oder in Ihrer Stadt?
- Wie hoch ist ihr politischer Einfluss?

:: 5 :: MIT DEM INTERNET ARBEITEN

Recherchieren Sie folgendes im Internet und berichten Sie dann im Kurs:

- Wie groß ist der politische Einfluss der Grünen in den Regierungen von Deutschland, der Schweiz und Österreich: Ist die Grüne Partei an einer Regierungskoalition beteiligt, in der Opposition oder gar nicht im Parlament vertreten?
- Recherchieren Sie, welche anderen Parteien es in den deutschsprachigen Ländern gibt und was ihre Ziele sind.

:: 6 :: EINE EIGENE PARTEI GRÜNDEN

Sie gründen jetzt in einer Gruppe eine eigene Partei. Wählen Sie mit Ihrer Gruppe eine politische Ausrichtung, die Sie interessiert, z.B. sozial, liberal, konservativ, links, religiös, grün usw. Vor der Gruppenarbeit wählen Sie gemeinsam im Plenum vier Themen, auf die Sie sich konzentrieren wollen. Dann gehen Sie in Ihrer Gruppe folgendermaßen vor:

Mögliche Themen
Einwanderung
Energie
Bildung
Frauenpolitik
Kinder
Klimaschutz/Umweltschutz
Globalisierung
Demokratie
...

1. Geben Sie Ihrer Partei einen Namen.
2. Entwerfen Sie ein Logo.
3. Schreiben Sie Slogans zu den Themen.
4. Schreiben Sie kurze Texte zu Ihren Slogans.
5. Erstellen Sie ein Poster.

:: 7 :: VORSTELLEN DER PARTEIEN

Stellen Sie jetzt Ihre Parteien im Plenum vor.

 ## :: 8 :: DEBATTE

Sie sind nun Abgeordnete und halten eine Parlamentsdebatte zu den Themen aus Aufgabe 6 ab. Benutzen Sie folgende Redemittel:

Ich bin der Meinung, dass …	Sie haben recht, aber …
Meiner Meinung nach …	In dem Punkt stimme ich Ihnen zu, aber …
Ich denke, dass …	Ich bitte Sie!
Da bin ich anderer Meinung.	Das kann doch wohl nicht Ihr Ernst sein!
Das sehe ich völlig anders.	Wie wollen Sie denn das den Wählerinnen
Wie meinen Sie das?	und Wählern erklären?
Sind Sie da ganz sicher?	

Hadi Djunaedi © 2009 Shutterstock

C

Cem Özdemir, Multikulti-Mann des Jahres

Cem Özdemir

Lesen • Global- und Detailverständnis

:: 1 :: VORWISSEN SAMMELN

Beantworten Sie gemeinsam mit Ihrem Partner/Ihrer Partnerin die folgenden Fragen.

• Welche deutschen Politiker kennen Sie? Was wissen Sie über sie?
• Welche Grünen Politiker kennen Sie? Was wissen Sie über sie?

:: 2 :: CEM ÖZDEMIR KENNENLERNEN

Lesen Sie Informationen über Cem Özdemir und schreiben Sie sie in den Lebenslauf auf Seite 79. Arbeiten Sie arbeitsteilig in Gruppen, d.h. Gruppe 1 beschäftigt sich mit Cem Özdemir als Privatperson (Familie, Ausbildung, Was ihn ärgert), Gruppe 2 mit seinem Beruf und seinen Auslandserfahrungen und Gruppe 3 mit seinen Publikationen und Auszeichnungen.

CEM ÖZDEMIR, MULTIKULTI-MANN DES JAHRES

Familie
Cem Özdemir ist 1965 in Bad Urach (Baden-Württemberg) als Sohn türkischer Einwanderer geboren. Er ist verheiratet und hat eine Tochter.

Ausbildung
Als Erzieher[1] ausgebildet, schloss er 1994 sein Studium
5 der Sozialpädagogik in Reutlingen ab.

Cem Özdemir mit Fritz Kuhn und Renate Künast auf einer Demonstration gegen Atommüll, 2008

© Christian Charisius / Reuters / Corbis

---

[1]**der Erzieher** eine Person, die mit Kindern arbeitet, z.B. als Kindergärtner

Beruf

1981 wurde er Mitglied der Partei Die Grünen (heute: Bündnis 90/Die Grünen). 1994 wurde Özdemir als erster Abgeordneter[2] türkischer Herkunft in den Deutschen Bundestag gewählt, dem er bis 2002 angehörte. Er arbeitete in dieser Zeit an der Reform des Staatsangehörigkeitsrechts[3] mit, das 2000 in Kraft trat. Von 2004 bis 2009 war Cem Özdemir Abgeordneter des Europäischen Parlaments (Die Grünen / Freie Europäische Allianz). Heute ist er Bundesvorsitzender von Bündnis 90/Die Grünen.

Auslandserfahrungen

Im Jahr 2003 war er als „Transatlantic Fellow" beim US-Think Tank „German Marshall Fund of the US" in Washington DC. In dieser Zeit beschäftigte er sich mit den transatlantischen Beziehungen und mit der politischen Selbstorganisation ethnischer Minderheiten in den USA und Europa.

Publikationen

Daneben ist Cem Özdemir auch publizistisch tätig. In seinen Büchern „Currywurst und Döner – Integration in Deutschland" und seiner Autobiographie „Ich bin ein Inländer" spiegeln sich seine multikulturellen Erfahrungen in Deutschland wider. 2008 erschien sein Jugendbuch „Die Türkei: Politik, Religion, Kultur".

Auszeichnungen[4]

Für seinen gesellschaftlichen Beitrag ist er vom World Economic Forum im Jahr 2002 zum „Global Leader for Tomorrow" ernannt worden und wurde 1997 vom SFB-Radio (heute RBB) als „Multikulti-Mann des Jahres" ausgezeichnet. 1996 erhielt er die Theodor-Heuss-Medaille und den Civis Media-Preis für seine Integrationspolitik und seinen Einsatz für ein vorurteilsfreies[5] Zusammenleben von Deutschen und Migranten.

Was ihn ärgert

Er mag es gar nicht, wenn das grandiose Komikerduo Laurel & Hardy hierzulande wenig schmeichelhaft als „Dick & Doof" bezeichnet wird.

Quelle: www.oezdemir.de

---

[2]**der Abgeordnete** der Parlamentarier   [3]**die Staatsangehörigkeit** die Nationalität   [4]**die Auszeichnung** ein Preis für etwas, das man gemacht hat   [5]**vorurteilsfrei, das Vorurteil** negative Meinung über eine Person, ohne diese zu kennen

LEBENSLAUF

Familie
geboren: _____ in: _____
Familienstand: _____
Kinder: _____

Ausbildung
Ausbildung als: _____
Studium: _____

Was ihn ärgert
_____

Berufliche Stationen

1.
_____

2.
_____

heutige Position:
_____

Auslandsaufenthalte
_____
_____

Bücher
_____
_____
_____

Auszeichnungen
als _____ und
als _____
für _____

STRUKTUREN Perfekt

:: a :: Bilden Sie gemeinsam das Perfekt zu folgenden Verben und formulieren Sie die Regeln:

BEISPIEL:

machen: *er/sie/es hat ... gemacht*

Regel: *Die meisten Verben brauchen im Perfekt das Hilfsverb „haben". Die Endung des Partizips Perfekt ist meistens -t.*

1. gehen: _____

Regel: _____

_____

2. studieren: _____

Regel: _____

_____

3. bekommen: _____

Regel: _____

_____

4. abschließen: _____

Regel: _____

_____

• Wann benutzt man das Perfekt?

:: b :: Bilden Sie Beispielsätze mit den vier Verben aus A.

BEISPIEL: *Ich* _habe_ *mit 18 Jahren meinen Schulabschluss* _gemacht_ .

1. _____

2. _____

3. _____

4. _____

• An welcher Position stehen die beiden Teile des Perfekts?

:: **c** :: **Formen notieren** Notieren Sie die Präteritum- und die Perfekt-Formen der Verben in der Tabelle. Diskutieren Sie mit Ihrem Partner/Ihrer Partnerin.

Infinitiv	Präteritum	Perfekt
geboren werden	wurde ... geboren	ist ... geboren (worden)*
(eine Ausbildung) machen		
studieren		
(Mitglied) werden		
arbeiten		
sich beschäftigen mit		
schreiben		
veröffentlichen		
(eine Auszeichnung) bekommen/erhalten		

*Meistens verwendet man **ist ... geboren** statt **ist ... geboren worden**.

:: 3 :: INFORMATIONEN VERSPRACHLICHEN

Teilen Sie Ihren Kommilitonen/Kommilitoninnen die Informationen über Cem Özdemir mit, die Sie mit Ihrer Gruppe erarbeitet haben. Benutzen Sie das Perfekt. Vervollständigen Sie den Lebenslauf mit den Informationen der anderen Gruppen.

Übungsbuch
Einheit 2, Teil C

BEISPIEL: Cem Özdemir **ist** 1965 in Bad Urach **geboren**. Er **hat** …

:: 4 :: ROLLENSPIEL: EIN INTERVIEW MACHEN

Für einen Tag sind Sie Cem Özdemir. Ein Journalist möchte Sie interviewen. Er hat Ihnen vorher die Fragen geschickt und Sie machen sich ein paar Notizen. Spielen Sie dann das Interview mit einem Partner/einer Partnerin.

a. „Guten Tag Herr Özdemir, wir danken Ihnen dafür, dass Sie sich für uns Zeit genommen haben. Könnten Sie unseren Lesern vielleicht zuerst ein paar persönliche Informationen geben?"

_____

_____

_____

b. „Natürlich wissen viele unserer Leser das schon, aber könnten Sie trotzdem noch einmal Ihre Position zum Thema Umweltschutz erklären?"

c. „Wie finden Sie Projekte wie das Wiener Citybike, die Umweltplakette oder das Konzept des CarSharing?"

d. „Ihr persönlicher Schwerpunkt ist ja das Thema „Migration und Integration". Warum?"

e. „Eins Ihrer Bücher heißt *Currywurst und Döner – Integration in Deutschland*. Was haben Currywurst und Döner mit Integration zu tun?"

„Herr Özdemir, wir danken Ihnen für dieses Gespräch."

Das grüne Auto

Lesen • Global- und Detailverständnis

:: 1 :: HYPOTHESEN AUFSTELLEN

Sehen Sie sich das Bild an. Überlegen Sie, was ein „grünes Auto" sein könnte.
Welche Funktionen sollte es Ihrer Meinung nach haben?

Der Smart fortwo, ein Elektroauto

:: 2 :: EIN GRÜNES AUTO DESIGNEN

Entwerfen Sie in Gruppen ein „grünes Auto". Überlegen Sie, welche Umweltvorteile Ihr Auto im Gegensatz zu einem herkömmlichen Auto hat. **Die Wörter und Ausdrücke im Kasten können Ihnen bei der Formulierung helfen.** Präsentieren Sie Ihr Modell des „grünen Autos" im Forum.

BEISPIEL: Unser grünes Auto ist schadstoffarm und verbraucht wenig Benzin, es ist also sehr sparsam. Der Motor ist ein Elektromotor.

Wortschatz

das Benzin	emissionsarm
die Emission	verbrauchsgünstig[4]
sparen	der Antrieb[5]
der Motor	die Geschwindigkeit
der Schadstoff[1]	das Fahrzeug[6]
sparsam	der Tank
schadstoffarm	der Sprit[7]
günstig[2]	der Verbrauch = der Spritverbrauch[8]
bleifreies Benzin[3]	umweltfreundlich
viel/wenig verbrauchen	100 km/h (*man sagt:* hundert Stundenkilometer)
recycelbar	
emissionsfrei	der Kraftstoff = der Treibstoff[9]

:: 3 :: HYPOTHESEN AUFSTELLEN

Das erste Auto, das vorgestellt wird, ist das Hybridauto. Überlegen Sie vor dem Lesen gemeinsam in der Klasse, um was für ein Auto es sich handelt.

:: 4 :: EIN UMWELTFREUNDLICHES AUTO KENNENLERNEN

Überfliegen Sie den Text und unterstreichen Sie alle Komposita. Erklären Sie die Bedeutung der Wörter, indem Sie sie in Teile zerlegen.

DAS HYBRIDAUTO

Hybridautos haben zwei Antriebssysteme an Bord. In der Regel bezeichnet man als Hybridauto Fahrzeuge, die über einen Benzinmotor und über einen Elektromotor verfügen. Man nutzt hierbei die positiven Eigenschaften beider Motoren. So kommt etwa auf der Autobahn der

---

[1]**der Schadstoff** Stoff, der nicht umweltfreundlich ist, z.B. CO_2 [2]**günstig** billig, nicht teuer   [3]**bleifrei** es gibt Super, Diesel und bleifreies Benzin   [4]**verbrauchsgünstig** das Auto verbraucht nicht viel Benzin   [5]**der Antrieb** der Motor   [6]**das Fahrzeug** das Auto, der Wagen   [7]**der Sprit** das Benzin   [8]**der (Sprit)Verbrauch** wie viel Benzin oder Diesel ein Auto braucht   [9]**der Kraftstoff, der Treibstoff** das Benzin, der Sprit, der Diesel

5 Benzinmotor zum Einsatz, da er ausreichend Kraft bietet. Durch die
entstehende überschüssige Energie wird der Elektromotor des Hybridautos
aufgeladen, der dann im Stadtverkehr benutzt wird. Wenn der Elektromotor
von Hybridautos in Betrieb ist, entstehen keine Schadstoffe und das
Auto fährt sehr leise. Verbrennungsmotor und Elektromotor sind bei
10 Hybridautos genau aufeinander abgestimmt. Bei manchen Hybridautos
wird der Benzinmotor wirklich nur dann verwendet, wenn die Leistung des
Elektromotors nicht ausreichend ist.

Der Vorteil von Hybridautos ist die Optimierung des Kraftstoffverbrauchs.
Der Toyota Prius, ein Hybridauto mit Verbrennungs- und Elektromotor,
15 erreicht zum Beispiel einen Benzinverbrauch von unter 5 Litern. Beispiele
für Hybridautos sind der Toyota Prius, Honda Civic Hybrid, Lexus GS 450h
und Lexus RX 400h.

Quelle: http://www.autoscout24.de

Komposita: *das Hybrid/auto,*

Erklärungen:

- Hybrid *bedeutet ,aus zwei verschiedenen Dingen zusammengesetzt'.*
  Ein Hybridauto ist also ein Auto, das zwei verschiedene Motoren vereint.

:: 5 :: DETAILS VERSTEHEN

Lesen Sie den Text genauer. Was bietet das Hybridauto und welche Vorteile hat
es? Machen Sie sich Notizen.

Lesen Sie den Text über das Elektroauto. Die wichtigen Komposita sind für Sie im Text unterstrichen. Überlegen Sie, was sie bedeuten oder benutzen Sie Ihr Wörterbuch.

GEHÖRT DIE ZUKUNFT DEM ELEKTROAUTO?

Moderne Autos basieren auf derselben Technologie wie vor 120 Jahren. Seit Frau Berta Benz 1888 mit dem Automobil ihres Mannes die erste Fahrt der Geschichte durchgeführt hat, wurde die Automobil-Technik zwar verbessert und weiterentwickelt, am Prinzip des Autos hat sich allerdings
5 nicht viel geändert.

Konventionelle Autos haben drei große Schwächen[1]
Die Verbrennungsmotoren haben einen geringen Wirkungsgrad von durchschnittlich 20 bis 25 Prozent. Mit anderen Worten: Vier Fünftel der aufgewendeten Primärenergie werden nicht in Bewegungsenergie des Autos umgewandelt[2]. Beim Bremsen[3] wird diese Bewegungsenergie
10 nicht rückgewonnen, sondern nur in Wärme umgewandelt. Der durchschnittliche Besetzungsgrad eines PKWs liegt bei 1,2 Menschen. Daraus ergibt sich ein Gewichtsverhältnis Fahrzeug zu Mensch von mehr als 10:1. Beim Fahrrad ist es genau umgekehrt: 1:5

Das Elektroauto hat viele Vorteile
Das Elektroauto hat gegenüber konventionellen Autos sowohl eine
15 Reihe von technologischen Vorteilen (höherer Wirkungsgrad, Rückgewinnung der Bremsenergie) als auch ökologische Pluspunkte (saubere Stromversorgung[4] prinzipiell möglich, keine Abgase, geringere Lärmentwicklung). Das Elektroauto hat also Zukunft. Allerdings wird es bei unserem derzeitigen Mobilitätsverhalten die konventionellen Autos
20 nicht 1:1 ersetzen[5] können und sollen.

Wir müssen daran gehen, Verkehr zu vermeiden[6] bzw. auf öffentliche Verkehrsträger umzusteigen (die Bahn ist beispielsweise in vielen Bereichen energieeffizienter als das Auto). Was danach noch an unvermeidlichem PKW-Verkehr übrig bleibt, kann leicht mit Elektroautos
25 abgedeckt werden. Oft wird die mangelnde[7] Reichweite (derzeit rund

---

[1] **die Schwäche** nicht stark   [2] **umwandeln** transformieren   [3] **das Bremsen** wenn man ein Auto zum Stoppen bringen will, bremst man   [4] **die Stromversorgung** gelieferte Elektrizität   [5] **ersetzen** etwas anderes, das ähnlich ist, heranziehen   [6] **vermeiden** hier: etwas nicht benutzen   [7] **mangelnd** fehlend

120 Kilometer) als Argument gegen E-Autos eingebracht. Allerdings:
Wie viele tägliche Wege sind tatsächlich länger als diese Distanz? Heutzutage
kaufen viele Menschen ein großes Auto, damit sie einmal im Jahr mit der
Familie in den Sommerurlaub fahren können, den Rest der Zeit sind diese
30 Autos überdimensioniert. Laut Statistik werden 80 Prozent aller gefahrenen
Kilometer auf Strecken von weniger als 100 Kilometern zurückgelegt.
80 % aller Fahrten sind kürzer als 15 Kilometer, 90 % immer noch kürzer
als 40 km. Das bedeutet umgerechnet: Wenn wir unser Urlaubsziel am
Mittelmeer mit dem Zug ansteuern, sind für die verbleibenden Wegstrecken
35 auch die heutigen Elektroautos schon vollkommen ausreichend.

Quelle: http://www.startblatt.net

:: 7 :: INFORMATIONEN ZUSAMMENFASSEN

Was ist wesentlich für das Elektroauto? Welche Vorteile und Nachteile hat es?

:: 8 :: INTERNETRECHERCHE

Suchen Sie im Internet Informationen zum „Drei-Liter-Auto" und beschreiben Sie
kurz, welche Vorteile es hat.

:: 9 :: VERGLEICHEN

Vergleichen Sie die drei Modelle. Tragen Sie die Informationen in die Tabelle ein und sagen Sie dann, was für jedes Auto wesentlich ist.

BEISPIEL: Der Antrieb des Hybridautos besteht aus zwei Motoren: einem Elektromotor und einem Benzinmotor. ...

	das Hybridauto	das Elektroauto	das Drei-Liter-Auto
Antrieb (bestehen aus)	*Elektromotor + Benzinmotor*		
Emission (betragen)			
Verbrauch (betragen)			
Sonstiges			

Übungsbuch
Einheit 2, Teil D

STRUKTUREN Präpositionen mit Genitiv: *während, trotz, wegen* und *statt/anstatt*

:: a :: Lesen Sie die Sätze. Welcher Kasus folgt diesen Präpositionen?

1. <u>Während</u> der letzten Jahre haben viele große Autofirmen Autos mit geringerem Verbrauch gebaut.
2. <u>Trotz</u> der Vorteile eines Autos sollte man öfter mit öffentlichen Verkehrsmitteln fahren.
3. <u>Wegen</u> der Veränderung des Klimas müssen noch umweltfreundlichere Autos gebaut werden.
4. <u>Statt/Anstatt</u> des Autos könnte man ab und zu das Fahrrad benutzen.

:: b :: Setzen Sie die vier Genitiv-Präpositionen **trotz, wegen, anstatt/statt** oder **während** ein.

1. _____ der Kombination aus Elektromotor und Benzinmotor verbraucht das Hybridauto nur 5,1 Liter.
2. _____ der Kombination aus Elektromotor und Benzinmotor verbraucht das Hybridauto mehr Benzin als das Drei-Liter-Auto.
3. _____ Hybridautos sollten die Autohersteller[1] lieber serienmäßig Drei-Liter-Autos bauen.
4. _____ der letzten Jahre haben die Autohersteller große Fortschritte[2] auf dem Gebiet der Umwelttechnologie gemacht.

[1]**der Hersteller** der Produzent   [2]**der Fortschritt** der Progress

:: c :: Bilden Sie fünf eigene Sätze zum Thema umweltfreundliche Autos mit den vier Genitiv-Präpositionen **trotz**, **wegen**, **anstatt/statt** und **während**.

1. _____
2. _____
3. _____
4. _____
5. _____

STRUKTUREN Futur

Übungsbuch
Einheit 2, Teil D

Zukunftsprognosen   Lesen Sie die Prognosen. Unterstreichen Sie das Futur.

1. Autos **werden** bald ganz ohne Benzin **fahren**.
2. Der Preis von Benzin **wird** auch in Zukunft stark **schwanken**[1].
3. Die Grünen **werden** in der Zukunft mehr Wählerstimmen **bekommen**, weil „grünes" Denken wichtig ist.

• Aus wie vielen Teilen besteht das Futur? Aus welchen?
• An welchen Positionen stehen diese Teile?
• Stellen Sie die Regel grafisch dar.

Bilden Sie Ihre eigenen Zukunftsprognosen. Schreiben Sie fünf Sätze im Futur.

1. _____
2. _____
3. _____
4. _____
5. _____

[1]**schwanken** variieren

:: 10 :: MEINUNG ÄUSSERN

Bereiten Sie eine kurze Stellungnahme zu folgender Frage vor:

Welches Automodell wird in der Zukunft die größte Rolle spielen? Warum?

Berichten Sie im Kurs. Benutzen Sie das Futur.

Weiterführende Aufgaben

 :: 1 :: REFERATE HALTEN

:: a :: Die Grünen erwähnen oft erneuerbare Energien wie Windenergie, Wasserkraft und Solarzellen. Suchen Sie im Internet zu diesen Themen Informationen und halten Sie ein Referat darüber. Beschreiben Sie die Situation in Deutschland und in Ihrem Land. Gehen Sie auf die folgenden Fragen ein.

1. Welche Anbieter[1] gibt es?

2. Wie hoch sind die Kosten?

3. Welche Motivation gibt es?

4. Wie viel Prozent des Stroms wird „alternativ" produziert?

:: b :: Suchen Sie im Internet Informationen zu Brennstoffzellenautos und halten Sie ein Referat darüber.

Strategien – Referate halten

- Berichten Sie in Ihren eigenen Worten! Formulieren Sie die Informationen so, dass Ihre Kommilitonen/Kommilitoninnen sie verstehen können.
- Schreiben Sie eine Wortschatzliste und geben Sie diese Ihren Kommilitonen/Kommilitoninnen, bevor Sie mit dem Referat beginnen.
- Lesen Sie Ihre Notizen nicht vor! Sie können sich ruhig Notizen machen. Halten Sie Ihr Referat aber frei, da es für Ihre Kommilitonen/Kommilitoninnen sehr langweilig ist, wenn Sie vorlesen.
- Benutzen Sie Medien für Ihr Referat, z.B. Bilder, Powerpoint usw.
- Sie können nicht alle Informationen, die Sie finden, im Kurs vorstellen. Wählen Sie wichtige, interessante Informationen aus.
- Denken Sie darüber nach, ob Sie Ihr Referat interessant finden würden, wenn Sie zuhören müssten.

:: 2 :: ROLLENSPIEL: AN EINER DISKUSSIONSRUNDE TEILNEHMEN

Einige Regionalpolitiker der Grünen haben zu einer Diskussionsrunde in eine Kneipe eingeladen. Das Thema lautet:

Ein Liter Benzin sollte 5 € kosten, nur so fangen die Leute an umzudenken.

Da die Leute ganz unterschiedliche Meinungen haben, kommt es zu einer heftigen[2] Diskussion.

---

[1]**der Anbieter** der Hersteller, Produzent   [2]**heftig** stark

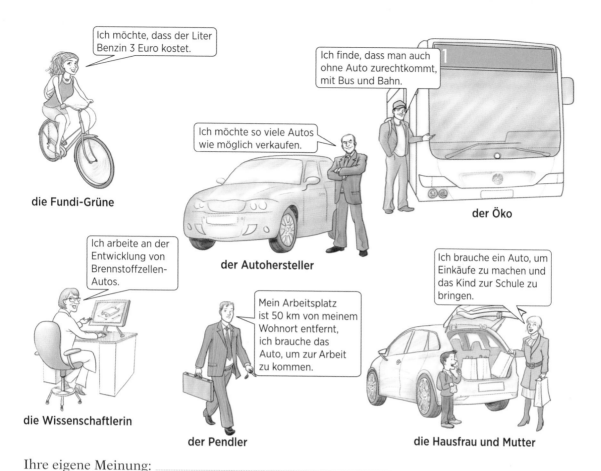

die Fundi-Grüne

Ich möchte, dass der Liter Benzin 3 Euro kostet.

der Öko

Ich finde, dass man auch ohne Auto zurechtkommt, mit Bus und Bahn.

der Autohersteller

Ich möchte so viele Autos wie möglich verkaufen.

die Wissenschaftlerin

Ich arbeite an der Entwicklung von Brennstoffzellen-Autos.

der Pendler

Mein Arbeitsplatz ist 50 km von meinem Wohnort entfernt, ich brauche das Auto, um zur Arbeit zu kommen.

die Hausfrau und Mutter

Ich brauche ein Auto, um Einkäufe zu machen und das Kind zur Schule zu bringen.

Ihre eigene Meinung: _____

:: a :: **Vorbereitung auf die Diskussion**   Lesen Sie in den Abbildungen, wie die Teilnehmer denken und suchen Sie sich eine Rolle aus. Sie können auch Ihre eigene Meinung haben. Jeder Student/jede Studentin übernimmt eine Rolle. Machen Sie sich für Ihre Rolle Notizen. Schreiben Sie Gründe für Ihre Meinung auf. Suchen Sie Argumente für Ihren Vorschlag.

:: b :: **Diskussion**   Diskutieren Sie im Kurs.

:: 3 :: EINEN AUFSATZ SCHREIBEN

Suchen Sie sich ein Thema aus und schreiben Sie einen Aufsatz darüber.

a.   Die Grünen: eine Zukunftsvision

Schreiben Sie im Futur. Stellen Sie sich vor, die Grünen in Deutschland, Österreich oder der Schweiz bekommen bei der nächsten Wahl 40 % der Stimmen. Was wird passieren?*

---

*Oft wird statt des Futurs mit **werden** auch einfach das Präsens gebraucht, und zwar dann, wenn durch eine Zeitangabe (z.B. in zwei Jahren, morgen, 2020, …) ausgedrückt wird, dass es sich um eine Aktivität in der Zukunft handelt. Lesen Sie auch die Erklärung im Übungsbuch.

b. Die Grünen in meinem Land

Beschreiben Sie die Grünen in Ihrem Land, Bundesstaat oder in Ihrer Stadt. Vergleichen Sie sie mit den Grünen in Deutschland.

c. Umweltbewusstsein

Reflektieren Sie über Ihr eigenes Umweltbewusstsein und das Umweltbewusstsein in Ihrem Land, in Ihrem Bundesstaat oder in Ihrer Stadt.

Wichtig! Ihr Aufsatz sollte drei Teile haben:

- Einleitung: Hier erklären Sie kurz das Thema und den Aufbau Ihres Aufsatzes.
- Hauptteil: Hier diskutieren Sie das Thema.
- Schluss: Hier fassen Sie das Ergebnis noch einmal kurz zusammen und bewerten es.

Grundwortschatz

:: VERBEN

begrenzen: er/sie/es begrenzt, begrenzte, hat ... begrenzt	to limit
benutzen: er/sie/es benutzt, benutzte, hat ... benutzt	to use
betragen: er/sie/es beträgt, betrug, hat ... betragen	to amount to
erhöhen: er/sie/es erhöht, erhöhte, hat ... erhöht	to raise
recyceln: er/sie/es recycelt, recycelte, hat ... recycelt	to recycle
sparen: er/sie/es spart, sparte, hat ... gespart	to save
teilen: er/sie/es teilt, teilte, hat ... geteilt	to share; to divide
verbessern: er/sie/es verbessert, verbesserte, hat ... verbessert	to improve
verbrauchen: er/sie/es verbraucht, verbrauchte, hat ... verbraucht	to utilize; to use up
verhindern: er/sie/es verhindert, verhinderte, hat ... verhindert	to prevent
vermindern: er/sie/es vermindert, verminderte, hat ... vermindert	to reduce

:: NOMEN

das Benzin	gasoline
das Elektroauto, -s	electric car
die Emission, -en	emission
das Fahrzeug, -e	vehicle
der Feinstaub	particulate matter
das Hybridauto, -s	hybrid car
das Klima	climate
die Koalition	coalition
der Motor, -en	motor
die Ökologie	ecology
die Opposition	opposition
die Partei, -en	(political) party
das Recycling	recycling
der Schadstoff, -e	contaminant; harmful substance
die Umwelt	environment
die Umweltplakette, -n	environmental sticker
der Umweltschutz	environmental protection
der Verkehr	traffic
das Ziel, -e	destination; goal

:: ADJEKTIVE UND ADVERBIEN

gering	minimal, small, minor
konservativ	conservative
liberal	liberal(ly)
nachhaltig	sustainable/sustainably
ökologisch	ecological(ly)
recycelbar	recyclable
schadstoffarm	low-emission
sozial	social(ly)
sparsam	thrifty/thriftily
umweltbewusst	environmentally conscious
umweltfreundlich	environmentally friendly

:: ANDERE AUSDRÜCKE

die öffentlichen Verkehrsmittel	public transportation
erneuerbare Energien	renewable energies

Multikulturelles Leben

SCHMELZTIEGEL ODER MULTIKULTURELLE GESELLSCHAFT?

:: SPRACHLICHE STRUKTUREN

- Infinitiv mit **zu**
- Konjunktiv II: Irrealis
- Modalverben
- **Bekommen** oder **werden**?
- Infinitiv ohne **zu**

:: IN DIESER EINHEIT

In Deutschland leben zurzeit circa 6,7 Millionen Menschen, die keinen deutschen Pass haben. Das sind ca. 8% der Gesamtbevölkerung. Einwanderung[1] ist ein viel diskutiertes Thema in Deutschland.

---

[1] **die Einwanderung** die Immigration

EINHEIT

Seit 2006 gibt es in Berlin das Schulfach ‚Ethik', das auf die Vielfalt an Herkunftsländern und Religionen in der Stadt reagiert; zusätzlich kann traditioneller Religionsunterricht gewählt werden.

Einstimmung auf das Thema
Erfahrungen und Vorwissen zum Thema

 :: 1 :: EIN GRUPPENGESPRÄCH FÜHREN

Arbeiten Sie in Gruppen. Sprechen Sie über folgende Fragen:

- Die USA und Kanada sind Einwanderungsländer. Was denken Sie, warum möchten Ausländer in die USA oder nach Kanada immigrieren?
- Viele nordamerikanische Familien sind irgendwann selbst in die USA oder nach Kanada immigriert. Wie ist das bei Ihrer Familie? Woher stammen Ihre Vorfahren? Wann und warum sind sie eingewandert?
- Viele Menschen würden gern in den USA oder Kanada leben und arbeiten, aber nicht alle dürfen das. Welche Bedingungen müssen erfüllt sein? Kennen Sie die Gesetze?
- Manchmal möchten Einwanderungsländer, dass Ausländer ins Land kommen. Warum?
- Auch in Deutschland leben viele Ausländer und Migranten. Können Sie sich vorstellen, warum sie nach Deutschland gekommen sind?
- Könnten Sie sich vorstellen, in Deutschland, Österreich oder der deutschsprachigen Schweiz zu leben?

:: 2 :: VORWISSEN SAMMELN

Tragen Sie Ihr Vorwissen im Plenum zusammen. Was wissen Sie über Migranten und Ausländer in Deutschland, Österreich oder der Schweiz?

1. Wie viele Migranten und Ausländer leben dort?

   ....

2. Woher kommen sie?

   ....

3. Welche Gruppe ist die größte?

   ....

4. Warum leben sie dort?

   ....

   ....

ABSCHNITT

Hintergrundwissen

:: 1 :: DAS WORT „GAST" DEFINIEREN

Die meisten Menschen bekommen gern Gäste. Definieren Sie den Begriff *Gast*.

Frauen türkischer Herkunft feiern in Berlin. Viele türkischstämmige Einwohner sind ehemalige Gastarbeiter, die zwischen 1955 und 1973 nach Deutschland kamen, deren Kinder oder Enkelkinder.

© Stefano Amantini / Corbis

:: **2** :: CHRONOLOGISCH ORDNEN

Die Sätze der folgenden Chronologie sind in der falschen Reihenfolge. Bringen Sie sie in die richtige Reihenfolge, indem Sie sie von 1–8 nummerieren.

_____ Deutschland ist heute eine multikulturelle Gesellschaft.

_____ Durch den Marshallplan begann Mitte der 50er Jahre in Deutschland das Wirtschaftswunder: der größte Aufschwung[1] in der Geschichte des Landes.

_____ Zur Lösung dieses Problems fing die Bundesregierung 1955 an, Gastarbeiter aus den Mittelmeerländern anzuwerben[2]: aus Italien, Spanien, Griechenland, Marokko, Portugal, Tunesien, dem ehemaligen Jugoslawien und der Türkei.

_____ Gründe dafür waren die geburtenschwachen Nachkriegsjahrgänge*, der Aufbau[3] der Bundeswehr[4] im Jahre 1955 und der Bau der Berliner Mauer 1961, da nun keine Arbeiter mehr aus der DDR[5] und Osteuropa kommen konnten.

_*1*_ 1949 nahmen die USA Westdeutschland in den Marshallplan auf.

_____ Die Gastarbeiter sollten für ein paar Jahre in Deutschland arbeiten und danach wieder zurück in ihre Heimat gehen.

_____ Nachdem die Gastarbeiter 10–20 Jahre in Deutschland gelebt hatten, wollten viele von ihnen nicht mehr in ihre Heimat zurückkehren und sind in Deutschland geblieben.

_____ Dieser Aufschwung erforderte[6] Arbeitskräfte, von denen es aber im Nachkriegsdeutschland nicht genug gab.

STRUKTUREN Infinitiv mit *zu*

:: a :: Jeder der folgenden Beispielsätze hat einen Infinitiv mit **zu**. Lesen Sie die Sätze und achten Sie auf die Stellung von **zu**.

1949 begannen die USA Deutschland im Rahmen des Marshallplans finanziell <u>zu</u> unterstützen.
Sie hofften, die deutsche Wirtschaft stimulieren <u>zu</u> können.
Sie hatten die Absicht, eine starke Wirtschaft auf<u>zu</u>bauen.

Beschreiben Sie die Position des Wortes **zu**.

_____

_____

_____

---

[1]**der Aufschwung** der Boom, die Konjunktur   [2]**anwerben** rekrutieren   [3]**der Aufbau** der Start, der Beginn
[4]**die Bundeswehr** die deutsche Armee   [5]**die DDR** die Deutsche Demokratische Republik   [6]**erfordern** brauchen

*Während und nach dem Zweiten Weltkrieg wurden weniger Kinder geboren. Deshalb werden diese Jahre als „geburtenschwach" bezeichnet.

:: b :: Beenden Sie die folgenden Sätze mit einem Infinitiv mit **zu.** Benutzen Sie die Wörter im Kasten.

in die Heimat zurückkehren

wachsen

in Deutschland arbeiten

genug Arbeitskräfte finden

Gastarbeiter anwerben

1. Die deutsche Wirtschaft fing an _____

_____

2. Jetzt hatte Deutschland Probleme _____

_____

3. Deshalb war es notwendig, _____

_____

4. Man erlaubte den Gastarbeitern, für eine begrenzte[1] Zeit _____

_____

5. Als die Gastarbeiter 10–20 Jahre in Deutschland gelebt hatten, hatten sie nicht mehr vor[2] _____

_____

_____

[1]**begrenzt** limitiert [2]**vorhaben** planen

:: 3 :: FRAGEN ZUM THEMA BEANTWORTEN

Besprechen Sie mit Ihrem Partner/Ihrer Partnerin die folgenden Fragen:

• Auf Seite 97 haben Sie den Begriff *Gast* definiert. Versuchen Sie nun, das Wort *Gastarbeiter* zu erklären.
• Das Wort *Gastarbeiter* ist heute nicht mehr sinnvoll. Warum nicht?

:: 4 :: STATISTIK VERSPRACHLICHEN: AUSLÄNDISCHE BEVÖLKERUNG IN DEUTSCHLAND

Sehen Sie sich die Tabelle des Statistischen Bundesamtes an. Vermuten Sie, warum Leute dieser Nationalitäten in Deutschland sind; begründen Sie Ihre Meinung. Vergleichen Sie die Zahlen auch mit Ihrem Land.

BEISPIEL: Ich finde es interessant, dass so viele Türken in Deutschland leben. Sie sind vermutlich ehemalige Gastarbeiter. Bei uns gibt es nicht so viele Türken.

Redemittel

Besonders interessant finde ich, dass ...
Es überrascht/erstaunt mich, dass ...
Ich hätte nicht gedacht, dass ...
Ich verstehe nicht, dass/warum/...

Wortschatz

Angestellte von ausländischen Firmen
Flüchtlinge
aus beruflichen Gründen
ehemalige Gastarbeiter

Mitarbeiter (von) einer europäischen Institution
Studenten
Wissenschaftler

Ausländische Bevölkerung in Deutschland für die am häufigsten vertretenen Staatsangehörigkeiten
(Stand 31.12.2007)

Staatsangehörigkeit	Insgesamt
Türkei	1 713 551
Italien	528 318
Polen	384 808
Serbien, Montenegro	330 608
Griechenland	294 891
Kroatien	225 309
Russische Föderation	187 835
Österreich	175 875
Bosnien und Herzegowina	158 158
Niederlande	128 192
Ukraine	126 960
Portugal	114 552
Frankreich	106 549
Spanien	106 301
Vereinigte Staaten	99 891
Vereinigtes Königreich	97 070

Deutschlandbild: So sehen Ausländer und Menschen mit Migrationshintergrund die Deutschen

:: 1 :: MEINUNG ÄUSSERN

Beantworten Sie für sich selbst die Fragen. Auch wenn Sie noch nie in Deutschland waren, fällt Ihnen sicher etwas ein.

- Was ist gut an Deutschland?
- Was ist schlecht an Deutschland?

Lesen • Globalverständnis

:: 2 :: ANDERE MEINUNGEN KENNENLERNEN

Was denken Ausländer und Menschen mit Migrationshintergrund über die Deutschen? Lesen Sie, was vier Personen sagen, die in Deutschland leben.

- Wie finden Sie die Meinungen?

WIE SEHEN AUSLÄNDER DIE DEUTSCHEN?

Bohdan R., 38, Arzt aus der Ukraine, seit 1998 in Deutschland: „Gut an Deutschland ist die Ordnung, die vielen Ausländer und dass man hier sehr umweltbewusst ist. Schlecht an dem Leben in
5 Deutschland ist die Bürokratie.“

Carolina D., 72, Rentnerin aus Portugal, seit 1963 in Deutschland: „Ich finde, dass die Deutschen sehr hilfsbereit und freundlich sind. An den kalten regnerischen Sommer in Deutschland musste ich
10 mich erst gewöhnen.“

Ana G., 52, Psychologin aus Argentinien, seit 1985 in Deutschland: „Gut an Deutschland ist die Natur und die internationale Kultur. Es stört mich an den Deutschen, dass sie nicht spontan
15 genug sind."

Richard M., 24, Student aus den USA, seit 2005 in Deutschland: „Ganz toll sind die vielen Fahrradwege und Parks in den Städten und dass man sich genug Zeit für Freunde nimmt. Dass die
20 Deutschen so einen großen Drang zum Arbeiten haben, ist weniger erfreulich."

Übungsbuch
Einheit 3, Teil A

STRUKTUREN Konjunktiv II im Präsens

Gebrauch   Den Konjunktiv II benutzt man vor allem, wenn man über irreale Situationen spricht. Ein Beispiel dazu sind Konditionalsätze, die mit **wenn** beginnen.

Formen   In der gesprochenen Sprache verwendet man für die meisten Verben die Konstruktion **würde** + Infinitiv statt der Konjunktiv II-Form.

> Wenn ich in Deutschland <u>wohnen würde</u>, <u>würde</u> ich mit dem Fahrrad zur Uni <u>fahren</u>.

Nur für wenige Verben wird die Konjunktiv II-Form benutzt:

Infinitiv	Konjunktiv II		Infinitiv	Konjunktiv II
haben	ich hätte		sollen	ich sollte
sein	ich wäre		wollen	ich wollte
werden	ich würde		brauchen	ich brauchte
dürfen	ich dürfte		kommen	ich käme
können	ich könnte		wissen	ich wüsste
müssen	ich müsste			

:: a :: Setzen Sie die Formen ein.

Wenn ich in Deutschland ___leben___[1] ___würde___[2] (leben),

_____[3] (sein) mein Leben ganz anders. Ich _____[4] jeden Tag

Deutsch _____[5] (sprechen) und Brot zum Frühstück _____[6]

(essen). Ich _____[7] (haben) wahrscheinlich Deutschunterricht,

damit ich besser Deutsch sprechen _____[8] (können). Ich

_____[9] (müssen) meinen Müll trennen und _____[10] alle

Hollywood-Filme auf Deutsch _____[11] (sehen). Ich _____[12]

(dürfen) Alkohol trinken und _____[13] wahrscheinlich jeden Tag

Fahrrad _____[14] (fahren), weil alle Schüler und Studenten das

so machen. Außerdem _____[15] (brauchen) ich für die Universität

nur wenig zu bezahlen.

:: b :: Bilden Sie fünf eigene **wenn**-Sätze.

BEISPIEL: Wenn ich in der Schweiz leben würde, hätte ich
Schwierigkeiten, die Sprache zu verstehen.

1. _____

_____

2. _____

_____

3. _____

_____

4. _____

_____

5. _____

_____

:: 3 :: KÖNNTEN SIE SICH VORSTELLEN ...

Beantworten Sie die Fragen zunächst allein. Benutzen Sie für Ihre Antwort den
Konjunktiv II oder die Konstruktion **würde** + Infinitiv. Tauschen Sie sich dann
mit Ihren Kommilitonen/Kommilitoninnen aus.

• Könnten Sie sich vorstellen, im Ausland zu leben?
• Aus welchem Grund würden Sie ins Ausland gehen?
• Wohin würden Sie gehen, wenn Sie wählen könnten? Warum?

Gesetzlicher Hintergrund:
Ius sanguinis und *Ius soli*

Hinführung zum Thema   Bis Ende 1999 galt[1] in Deutschland das *Ius sanguinis*[2], das Abstammungsrecht. Das heißt, dass nur Deutscher war, wer eine deutsche Familie hatte. Für Migranten und Ausländer war es sehr schwer, einen deutschen Pass zu bekommen. Auch in Deutschland geborene Kinder von Ausländern und Migranten bekamen keinen deutschen Pass. Seit dem 1.1.2000 gibt es ein neues Einbürgerungsgesetz, das das Abstammungsprinzip um das Geburtsrecht, das *Ius soli*[3], ergänzt. Das heißt, dass in Deutschland geborene Kinder von Ausländern oder Migranten leichter deutsche Staatsbürger werden können. Auch für Erwachsene ist es leichter geworden, die deutsche Staatsangehörigkeit zu bekommen.

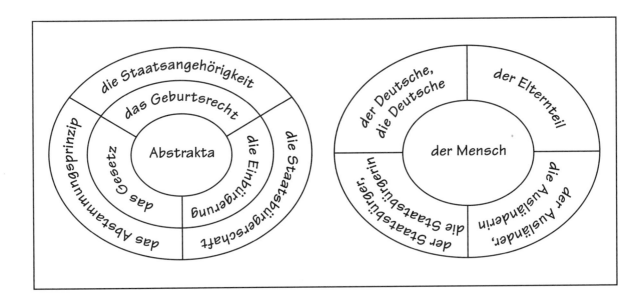

[1]**galt** *Präteritum von* gelten: gültig sein   [2]**Ius sanguinis** *Latein* **ius**: das Recht, **sanguis**: das Blut; Blutsrecht   [3]**Ius soli** *Latein* **solum**: der Boden, die Erde, das Land; Landesrecht

Lesen Sie die Wortfelder auf Seite 104 und setzen Sie die richtigen Wörter ein. Sie brauchen nicht alle Wörter aus den Wortfeldern.

Bis 1999 galt in Deutschland das Abstammungsprinzip[1], das heißt, dass man

nur Deutscher oder Deutsche werden konnte, wenn mindestens ein _____ [2]

deutsch war. Kinder von nicht deutschen Eltern, die in Deutschland geboren waren,

waren _____ [3]. Es war sehr schwierig, die deutsche _____ [4]

zu bekommen. Das neue _____ [5] ergänzt das Abstammungsprinzip um

das _____ [6], das heißt, Kinder, die in Deutschland geboren sind, können

leichter _____ [7] werden. Auch für Erwachsene ist es leichter geworden,

deutsche _____ [8] zu werden und einen deutschen Pass zu bekommen. Die

_____ [9] kostet allerdings Geld und man muss bestimmte Bedingungen

erfüllen.

STRUKTUREN **Bekommen** oder **werden**?

Das Verb **bekommen** benutzt man im Deutschen z.B. in folgenden Zusammenhängen: eine Note, ein Geschenk, Angst, einen Sonnenbrand, Kopfschmerzen bekommen.

Das Verb **werden** benutzt man, wenn man eine Veränderung ausdrücken will, z.B. deutscher Staatsbürger, Mitglied, alt, gesund werden.

:: → :: Setzen Sie **bekommen** oder **werden** ein.

1. Vor dem 1. Januar 2000 war es sehr schwierig, Deutscher zu _____.

2. Es war nicht leicht, einen deutschen Pass zu _____.

3. Jetzt können Ausländer leichter deutsche Staatsbürger _____ und die deutsche Staatsbürgerschaft _____.

4. Ist es schwierig, amerikanischer Staatsbürger zu _____?

5. _____ Ausländer leicht einen amerikanischen Pass?

6. Und eine Arbeitserlaubnis? Ist es leicht, sie zu _____?

Übungsbuch
Einheit 3, Teil B

Übungsbuch
Einheit 3, Teil B

Erinnern Sie sich: Ein
Modalverb hat meistens
einen Infinitiv bei sich.

:: 2 :: MIT DEM INTERNET ARBEITEN

Suchen Sie im Internet nach Informationen zur Einbürgerung in Deutschland. Beantworten Sie die Fragen für Deutschland und auch für Ihr Land. Benutzen Sie Ihre eigenen Worte. Schreiben Sie also *nicht* den genauen Text vom Internet ab! Viele Ihrer Antworten werden ein Modalverb enthalten. Besprechen Sie die Regeln für Modalverben im Kurs.

a. Unter welchen Bedingungen können Ausländer Staatsbürger werden?

Deutschland	Ihr Land

b. Welche Staatsangehörigkeit haben in Deutschland/Ihrem Land geborene Kinder von Ausländern?

Deutschland	Ihr Land

c. Ist die doppelte Staatsbürgerschaft erlaubt? Unter welchen Bedingungen?

Deutschland	Ihr Land

d. Was halten Sie von diesem Gesetz?

Deutschland	Ihr Land

Deutschsein und Fremdsein

„Es ist Zeit" von Aziza-A

Zur Person   Die 1971 in Berlin geborene Aziza-A ist die erste deutsch-türkische Rapperin und Hip-Hop-Musikerin. Sie hat den „Oriental Hip-Hop" entwickelt, ihren eigenen musikalischen Stil, der traditionelle türkische Elemente mit Hip-Hop verbindet. Sie rappt zweisprachig auf Türkisch und Deutsch über Probleme der Migration und die Situation von modernen Türkinnen der zweiten Generation in Deutschland. 1997 ist ihr erstes Album mit der Hit-Single „Es ist Zeit" erschienen. Seit 2008 ist ihr drittes Album auf dem Markt. Aziza-A lebt in Berlin.

Teutopress / Süddeutsche Zeitung Photo

Die deutsch-türkische Rapperin Aziza-A

:: 1 :: BEGRIFFE KLÄREN

:: a :: **Fremd**   Erklären Sie das Wort *fremd*. Was bedeutet es Ihrer Meinung nach, fremd zu sein? Haben Sie sich schon einmal irgendwo fremd gefühlt? Führen Sie ein Gespräch mit Ihrem Partner/Ihrer Partnerin.

:: b :: **Integration oder Assimilation?**   Besprechen Sie mit Ihren Kommilitonen/Kommilitoninnen die Begriffe **Integration** und **Assimilation.** Was ist Ihrer Meinung nach der Unterschied? Nachdem Sie Ihre Meinung besprochen haben, lesen Sie die Definitionen.

- **Integration** ist die Aufnahme ausländischer Bürger in die Gesellschaft, ohne dass sie ihre nationale und kulturelle Eigenständigkeit aufgeben müssen.
- Von **Assimilation** spricht man, wenn Sprache und Kultur des Herkunftslandes allmählich verloren gehen.

:: c :: Überlegen Sie, welche Probleme Menschen haben, die in einer anderen Kultur leben als in der Kultur, in der sie geboren wurden.

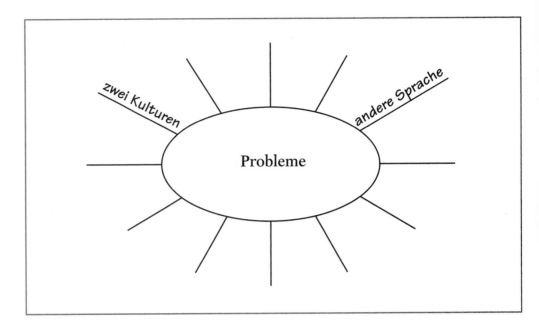

:: d :: Was heißt es, in zwei Kulturen zu leben? Haben Sie selbst eine solche Erfahrung gemacht? Kennen Sie jemanden, der diese Erfahrung gemacht hat? Erzählen Sie.

Lesen und Hören • Globalverständnis

:: 2 :: LIEDTEXT VERVOLLSTÄNDIGEN

Vervollständigen Sie den Liedtext von „Es ist Zeit" von Aziza-A mit den Wörtern aus dem Kasten.

Angst	Haar	selbständig
braune	Kulturen	Unterschied (2x)
denk'	Mann	vermischt
festhalten	Mund	Wind
Finger	Pflicht[1]	wollen
Freiheit	richtig	
Gewicht	schweigsam[2]	

[1]**die Pflicht** das, was man tun muss   [2]**schweigsam** jemand, der nicht viel spricht, ist schweigsam; ruhig, still

von Aziza-A

Ich habe braune Augen, habe schwarzes _____.
Und komm' aus einem Land wo der _____ über der Frau steht
und dort nicht wie hier ein ganz anderer _____ weht!
In den zwei _____, in denen ich aufgewachsen bin,
5 ziehen meine lieben Schwestern meist den kürzeren,
weil nicht nur die zwei Kulturen aufeinander krachen[1],
weil auch Väter über ihre Töchter wachen:
„Du bist die Ehre der Familie, klar, gehorsam[2], _____,
wie deine Mutter auch mal war."

10 So ein Mist, du hast _____, kein Ast[3],
an dem du dich _____ kannst, ist in Sicht …
Du überlegst: ist es meine _____,
das Leben meiner Eltern so zu leben, wie sie es bestreben[4]?
Mit Autorität mir meinen _____ zukleben!

15 Ja, ja, nun ich nehme mir die _____!
AZIZA-A tut das, was sie für _____ hält,
auch wenn sie aus den Augen der ganzen Sippe[5] fällt
und niemand sie zu den gehorsamen Frauen zählt!
Ist es mir egal, ich muß sagen, was ich _____, und zwar …

20 Frau, Mutter, Mädchen oder Kind,
egal aus welchem Land sie kamen: jeder ein Mensch,
der _____ denken kann, verstehst du Mann!
Sah und sehe, was geschieht[6]: nämlich nichts, kein _____!
Es ist Zeit, steht auf! Angesicht[7] zu Angesicht,
25 erkennt: wir haben das _____!

Mit Hip-Hop _____,
erwischt[8] meine Stimme auch die Ohren derer,
die ihre dicken _____ in ihre Ohren bohren.
Nichts sehen, nicht hören _____, wie die drei Affen,
30 nur mit einem _____:
sie reden, ohne zu wissen, was in uns geschieht!!!

---

[1]**aufeinander krachen** nicht die gleiche Meinung haben; sich streiten   [2]**gehorsam** wenn jemand macht, was man ihm/ihr sagt   [3]**der Ast** Teil von einem Baum; ein Baum hat viele davon; daran sind die Blätter; Zweig   [4]**bestreben** wollen   [5]**die Sippe** die Familie   [6]**geschehen** passieren   [7]**das Angesicht** das Gesicht   [8]**erwischen** *hier:* den Weg finden zu etwas

Der vollständige Liedtext befindet sich im Anhang des Buches.

:: 3 :: LIED HÖREN

Hören Sie jetzt die Musik von Aziza-A und vergleichen Sie.

Das Lied befindet sich
auf der *Anders gedacht*
Instructor's Audio CD.

Übungsbuch
Einheit 3, Teil C

:: 4 :: FRAGEN ZUM LIED DISKUTIEREN

Beantworten Sie die Fragen zum Text schriftlich, bevor Sie im Kurs darüber diskutieren.

BEISPIEL: Aziza-A <u>will</u> mit dem Lied etwas <u>kritisieren</u>.

a. Was will Aziza-A mit dem Lied sagen?

b. Wen möchte sie mit diesem Lied ansprechen?

c. Was sollen die türkischen Frauen ihrer Meinung nach tun?

d. Aziza-A vergleicht die zwei Kulturen, in denen sie aufgewachsen ist, miteinander. Was darf man in der einen Kultur nicht machen, in der anderen aber schon? Was muss man in der einen Kultur tun, in der anderen aber nicht?

e. Wie beschreibt Aziza-A sich selbst?

f. Was kann diese Art von Musik bewirken?

Suchen Sie im Internet Informationen über sogenannte Ehrenmorde. Berichten Sie im Kurs. Gehen Sie auf folgende Fragen ein:

> Was ist ein Ehrenmord?

> Was bedeutet für die Täter ‚Ehre'?

> Wie häufig sind Ehrenmorde in Deutschland, Österreich und der Schweiz?

> Sind Ehrenmorde in Ihrem Land ein Thema?

> Was halten Sie von dem Begriff ‚Ehrenmord'?

Wladimir Kaminer

:: 1 :: MIT DEM INTERNET ARBEITEN

Suchen Sie im Internet nach Informationen über Wladimir Kaminer. Gehen Sie auf folgende Fragen ein:

· Woher stammt Wladimir Kaminer?
· Wo lebt er jetzt?
· Wann ist er emigriert?
· Warum hat er seine Heimat verlassen?
· Warum ist er nach Deutschland gekommen und nicht in die USA immigriert?
· Was ist er von Beruf?
· Was ist die Russendisko? Wo und wann findet sie statt?

Übungsbuch
Einheit 3, Teil C

Bestseller-Autor Wladimir Kaminer

Lesen

:: 2 :: TITEL ANALYSIEREN

Sie werden einen Auszug aus Kaminers Buch *Russendisko* lesen. Das Kapitel hat den Titel „Der Sprachtest". Notieren Sie Situationen, in denen ein Sprachtest notwendig ist.

_____

_____

_____

:: 3 :: DEN ERSTEN TEIL LESEN

Lesen Sie den ersten Teil des Auszugs und beantworten Sie folgende Fragen: Was hat Wladimirs Vater vor? Wer muss den Sprachtest in Deutschland machen?

DER SPRACHTEST
von Wladimir Kaminer

Mein Vater zum Beispiel hatte in der Sowjetunion dreimal versucht, in die Partei einzutreten, immer vergeblich[1]. Jetzt will er in Deutschland eingebürgert werden. Seit acht Jahren lebt er hier, und diesmal will er sich seine Chancen nicht durch Unwissenheit vermasseln[2]. Die schlauen
5 Russen haben auch bereits herausgefunden, was bei der Einbürgerung die entscheidende Rolle spielt: der neue geheimnisvolle Sprachtest für Ausländer, der gerade in Berlin eingeführt wurde. Mit seiner Hilfe will die Staatsmacht beurteilen[3], wer Deutscher sein darf und wer nicht. Das Dokument wird zwar noch geheim[4] gehalten, doch einige Auszüge[5]
10 davon landeten trotzdem auf den Seiten der größten russischsprachigen Zeitung Berlins.

---

[1]**vergeblich** ohne Erfolg [2]**vermasseln** kaputt machen [3]**etwas beurteilen** sagen, ob etwas gut oder schlecht ist
[4]**geheim** niemand darf es sehen [5]**der Auszug** ein Teil von einem Buch, Artikel oder Dokument; Exzerpt

Lesen Sie den zweiten Teil des Auszugs und beantworten Sie folgende Frage: Was wird in dem Sprachtest gefragt?

Diese Auszüge schrieb mein Vater sogleich mit der Hand ab, um sie gründlich zu studieren. Denn jedem Kind ist wohl klar, dass es bei dem Sprachtest weniger um die Sprachkenntnisse als solche geht, als um die Lebenseinstellung[6] des zukünftigen deutschen Bürgers. In dem Test werden verschiedene Situationen geschildert[7] und dazu Fragen gestellt. Zu jeder Frage gibt es drei mögliche Antworten. Daraus wird dann das psychologische Profil des Kandidaten erstellt.

Variante I: Ihr Nachbar lässt immer wieder spätabends laut Musik laufen. Sie können nicht schlafen. Besprechen Sie mit Ihrem Partner das Problem und überlegen Sie, was man tun kann.

Warum stört Sie die Musik?

Gibt es noch andere Probleme mit dem Nachbarn?

Welche Vorschläge haben Sie, um das Problem zu lösen?

Dazu verschiedene Antworten, a, b und c. Unter c steht „Erschlagen[8] Sie den Nachbarn". Darüber lacht mein Vater nur. So leicht lässt er sich nicht aufs Kreuz legen[9].

Variante II: Der Winterschlussverkauf[10] (Sommerschlussverkauf) hat gerade begonnen. Sie planen zusammen mit Ihrem Partner einen Einkaufsbummel.

Wann und wo treffen Sie sich? Was wollen Sie kaufen?

Warum wollen Sie das kaufen?

Mein Vater ist nicht blöd. Er weiß inzwischen genau, was der Deutsche kaufen will und warum.

---

[6]**die Einstellung** die Denkweise, innere Haltung, Attitüde [7]**schildern** beschreiben [8]**erschlagen** töten [9]**sich aufs Kreuz legen lassen** *hier:* so leicht gibt er keine falschen Antworten [10]**der Winterschlussverkauf** am Ende des Winters wird Winterkleidung billiger verkauft

Doch die dritte Variante macht ihm große Sorgen, da er den Subtext noch
35 nicht so richtig erkennen kann.

Variante III: „Mit vollem Magen gehst du mir nicht ins Wasser, das ist zu
gefährlich", hören Kinder häufig von ihren Eltern. Wer sich gerade den Bauch
voll geschlagen[11] hat, sollte seinem Körper keine Hochleistungen[12] abfordern[13].
Angst vor dem Ertrinken[14], weil ihn die Kräfte verlassen, braucht allerdings
40 *keiner zu haben.*

Schwimmen Sie gern?

Haben Sie danach Gesundheitsprobleme?

Was essen Sie zum Frühstück?

Diesen Text reichte[15] mir mein Vater und fragte, was die Deutschen meiner
45 Meinung nach damit gemeint haben könnten? O-o, dachte ich, das ist ja ein
richtig kompliziertes Ding. Den ganzen Abend versuchte ich, Variante III
zu interpretieren. Danach wandte[16] ich mich an meinen Freund Helmut,
der bei uns in der Familie als Experte in Sachen Deutschland gilt. Doch
selbst er konnte den Text nicht so richtig deuten[17]. Ich habe bereits so eine
50 Vorahnung[18], dass mein Vater bei dem Sprachtest durchfallen[19] wird.

Quelle: Wladimir Kaminer, aus *Russendisko*,
Goldmann Verlag, 2000, S. 186–188

---

[11]**sich den Bauch voll schlagen** sehr viel essen   [12]**die Hochleistung** große Anstrengung   [13]**abfordern** machen
wollen   [14]**das Ertrinken** wenn man nicht schwimmen kann, ertrinkt man leicht   [15]**reichen** geben   [16]**sich wenden an**
fragen   [17]**deuten** interpretieren   [18]**die Vorahnung** die Vermutung   [19]**durchfallen** eine Prüfung nicht bestehen, nicht
gut genug machen

:: **5** :: DISKUSSION

Diskutieren Sie in der Gruppe, warum diese Fragen Ihrer Meinung nach gestellt
werden. Berichten Sie dann im Plenum.

Übungsbuch
Einheit 3, Teil C

:: **6** :: ZUSAMMENFASSEN

Übungsbuch
Einheit 3, Teil C

Beenden Sie die Sätze mit den Verben im Kasten. Entscheiden Sie immer, ob Sie
das Wort **zu** benutzen müssen oder nicht. Achtung: Modalverben und die Verben
lassen, hören, sehen, fühlen, bleiben, gehen, fahren und **kommen** brauchen
kein **zu.**

```
bestehen
lernen
helfen
lernen
haben
durchfallen
machen
fragen
beantworten
```

BEISPIEL: Wladimir Kaminers Vater möchte
einen deutschen Pass *haben.*

a. Um einen deutschen Pass zu bekommen, muss man einen
Sprachtest ＿＿＿＿＿＿＿＿＿＿＿＿＿.

b. Es ist nicht so einfach, den Test ＿＿＿＿＿＿＿＿＿＿＿＿＿.

c. Wladimirs Vater hat Angst davor, ＿＿＿＿＿＿＿＿＿＿＿＿＿.

d. Deshalb versucht er, für den Sprachtest ＿＿＿＿＿＿＿＿＿＿＿.

e. Aber er hat Probleme, alle Fragen ＿＿＿＿＿＿＿＿＿＿＿＿＿.

f. Sein Sohn hilft ihm ＿＿＿＿＿＿＿＿＿＿＿＿＿.

g. Aber auch sein Sohn kann ihm bei der dritten Frage
nicht ＿＿＿＿＿＿＿＿＿＿＿＿＿.

h. Deshalb geht er seinen Freund Helmut ＿＿＿＿＿＿＿＿＿＿＿.

Weiterführende Aufgaben

:: 7 :: ROLLENSPIEL: FIKTIVES INTERVIEW MIT WLADIMIR KAMINER

Wenn Sie mit Herrn Kaminer ein Interview machen könnten, welche Fragen
würden Sie ihm stellen? Notieren Sie mindestens fünf Fragen. Danach spielen
Sie das Interview mit Ihrem Partner/Ihrer Partnerin. Üben Sie es gut ein, achten
Sie auf Aussprache und Intonation. Spielen Sie es auch Ihren Kommilitonen/
Kommilitoninnen vor.

a. ＿＿＿＿＿＿＿＿＿＿＿＿＿＿＿＿＿＿＿＿＿＿＿＿＿＿＿＿＿＿

b. ＿＿＿＿＿＿＿＿＿＿＿＿＿＿＿＿＿＿＿＿＿＿＿＿＿＿＿＿＿＿

c. ＿＿＿＿＿＿＿＿＿＿＿＿＿＿＿＿＿＿＿＿＿＿＿＿＿＿＿＿＿＿

d. ＿＿＿＿＿＿＿＿＿＿＿＿＿＿＿＿＿＿＿＿＿＿＿＿＿＿＿＿＿＿

e. ＿＿＿＿＿＿＿＿＿＿＿＿＿＿＿＿＿＿＿＿＿＿＿＿＿＿＿＿＿＿

:: 8 :: HÖREN: TATSÄCHLICHES INTERVIEW
MIT WLADIMIR KAMINER

Das tatsächliche
Interview befindet sich
auf der *Anders gedacht
Instructor's Audio CD*.

Hören Sie sich das Interview zweimal an. Notieren Sie beim ersten Hören fünf Fragen, die Herrn Kaminer von den Autorinnen gestellt wurden. Welche davon haben Sie auch geschrieben? Schreiben Sie beim zweiten Hören Herrn Kaminers Antworten auf.

:: Das Transkript des
Interviews befindet sich
im Anhang des Buches.

1. Frage: _____
    _____

    Antwort: _____
    _____

2. Frage: _____
    _____

    Antwort: _____
    _____

3. Frage: _____
    _____

    Antwort: _____
    _____

4. Frage: _____
    _____

    Antwort: _____
    _____

5. Frage: _____
    _____

    Antwort: _____
    _____

:: 9 :: MIT DEM INTERNET ARBEITEN

Zusätzlich zum Sprachtest, der Deutschkenntnisse nachweist, muss seit 2008 ein Einbürgerungstest gemacht werden. Dieser Test fragt politisches, geschichtliches und gesellschaftliches Wissen ab. Suchen Sie im Internet Informationen über den Einbürgerungstest.

· Wie viele Fragen gibt es?
· Wie viele Fragen muss man richtig beantworten, um den Test zu bestehen?

Suchen Sie sich drei Fragen aus dem Test aus, die Sie beantworten möchten und stellen Sie sie im Unterricht vor.

:: 10 :: PROJEKTARBEIT: PROMINENTE AUSLÄNDISCHER HERKUNFT

Die im Folgenden genannten Personen sind Prominente ausländischer Abstammung. Alle leben und arbeiten in Deutschland. Suchen Sie im Internet Informationen über die Person, die Sie am interessantesten finden und halten Sie ein Referat über sie. Finden Sie unter anderem Informationen zu den folgenden Fragen:

· Wo lebt und arbeitet diese Person?
· Welchen Pass hat er/sie?
· Woher stammt seine/ihre Familie?
· Sonstiges

Die in Berlin lebende japanische Schriftstellerin Yoko Tawada

© Markus Kirchgessner / laif / Redux

> Yoko Tawada, Schriftstellerin
>
> Daniel Libeskind, Architekt
>
> Xavier Naidoo, Sänger
>
> Özcan Mutlu, Politiker von Bündnis 90/ DIE GRÜNEN
>
> Lukas Podolski, Fußballspieler
>
> Mousse T., Musikproduzent
>
> Fatih Akin, Filmregisseur

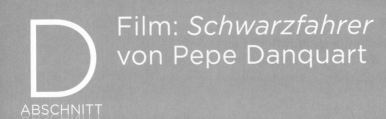

Schwarzfahrer

:: 1 :: WORTSCHATZ: DAS WORTFELD „SCHWARZ"

Lesen Sie die folgenden Ausdrücke, in denen das Adjektiv **schwarz** vorkommt. Vermuten Sie zunächst, was sie bedeuten könnten. Ihr Kursleiter/Ihre Kursleiterin hilft Ihnen anschließend.

der Schwarzmarkt

schwarz auf weiß

schwarzes Gold

schwarze Zahlen schreiben

schwarzarbeiten

schwarzes Schaf

schwarzsehen

schwarze Kasse

schwarzer Tag

sich schwarzärgern

warten, bis man schwarz wird

schwarzfahren

In einigen dieser Ausdrücke hat **schwarz** die gleiche Bedeutung: die schwarze Kasse, der Schwarzmarkt, schwarzarbeiten und schwarzfahren. Durch welches andere Adjektiv kann man **schwarz** in diesen Ausdrücken ersetzen? Was ist dann wohl ein Schwarzfahrer?

Film sehen

:: 2 :: ERSTE SEQUENZ SEHEN

Sehen Sie sich die erste Sequenz an. Beobachten Sie die Leute, die Sie in der Sequenz sehen. Stellen Sie Vermutungen an.

Person	Hat welchen Beruf?	Sieht wie aus?

Filmsequenz
Sequenz: 1
Start: Anfang
Stopp: Alle Leute an der
ersten Haltestelle sind
in die Straßenbahn
eingestiegen.
Länge: circa 3.30 Min.

:: 3 :: HYPOTHESEN AUFSTELLEN

Arbeiten Sie mit Ihrem Partner/Ihrer Partnerin. Sehen Sie sich das Bild an und beantworten Sie die Fragen.

• Wo sind die Leute? In welcher Situation befinden sie sich?

_____

_____

• Was denkt die alte Frau? Was denkt der Mann neben ihr? Schreiben Sie die Gedanken auf.

Die alte Frau denkt: _____

_____

Photographer: Ekko von Schwichow / © Trans-Film-Vertrieb

Der Mann denkt: _____

_____

_____

Filmsequenz

Sequenz: 2

Start: Alle Leute an der
ersten Haltestelle sind
in die Straßenbahn
eingestiegen.

Stopp: Der junge Mann mit
dem Kopfhörer steigt in
die Straßenbahn ein.

Länge: circa 3.00 Min.

:: 4 :: ZWEITE SEQUENZ OHNE TON SEHEN

Sehen Sie sich die zweite Sequenz vorerst ohne Ton an und konzentrieren Sie sich auf folgende Aspekte:

· Was sehen Sie? Was passiert hier?
· Was macht die alte Frau? Beachten Sie ihre Mimik und Gestik.
· Wie reagiert der Afrodeutsche? Beachten Sie seine Mimik und Gestik.

:: 5 :: ANSICHTEN ANTIZIPIEREN

Lesen Sie die Aussagen, bevor Sie die Sequenz mit Ton sehen. Unterstreichen Sie die Sätze, die Ihrer Meinung nach in dieser Sequenz von der alten Frau gesagt werden.

Aussagen

„Als ob man sich nicht an unsere Sitten[1] anpassen[2] könnte."

„Ich bin sehr zufrieden mit meinem Leben."

„Ich habe keine Angst, deshalb gehe ich abends oft allein aus dem Haus."

„Man müsste wenigstens verlangen können, dass sie ihre Namen ändern, bevor sie zu uns kommen, sonst hat man ja gar keinen Anhaltspunkt[3]."

„Leider kann er nicht gut Deutsch, aber das macht ja nichts."

„Und dann arbeiten die alle noch schwarz. Als ob das jemand kontrollieren könnte, wo von denen einer aussieht wie der andere."

„Ich vertraue auf meine Mitmenschen."

„Warum kommt ihr überhaupt alle hierher, hat euch denn jemand eingeladen?"

„Wer von unseren Steuern profitiert, könnte sich wenigstens anständig[4] benehmen[5]."

„Mit so vielen verschiedenen Menschen fahre ich immer gern in der Straßenbahn."

„Wir haben es alleine geschafft, wir brauchen keine Hottentotten[6], die uns auf der Tasche herumliegen[7], jetzt, wo wir selber so viele Arbeitslose haben."

---

[1]**die Sitte** der Brauch, die Tradition; die Art, wie man sich in einem Land benimmt   [2]**sich anpassen** sich adaptieren, assimilieren, angleichen   [3]**der Anhaltspunkt** der Orientierungspunkt   [4]**anständig** freundlich, nett, höflich   [5]**sich benehmen** sich verhalten; die Art, wie man redet, was man macht, wie man mit Leuten spricht   [6]**der Hottentotte** Angehöriger eines Volkes in Südwestafrika; *hier:* Schimpfwort für Schwarze   [7]**jemandem auf der Tasche liegen** sich von jemandem finanzieren lassen

:: 6 :: ZWEITE SEQUENZ MIT TON SEHEN

Sehen Sie sich dieselbe Sequenz noch einmal an, dieses Mal mit Ton. Was haben Sie gehört? Was sagt die Frau? Fassen Sie ihre ausländerfeindlichen Bemerkungen zusammen.

Ausländer passen sich nicht an die deutschen Sitten an.

:: 7 :: DRITTE SEQUENZ SEHEN

Filmsequenz
Sequenz: 3
˙Start: Der junge Mann mit
 dem Kopfhörer steigt ein.
Stopp: Der
 Fahrkartenkontrolleur
 steigt ein.
Länge: circa 2 Min.

Lesen Sie vor dem Sehen die Fragen. Diskutieren Sie nach dem Sehen mit Ihren Kommilitonen/Kommilitoninnen.

· Warum hat die alte Frau Ihrer Meinung nach solche Vorurteile[1] gegen Ausländer?
· Warum reagiert der Mann nicht darauf?
· Wie reagieren die anderen Fahrgäste auf die ausländerfeindlichen Bemerkungen der Frau? Warum?
· Wenn Sie an der Stelle des jungen Schwarzen wären, wie würden Sie reagieren?
· Wie wird der Film Ihrer Meinung nach weitergehen?

:: 8 :: VIERTE SEQUENZ SEHEN

Filmsequenz
Sequenz: 4
Start: Der
 Fahrkartenkontrolleur
 steigt ein.
Stopp: Ende
Länge: circa 3.30 Min.

Sehen Sie sich das Ende des Films an und besprechen Sie es danach:

· Was macht der Afrodeutsche?
· Was passiert mit der Frau?
· Wer ist der eigentliche Schwarzfahrer?
· Wie reagieren die Fahrgäste auf die Situation?
· Warum ist der Titel des Films ironisch?

Weiterführende Aufgaben

:: 9 :: DISKUSSION

Keiner der anderen Fahrgäste hat verbal auf die ausländerfeindlichen Bemerkungen der Frau reagiert. Diskutieren Sie die folgenden Fragen:

· Wie würden Sie reagieren?
· Würden Sie etwas zu der alten Frau sagen oder würden Sie sie ignorieren?
· Wie sollte man sich in so einer Situation verhalten?

:: 10 :: ZUSAMMENFASSUNG SCHREIBEN

Übungsbuch
Einheit 3, Teil D

Fassen Sie den Film zusammen. Schreiben Sie aus einer der folgenden Perspektiven:

· aus der Perspektive des Schwarzen
· aus der Perspektive der alten Frau
· aus der Perspektive eines anderen Fahrgastes

---

[1]**das Vorurteil** (*negativ*) Meinung von einer Person, ohne die Person zu kennen; z.B. ein Vorurteil gegen Ausländer, Menschen anderer Religion, ...

Grundwortschatz

:: VERBEN

sich an•passen: er/sie/es passt sich … an, passte sich … an, hat sich … angepasst	to adapt (o.s.)
an•werben: er/sie/es wirbt … an, warb … an, hat … angeworben	to recruit, offer a job
sich assimilieren: er/sie/es assimiliert sich, assimilierte sich, hat sich … assimiliert	to assimilate
aus•wandern: er/sie/es wandert … aus, wanderte … aus, ist … ausgewandert	to emigrate
bestehen: er/sie/es besteht, bestand, hat … bestanden	to pass (a test)
durch•fallen: er/sie/es fällt … durch, fiel … durch, ist … durchgefallen	to have no success, fail, flunk
ein•wandern: er/sie/es wandert … ein, wanderte … ein, ist … eingewandert	to immigrate
immigrieren: er/sie/es immigriert, immigrierte, ist … immigriert	to immigrate
sich integrieren: er/sie/es integriert sich, integrierte sich, hat sich … integriert	to integrate
zurück•kehren: er/sie/es kehrt … zurück, kehrte … zurück, ist … zurückgekehrt	to come back, return

:: NOMEN

die Arbeitskraft, die Arbeitskräfte	workforce
die Assimilation	assimilation
der Aufschwung	upswing, improvement of a situation
der Ausländer, - / die Ausländerin, -nen	foreigner, alien
die Ausländerfeindlichkeit	xenophobia, negative feelings and aggression toward foreigners
die Bemerkung, -en	remark, comment
die Einbürgerung, -en	naturalization, the act of becoming a citizen of a country
die Einwanderung	immigration
das Einwanderungsland, die Einwanderungsländer	a country to which many people immigrate

der Gastarbeiter, - /	guest worker; person who is invited
die Gastarbeiterin, -nen	from a foreign country to work
das Gesetz, -e	law
die Heimat	homeland, region where s.o. was
	born or feels at home
die Immigration	immigration
die Integration	integration
die Konjunktur	economic cycle, economic situation of
	a country
der Pass, die Pässe	passport
die Staatsangehörigkeit	citizenship, nationality
der Staatsbürger, - /	
die Staatsbürgerin, -nen	citizen (of a country)
die Staatsbürgerschaft	citizenship, nationality
das Vorurteil, -e	prejudice, bias
das Wirtschaftswunder	economic miracle, the rapid rebuilding
	and development of the West German
	economy after World War II

:: ADJEKTIVE UND ADVERBIEN

ausländerfeindlich	xenophobic, having negative feelings
	toward foreigners
fremd	foreign; strange
multikulturell	multicultural

Die Comedian Harmonists

EIN MUSIKENSEMBLE DER 20ER UND 30ER JAHRE

:: **IN DIESER EINHEIT**

Diese Einheit beschäftigt sich mit der Entstehung, dem Erfolg und dem Zerfall des deutschen Männersextetts *Comedian Harmonists* im Kontext der Weimarer Republik und des Dritten Reiches.

4
EINHEIT
EINHEIT

Szene aus dem Film *Comedian Harmonists*

Einstimmung auf das Thema

 :: → :: BEGRIFFE EINORDNEN: 20ER JAHRE

Was wissen Sie über die goldenen zwanziger Jahre? Arbeiten Sie mit Ihrem Partner/Ihrer Partnerin und lesen Sie die Begriffe zum Thema. Ordnen Sie dann jeden Begriff einer der fünf Kategorien in der Tabelle zu. Kennen Sie weitere Begriffe?

Die goldenen Zwanziger

Begriffe

Der blaue Engel	Dadaismus	Jazz
Die Dreigroschenoper	Charleston	Weimarer Republik
Nosferatu	*Der Steppenwolf*	Paul Klee
Weltwirtschaftskrise	Hermann Hesse	Stummfilme
Arbeitslosigkeit	*Im Westen nichts Neues*	Surrealismus
Arnold Schönberg	Inflation	Thomas Mann
Bauhaus		

Kunst / Architektur	Politik / Wirtschaft	Kino / Theater	Musik / Tanz	Literatur

A ABSCHNITT

In diesem Abschnitt werden Sie sich mit der deutschen Geschichte von 1918 bis 1935 beschäftigen. Während dieser Zeit entstand das Männersextett „Comedian Harmonists". Die politischen Verhältnisse hatten großen Einfluss auf das Leben der Musiker.

Weimarer Republik

Den Zeitraum der deutschen Geschichte von 1919 bis 1933 nennt man die „Weimarer Republik". Der Name stammt von der Stadt Weimar, wo die erste Nationalversammlung dieser Epoche stattfand.

:: 1 :: MIT DEM INTERNET ARBEITEN

:: a :: **Recherchieren** Suchen Sie Informationen zur Weimarer Republik. Wählen Sie einen Aspekt aus, z.B. Kunst, Politik, Kino, Mode, Musik, Tanz, Wirtschaft, Literatur, Theater oder Philosophie. Notieren Sie fünf Schlagwörter zu dem von Ihnen gewählten Aspekt.

Aspekt: _____

_____ Schlagwörter: _____

1. _____
2. _____
3. _____
4. _____
5. _____

:: b :: **Mündlich berichten**   Erklären Sie Ihren Kommilitonen/Kommilitoninnen in einem dreiminütigen mündlichen Bericht, womit Sie sich beschäftigt haben und was Sie herausgefunden haben.

> BEISPIEL: „Ich habe mich mit der Kunst in der Weimarer
> Republik beschäftigt. Ich habe herausgefunden, dass …"

Übungsbuch
Einheit 4, Teil A

STRUKTUREN Reflexive Verben mit Präpositionalobjekt

:: a :: Vervollständigen Sie die folgenden Sätze schriftlich mit den für Sie relevanten Informationen.

1. Ich interessiere **mich** für _____ in der Weimarer Republik.
2. Ich habe **mich** mit _____ beschäftigt.
3. Ich erinnere **mich** daran, dass _____.
4. Ich habe **mich** über _____ gewundert.

Die Verben oben sind reflexiv. Die Reflexivpronomen sind fett gedruckt. Diese Verben haben auch ein Präpositionalobjekt. Notieren Sie die Infinitivform, die Präposition und den Kasus des Präpositionalobjekts.

1. *sich interessieren für* + Akkusativ _____
2. _____
3. _____
4. _____

:: b :: Fassen Sie die mündlichen Berichte Ihrer Kommilitonen/ Kommilitoninnen zusammen. Wer hat sich womit beschäftigt? Wer interessiert sich wofür? Verwenden Sie die entsprechenden Reflexivpronomen.

> BEISPIEL: Alison hat sich mit der Kunst in der Weimarer
> Republik beschäftigt. Sie interessiert sich besonders für …

Reflexivpronomen (Akkusativ)	
ich interessiere **mich** für	wir interessieren **uns** für
du interessierst **dich** für	ihr interessiert **euch** für
er/sie/es interessiert **sich** für	sie/Sie interessieren **sich** für

Lesen • Detailverständnis

:: 2 :: WORTSCHATZ: VERBEN

Lesen Sie den Text über die Weimarer Republik auf Seite 130. Ordnen Sie dann den Verben die entsprechende Bedeutung zu.

Verben

ausrufen: _____

in Kraft treten: _____

scheitern: _____

verlieren: _____

sich entwickeln: _____

versprechen: _____

verbieten: _____

außer Kraft setzen: _____

aufheben: _____

vorgehen gegen + *Akkusativ*: _____

verlassen: _____

emigrieren: _____

Bedeutungen

auswandern

entstehen

für ungültig erklären, z.B. ein Gesetz eliminieren

gültig werden

nicht gewinnen

sagen, dass man etwas machen wird

etwas dagegen tun

keinen Erfolg haben

nicht erlauben

deklarieren

aufheben

weggehen

DIE WEIMARER REPUBLIK

Mit dem Ersten Weltkrieg war in Deutschland auch die Monarchie
zu Ende und am 9. November 1918 rief Philipp Scheidemann die
Republik aus. Am 31. Juli 1919 trat die Weimarer Verfassung[1] in Kraft,
die Deutschland zu einer demokratischen parlamentarischen Republik
5 machte.

Allerdings war diese Republik zu schwach und scheiterte schon 14
Jahre später. Gründe dafür waren unter anderem die wirtschaftliche
Not der Nachkriegszeit und die Bedingungen des Friedensvertrages von
Versailles, den Deutschland 1919 unterschreiben musste. Dieser sagte,
10 dass Deutschland, weil es den Krieg verloren hatte, an die Siegerländer
Reparationen bezahlen musste.

Da es den Deutschen zu dieser Zeit nicht sehr gut ging, entwickelte sich
eine tiefe Skepsis gegenüber der Republik, deren Folge[2] innenpolitische
Instabilität war. Die Weltwirtschaftskrise 1929 war der Anfang vom
15 Ende der Weimarer Republik. Die durch die Weltwirtschaftskrise
ausgelöste Massenarbeitslosigkeit brachte große Unzufriedenheit,
die sich die nationalsozialistische Bewegung Adolf Hitlers zunutze
machte[3]. Hitler versprach den Menschen, die Arbeitslosigkeit schnell
abzubauen[4]. Als er 1933 an die Macht kam, verbot er alle Parteien
20 außer seiner eigenen. Außerdem setzte er die Grundrechte außer Kraft
und hob die Pressefreiheit auf[5]. Gegen politische Gegner ging das
Regime mit Terror vor. Die Juden wurden aller Rechte beraubt[6]. Viele
Menschen verließen zu dieser Zeit das Land. Auch viele der besten
deutschen Intellektuellen, Künstler und Wissenschaftler emigrierten
25 ins Ausland.

[2]**die Folge** die Konsequenz   [3]**sich zunutze machen** ausnutzen, einen eigenen Vorteil haben   [4]**abbauen**
verkleinern, verringern   [5]**aufheben** (hob auf) für ungültig erklären   [6]**der Rechte** (*Genitiv*) **berauben** (jemandem)
seine Rechte wegnehmen

:: 3 :: GRUNDFORMEN AUFSCHREIBEN

Einige Verben im Text sind unterstrichen. Notieren Sie die Grundformen dieser
Verben.

Infinitiv	Präteritum	Perfekt
ausrufen	*rief ... aus*	*hat ... ausgerufen*

Infinitiv	Präteritum	Perfekt

:: 4 :: WORTSCHATZ: NOMEN

Erklären Sie die folgenden Wörter:

die Monarchie

die Nachkriegszeit

der Friedensvertrag

die Reparationen (*Pl.*)

die Massenarbeitslosigkeit

die Unzufriedenheit

das Grundrecht

die Pressefreiheit

der Gegner

:: 5 :: TEXTVERSTÄNDNIS PRÜFEN

Richtig oder falsch? Markieren Sie die Sätze mit **R** oder **F**. Korrigieren Sie die falschen Sätze.

BEISPIEL: __F__ Die Weimarer Republik war stark und die Leute fühlten sich wohl.
Die Weimarer Republik scheiterte und die wirtschaftliche Not war groß.

a. _____ Nach dem Ersten Weltkrieg wurde Deutschland eine Monarchie.

b. _____ Die Weimarer Republik wurde 1919 offiziell anerkannt.

c. _____ Während der Weimarer Republik ereignete sich die Weltwirtschaftskrise.

d. _____ Zu dieser Zeit hatten alle Menschen Arbeit.

e. _____ Hitler versprach den Menschen Arbeit.

f. _____ Hitler verbot alle Parteien außer seiner eigenen.

g. _____ Er gab den Menschen viele Freiheiten.

h. _____ Er ging mit Terror gegen politische Gegner vor.

i. _____ Viele Intellektuelle, Wissenschaftler und Künstler kamen zu dieser Zeit nach Deutschland, weil dort eine gute Atmosphäre zum kreativen Arbeiten herrschte.

:: 6 :: FRAGEN ZUM TEXT

Beantworten Sie die Fragen.

• Was waren die Gründe für das Scheitern der Weimarer Republik?

_____

_____

_____

• Warum hatte das Hitler-Regime eine Chance?

_____

_____

_____

Film: *Comedian Harmonists* von Joseph Vilsmaier

In diesem Abschnitt sehen Sie den Film *Comedian Harmonists* von 1997. Der Film basiert auf der wahren Geschichte des deutschen Männersextetts „Comedian Harmonists", das international berühmt wurde.

:: → :: HYPOTHESEN AUFSTELLEN

Sehen Sie sich das Bild auf Seite 138 an. Was können Sie über das Bild sagen? Versuchen Sie, es zeitlich einzuordnen.

Comedian Harmonists: Filmsequenz 1–3

Erste Sequenz: Berlin in den 20er Jahren, die Unterhaltungsszene

:: 1 :: WORTSCHATZ

Sehen Sie sich die erste Sequenz an und machen Sie sich Notizen zu den Kategorien in der Tabelle. Im Kasten finden Sie hilfreichen Wortschatz.

die Bühne	auftreten	der Anzug
das Publikum	der Auftritt	die Garderobe
das Theater	der Pianist	das Ensemble / die Gruppe
die Sänger (*Pl.*)		

Filmsequenz
Sequenz: 1
Start: Anfang des Films
Stopp: Ende der Szene, in der die Gruppe das Lied „Veronika" auf der Bühne singt

Wer? (Personen)	Was? (Tätigkeiten)	Wo? (Ort)	Wie? (Aussehen, Kleidung, …)

Vergleichen Sie im Plenum.

:: 2 :: DAS LIED: HYPOTHESEN AUFSTELLEN

Überlegen Sie, um was für ein Lied es sich hier handeln könnte. Was konnten Sie verstehen? Ist das ein lustiges oder ein trauriges Lied? Begründen Sie Ihre Meinung.

:: Der vollständige Liedtext befindet sich im Anhang des Buches.

:: 3 :: LÜCKENTEXT ERGÄNZEN

Lesen Sie den Liedtext und setzen Sie die fehlenden Verben aus dem Kasten ein.

Verben	
spricht	singen
wächst	zieh'n
schreibt	woll'n
sagt	lacht

VERONIKA, DER LENZ[1] IST DA,

die Mädchen _____ tralala,
die ganze Welt ist wie verhext,
Veronika, der Spargel[2] _____,
ach du Veronika, die Welt ist grün,
5 drum lass uns in die Wälder _____.

Sogar der Großpapa _____ zu der Großmama:
Veronika, der Lenz ist da.
Mädchen _____, Jüngling[3] _____,
Fräulein _____ Sie oder nicht,

10 draußen ist Frühling,
der Poet Otto Licht
hält es jetzt für seine Pflicht[4],
er _____ dieses Gedicht:
Veronika, ...

Quelle: Liedtext von Fritz Rotter (1930)

---

[1] **der Lenz** der Frühling   [2] **der Spargel** ein Gemüse, das im Frühling wächst   [3] **der Jüngling** ein junger Mann
[4] **man hält es für seine Pflicht** man glaubt, dass man es tun muss

:: 4 :: REIMSCHEMA BESTIMMEN

Lesen Sie mit Ihrem Partner/ Ihrer Partnerin das Lied noch einmal laut und bestimmen Sie das Reimschema.

BEISPIEL: Veronika, der Lenz ist da, (A)

die Mädchen singen tralala, (A)

die ganze Welt ist wie verhext, (B)

Veronika, der Spargel wächst, (B)

Lesen Sie noch einmal das Lied „Veronika". Achten Sie auf die Reimform und verfassen Sie Ihre eigene Version.

STRUKTUREN Relativsätze

Bei den folgenden Sätzen handelt es sich um eine Kombination aus zwei oder mehr Gedanken, die in einem Hauptsatz und einem Relativsatz (Nebensatz) formuliert werden. Sehen Sie sich den folgenden Satz an:

> Harry hat **das Ensemble,** das Comedian Harmonists heißt, gegründet.

Der unterstrichene Teil ist der Relativsatz; **das** ist das Relativpronomen. Es bezieht sich auf **das Ensemble.** Wie bestimmt man den Kasus des Relativpronomens? Dazu trennen Sie den Satz in zwei Teile:

> Harry hat das Ensemble gegründet.
> Das Ensemble heißt Comedian Harmonists.

Sehen Sie sich den zweiten Satz an. **Das Ensemble** steht im Nominativ. Also steht das Relativpronomen auch im Nominativ.

Wenn der Relativsatz mit einer Präposition beginnt, müssen Sie entscheiden, welchen Kasus diese Präposition braucht.

Das Verb steht im Relativsatz am Ende, da Relativsätze Nebensätze sind.

a. Vervollständigen Sie die Tabelle. Was fällt Ihnen auf?

Relativpronomen			
	maskulin	feminin	neutrum	Plural
Nominativ		die	das	
Akkusativ		die		die
Dativ	dem		dem	denen
Genitiv	dessen	deren	dessen	deren

b. Lesen Sie die Sätze auf S. 136. Formulieren Sie den Relativsatz als Hauptsatz und schreiben Sie das Relativpronomen in die Lücke.

1. Das Ensemble besteht aus sechs Männern, _die_ wir bald besser kennenlernen werden.

   Relativsatz als Hauptsatz: _Wir werden die sechs Männer bald besser kennenlernen._

2. Das Ensemble, in _____ die sechs Männer singen und spielen, heißt *Comedian Harmonists*.

   Relativsatz als Hauptsatz: _In dem Ensemble_

3. Der Spielfilm, _____ über dieses Ensemble gedreht wurde, heißt auch *Comedian Harmonists*.

   Relativsatz als Hauptsatz: _____

4. Das erste Lied, _____ die Gruppe im Film singt und _____ Titel „Veronika" ist, ist ein Liebeslied.

   Relativsatz als Hauptsatz: _____

5. Es ist ein lustiges Lied, in _____ ein Mädchen, _____ Name Veronika ist, sich freut, dass es Frühling ist.

   Relativsatz als Hauptsatz: _____

6. Alle Mädchen, _____ „tralala" singen, und die Welt, in _____ sie leben, sind verhext.

   Relativsatz als Hauptsatz: _____

7. Der Großpapa, _____ zu der Großmama sagt: „Der Lenz ist da!", ist auch verhext.

   Relativsatz als Hauptsatz: _____

8. Die Großmama, _____ Namen wir nicht kennen, ist auch verhext.

   Relativsatz als Hauptsatz: _____

9. Das Lied, _____ Harry Frommermann arrangiert hat, war in den 20er Jahren in Deutschland sehr populär.

   Relativsatz als Hauptsatz: _____

10. In der Weimarer Republik, über _____ wir etwas gelesen haben, war das Ensemble, über _____ der Film gedreht wurde, sehr beliebt.

    Relativsatz als Hauptsatz: _____

Zweite Sequenz: Harry – ein Porträt

:: 6 :: FRAGEN BEANTWORTEN

Filmsequenz
Sequenz: 2
Start: Harry komponiert in seiner Dachkammer.
Stopp: Ende der Szene auf dem Friedhof

Lesen Sie die folgenden Fragen vor dem Sehen der Sequenz. Sie dienen als Fokus beim Sehen. Beobachten Sie den Protagonisten und versuchen Sie Folgendes herauszufinden:

· Wo wohnt Harry?

· Wie wohnt er?

· Wohnt er allein?

· Was ist sein Beruf?

· Was für einen sozialen Status hat er?

· Welche Musik liebt er?

· Warum geht er ins Musikgeschäft?

· Wen trifft er da?

· Was erfahren wir über die Eltern des Protagonisten?

· Was erfahren wir über seine Beziehung zu Erna?

· Sonstiges:

Dritte Sequenz: Die Gruppe entsteht

:: 7 :: INFORMATIONEN NOTIEREN

Filmsequenz
Sequenz: 3
Start: Im Theatercafé
Stopp: Ende der Szene, in der die sechs das Lied „Veronika" zum ersten Mal proben

Konzentrieren Sie sich beim Sehen darauf, wie die einzelnen Musiker Mitglieder der Gruppe werden. Notieren Sie nach dem Sehen die Informationen in ganzen Sätzen.

Name	Wie zur Gruppe gekommen?
1. Robert (Bob) Biberti (in der Mönchskutte)	*ist zur Gruppe gekommen, weil er …*
2. Ari Leschnikoff (der singende Kellner)	
3. Erich Collin	
4. Roman Cycowski	
5. Erwin Bootz (schläft gern)	

Lebensläufe der Comedian Harmonists

:: 1 :: SELEKTIVES LESEN

Auf den nächsten Seiten finden Sie die Lebensläufe der Mitglieder der *Comedian Harmonists*. Wählen Sie einen Lebenslauf, lesen Sie ihn und machen Sie sich Notizen. Stellen Sie sich Ihren Kommilitonen/Kommilitoninnen in der *Ich*-Form vor. Benutzen Sie das Perfekt, da Sie nun mündlich berichten.

BEISPIEL: Ich heiße .... Ich bin ... geboren.

Name: _____

Geburtsort: _____

Familie: _____

Studium oder Arbeit: _____

Tätigkeit vorher: _____

Sonstiges: _____

ullstein bild / The Granger Collection, NY

Die Comedian Harmonists: Robert Biberti, Erich A. Collin, Erwin Bootz, Roman Cycowski, Harry Frommermann, Ari Leschnikoff

Erwin Bootz wurde am 30. Juni 1907 in Stettin geboren. Er wuchs in einem verhältnismäßig reichen Elternhaus mit sechs Geschwistern auf. An den Ersten Weltkrieg konnte sich Erwin Bootz auch als alter Mann immer noch genau erinnern. Mit vier Jahren begann er Klavier zu spielen, er hatte sogar ein eigenes Musikzimmer. Mit 17 Jahren besuchte er dann die Musikhochschule Berlin. Vier Jahre lang studierte er Musik. 1928 war Erwin Bootz noch immer auf der Musikhochschule, als er von Ari Leschnikoff gefragt wurde, ob er nicht Lust habe, bei einem „merkwürdigen Musik-Ensemble" mitzumachen. „Irgendwann an einem Mittag, ich habe noch geschlafen, kam Leschnikoff dann noch einmal an und schleppte mich mit in eine Wohnung, und dort traf ich sie: Frommermann, Cycowski und Biberti."

Ari Leschnikoff wurde am 16. Juli 1897 in der Stadt Haskovo geboren, nicht weit von Sophia. Damals war Bulgarien noch eine türkische Provinz. 1916 ging er auf die Kadettenanstalt in Sophia und am Ende des Krieges war er Leutnant. Ari Leschnikoff sagte hierzu: „Es war eine schreckliche Zeit. Immer nur Disziplin, Disziplin, Disziplin, ganz nach der alten Manier." 1922 entschloss er sich, nach Deutschland zu fahren, um dort weiter Musik zu studieren, außerdem wollte er die deutsche Kultur kennenlernen. Da das aus Bulgarien mitgebrachte Geld bald ausging, musste Ari Leschnikoff als Kellner arbeiten. Nebenbei studierte er am Konservatorium. Dann bekam er

einen Vertrag als Chorsänger am Großen Schauspielhaus. Hierbei lernte er auch Roman Cycowski und Bob Biberti kennen. Ari Leschnikoff erzählt: „Eines Tages komme ich nach Hause und finde eine Postkarte von Biberti, dass jemand ein Quartett machen will und schöne Stimmen sucht. Am nächsten Tag fuhr er mit mir zu Harry Frommermann, Cycowski war auch dabei, und da haben wir die Comedian Harmonists gegründet."

Erich A. Collin wurde am 26. August 1899 in Berlin geboren. Collins Vater war Kinderarzt und sehr gut mit Albert Einstein befreundet. Als Collin drei Jahre alt war, ging die Ehe seiner Eltern in die Brüche[1]. Erich Abraham Collin war Jude, reinrassiger Jude, wie seine Schwester zu sagen pflegte. Als junger Mann half er bei einem Bauern bei der Kartoffelernte[2]. Bei der Arbeit sang Erich und eine reiche Dame wurde auf ihn aufmerksam. Seit diesem Tag musste Erich Collin nicht mehr auf Kartoffelfeldern arbeiten, sondern durfte singen. Er erhielt auch eine Gesangsausbildung. Kurz bevor Erich A. Collin mit seinem Medizinstudium beginnen wollte, wurde er noch als Soldat ausgebildet, glücklicherweise musste er aber nicht mehr an die Front. Als 1923 Collins Vater starb, ging für Erich A. Collin ein Traum in Erfüllung[3]. Er konnte endlich Musik studieren, was ihm sein Vater nie erlaubt hatte. Auf der Musikhochschule lernte er dann schließlich Erwin Bootz kennen,

---

[1] **eine Ehe geht in die Brüche** eine Ehe endet [2] **die Kartoffelernte** Kartoffeln werden vom Feld geholt [3] **ein Traum geht in Erfüllung** ein Traum wird wahr

der ihn zu den Comedian Harmonists brachte.

Harry Frommermann wurde am 12. Oktober 1906 in Berlin geboren. Sein
80 Vater stammte aus Russland, die gesamte Familie war jüdisch. Als Harry geboren wurde, war sein Vater schon 56 Jahre alt. Während der Schulzeit war Harry kein fleißiger Schüler,
85 aber er begeisterte sich sehr für die Schauspielerei. Als er mit 16 Jahren seinem Vater stolz verkündete, dass er Schauspieler werden wolle, war dieser so erbost, dass er Harry sogar schlug.
90 So zerstritten sich die beiden. Harry setzte seinen Kopf durch und besuchte eine Schauspielschule, aus der er mit 18 Jahren hinausgeworfen wurde. Er muss gegenüber den Professoren sehr
95 frech gewesen sein. Als seine Mutter infolge einer Krankheit starb, war er ganz auf sich allein gestellt. Durch Begegnungen mit verschiedenen Musikern wandte sich Frommermann
100 immer mehr der Musik zu. Mit 21 Jahren gab Harry, völlig begeistert von der Musik der „Revellers", eine Anzeige auf[4]: „Achtung! Selten! Tenor, Bass (Berufssänger, nicht über 25), sehr
105 musikalisch, schön klingende Stimmen, für einzig dastehendes Ensemble, unter Angabe der täglich verfügbaren Zeit, gesucht." Und so entstanden die „Comedian Harmonists".

110 **Roman Cycowski** wurde am 25. Januar 1901 geboren. Cycowski wuchs in Lodz auf, Lodz gehörte damals zu Russland, heute zu Polen. Er war jüdischen Glaubens. Cycowskis Erinnerungen an
115 seine Kindheit und Jugend waren vom Ersten Weltkrieg geprägt. Schon früh begann er in der Synagoge zu singen. Während des Krieges lernte Roman Cycowski einen deutschen Offizier
120 kennen, der ihm beibrachte, Deutsch zu sprechen. Cycowski fühlte sich in Polen nicht wohl, er wollte sein ganzes Leben der Musik widmen[5] und wollte Polen verlassen. So kam er illegal nach
125 Deutschland. Sein Vater stellte sich ihm nicht in den Weg, obwohl er sehr unglücklich über die Entscheidung seines Sohnes war. Einmal schrieb er ihm einen Brief: „Mein Junge, bleib
130 religiös, verliere Deinen jüdischen Glauben nicht!" Und Roman Cycowski erzählte noch lange, dass er im Herzen immer „tief religiös" geblieben sei. In Deutschland studierte Cycowski dann
135 Musik. Er entwickelte einen starken Hass gegenüber Polen und kehrte nie mehr in sein Heimatland zurück und sah auch seine Eltern nie wieder. Roman Cycowski sang in Chören, Theatern, Opern und
140 sogar in Kinos zu Stummfilmen. Später wurde Cycowski dann im „Großen Schauspielhaus" in Berlin eingestellt, wo er auch Robert Biberti und Ari Leschnikoff, mit denen er sich glänzend
145 verstand, kennenlernte.

Robert Biberti wurde am 5. Juni 1902 in Berlin geboren. Schon sein Vater war

---

[4] **eine Anzeige aufgeben** eine Nachricht in die Zeitung setzen

[5] **widmen** etwas intensiv tun, sich für etwas sehr interessieren

ein berühmter Opernsänger, zu viel Bier und ein allgemein zu freizügiges[6] Leben ruinierten jedoch seine Stimme. Mit 12 Jahren flog Biberti von der Schule, was ein schwerer Schlag[7] für ihn gewesen sein muss. Später erlernte Biberti bei seinem Vater die Holzschnitzerei[8]. Um 1920 herum widmete sich Biberti dann immer mehr der Musik und der Schauspielerei. Er sang in Opern, an Theatern, aber auch in Lokalen. Am „Großen Schauspielhaus" lernte er Roman Cycowski und Ari Leschnikoff kennen. Durch eine Zeitungsanzeige begegnete er dann Harry Frommermann.

[6]**freizügig** wenn man nicht nach der bürgerlichen Moral lebt [7]**es war ein schwerer Schlag für ihn** es war eine große Enttäuschung für ihn [8]**die Holzschnitzerei** ein Handwerk; man arbeitet mit Holz und schnitzt z.B. Figuren daraus

Quelle: http://www.comedian-harmonists.de/ (in Anlehnung an Simon Umbreit)

Comedian Harmonists: Filmsequenz 4–6

Vierte Sequenz: Erste Schwierigkeiten

:: 1 :: HANDLUNGSVERLAUF NACHVOLLZIEHEN

Filmsequenz
Sequenz: 4
Start: Biberti tanzt mit Erna im Musikgeschäft.
Stopp: Ende der Szene, in der die Harmonists beim Institut Levy vorsingen

Lesen Sie die Sätze und setzen Sie die Relativpronomen ein. Sehen Sie sich danach die Sequenz an und bringen Sie die Sätze in die richtige Reihenfolge.

_____ Harry beobachtet im Schaufenster Erna, _____ über ihren Büchern eingeschlafen ist.

_1_ Harry beobachtet eifersüchtig, wie Erna und Robert, _____ sehr verliebt scheinen, miteinander tanzen. Er fordert Bob dann auf mit zur Probe zu kommen.

_____ Hans, _____ Erna als Schulkollegen vorstellt, versucht Harry wegzuschicken.

_____ Erwin Bootz, von _____ wir wissen, dass er der Pianist der Gruppe ist, kommt viel zu spät zur Probe.

_____ Erna, _____ die Grünbaums erlaubt haben, bei ihnen zu lernen, ist dort nicht allein.

_____ Herr Levy, bei _____ die Comedian Harmonists vorsingen, meint, dass sie wie bei einem Beerdigungsinstitut singen.

_____ Die Sänger, _____ Frustration immer größer wird, möchten nicht nur proben, sondern endlich auftreten. Es kommt zu einem Streit.

_____ Der Streit, _____ die Comedian Harmonists haben, beginnt wegen Harrys überkomplizierten Arrangements.

Filmsequenz
Sequenz: 5
Start: Nach dem ersten
  Auftritt
Stopp: Ende der Szene im
  Rundfunkstudio

Fünfte Sequenz: Erfolg und Konflikte

:: 2 :: WORTSCHATZ

Lesen Sie die Zusammenfassung der nächsten Sequenz. In diesem Text fehlen einige Wörter. Setzen Sie die Wörter aus dem Kasten in den Text ein. Korrigieren und vervollständigen Sie den Text, nachdem Sie die Sequenz gesehen haben.

komisch	der Blumenstrauß	die Garderobe		international
harmonisch	vortäuschen	der Erfolg		
der Geschäftsführer	der Vertrag	verliebt	die Gage	
die Einladung	der Auftritt	ablehnen		zustimmen
der Termin				

Nach ihrem ersten _____ [a] kommen die Comedian Harmonists in die _____ [b]. Sie sind von ihrem _____ [c] begeistert[1]. Der Manager bietet ihnen einen _____ [d] für die nächsten sieben Abende an. Sie sollen für jeden Auftritt eine _____ [e] von 60 Mark bekommen. Bob, der sich selbst zum _____ [f] der Gruppe ernennt, _____ [g] _____ [h] und fordert 120 Mark Gage pro Abend. Der Manager _____ [i] nach einigem Zögern _____ [j] und findet einen Namen für die Gruppe. Das Ensemble ist _____ [k] und _____ [l] und der Name soll _____ [m] klingen: Comedian Harmonists.

Um für andere Manager interessant zu sein, _____ [n] die Comedian Harmonists _____ [o], gefragt und beschäftigt zu sein. Bald bekommen sie einen _____ [p] für eine Rundfunkaufnahme[2]. Harry geht mit einem _____ [q] in das Musikgeschäft, in dem Erna arbeitet, um ihr eine _____ [r] zu der Rundfunkaufnahme zu bringen. Während der Aufnahme scheinen Erna und Harry sehr _____ [s] zu sein.

---

[1]**begeistert** glücklich   [2]**die Rundfunkaufnahme** man singt im Studio, die Musik wird aufgenommen und andere Leute können die Musik später im Radio hören

Sechste Sequenz: Im Schwimmbad, auf Tournee

:: 3 :: FRAGEN BEANTWORTEN

Lesen Sie vor dem Sehen der Sequenz die Fragen und beantworten Sie sie danach.

- Welche Bilder und Szenen weisen auf den Erfolg der Comedian Harmonists hin?
- Um welche Zeit handelt es sich in Deutschland?
- Woran erkennt man das?
- Was ist in der Sequenz passiert?
- Wie reagieren die Comedian Harmonists?
- Was sagt Hans?
- Beschreiben Sie Hans.
- Wie sieht er aus?
- Wie ist sein Charakter?
- Was tut Erna?
- Wer ist jüdisch?

Filmsequenz
Sequenz: 6
Start: Party im
  Schwimmbad
Stopp: Hans konfrontiert die
  Gruppe und greift Erna
  an. Schnelle Bildfolge
  zum Erfolg der Gruppe

Comedian Harmonists: Filmsequenz 7–9

Siebte Sequenz: Antisemitische Aktionen

:: 1 :: RICHTIG ODER FALSCH?

Sehen Sie sich die Sequenz an. Lesen Sie vorher die Sätze und besprechen Sie nach dem Sehen mit Ihrem Partner/Ihrer Partnerin, ob sie richtig (**R**) oder falsch (**F**) sind. Berichtigen Sie die falschen Sätze.

1. Erna ist wegen der Nachrichten im Radio beunruhigt. _____
2. Erna wischt die antisemitischen Schmierereien weg. _____
3. Frau Grünbaum erzählt, dass ihre beiden Söhne im Krieg für Deutschland gefallen sind. _____
4. Herr Grünbaum versucht die Situation nicht zu ernst zu nehmen. _____
5. Harry gefällt Ernas neue Frisur. _____
6. Harry zeigt Erna einen anonymen Drohbrief. _____
7. Er bekommt den Brief, weil er bei Juden arbeitet. _____
8. Erna hat keine Angst. _____

Filmsequenz
Sequenz: 7
Start: Im Musikgeschäft:
  Erna sitzt vor dem Radio
  und schreibt. Eine Rede
  Hitlers wird übertragen.
Stopp: Harry kommt mit
  einer Freikarte für Erna.
  Sie hat schon eine Karte
  von Bob bekommen.

Achte Sequenz: Vorladung in die Reichsmusikkammer

:: 2 :: DIE REICHSMUSIKKAMMER

Was ist die Reichsmusikkammer? Stellen Sie Hypothesen auf.

:: 3 :: ACHTE SEQUENZ OHNE TON SEHEN

:: a :: Sehen Sie sich die achte Sequenz ohne Ton an und vermuten Sie: Was besprechen Bob Biberti, Harry Frommermann und der Präsident der Reichsmusikkammer? Achten Sie besonders auf die Mimik und Gestik.

:: b :: Lesen Sie nach dem Sehen ohne Ton die Transkription der Szene und vermuten Sie, wer was sagt. Schreiben Sie **B** (Bob), **H** (Harry) oder **R** (Reichsmusikkammerpräsident) auf die Linien.

_R_ : „Sie haben drei nicht arische Mitglieder in Ihrer Truppe."

_____ : „In die Reichskulturkammer* werden nur Arier aufgenommen."

_____ : „Wer nicht in der Reichskulturkammer ist, kann seinen Beruf nicht ausüben[1]. So einfach ist das."

_____ : „Hören Sie mal, so einfach kann das gar nicht sein. Wir sind die Comedian Harmonists. Millionen Menschen lieben uns. Wir sind international anerkannt."

_____ : „Dann gibt es ja auch noch Verträge[2]."

_____ : „Die sollen Sie auch erfüllen und Sie dürfen sogar neue abschließen. Fragt sich nur, ob mit dem derzeitigen Ensemble."

_____ : „Soll das heißen, meine jüdischen Kollegen und ich …?"

_____ : „Herr Frommermann, Sie haben nicht zufällig eine arische Großmutter?"

_____ : „Bitte? … Nein."

_____ : „Wir sind ja keine Unmenschen."

_____ : „Vielleicht gibt es eine Lösung oder eine Regelungsausnahme."

_____ : „Ich will nicht verschweigen, dass einige hohe Herren die Hände schützend über Sie halten[3]."

_____ : „Das muss aber nicht immer so bleiben. Zumindest sollten Sie ein wenig kooperieren, zum Beispiel was die Liedauswahl betrifft."

_____ : „Müssen es denn immer jüdische Komponisten, Texte und Arrangeure sein?"

_____ : „Gut, ich denke wir haben uns verstanden."

---

*Reichskulturkammer Die Reichsmusikkammer war Teil der Reichskulturkammer. [1] einen Beruf ausüben arbeiten [2] der Vertrag ein Text, der legale Konditionen beschreibt [3] die Hände schützend über jemanden halten jemanden beschützen; dafür sorgen, dass jemandem nichts Schlimmes passiert

_____ : „Ich wollte nur mal grundsätzlich auf gewisse Schwierigkeiten hinweisen[4]. Nicht, dass Sie aus allen Wolken fallen[5], wenn wir irgendwann sagen: ‚Nee, so meine Herren, nicht‘.“

_____ : „Nun habe ich noch eine kleine Bitte. Wenn Sie mir vielleicht für meinen Neffen ein Autogramm geben könnten. Der ist ganz verrückt nach den Comedian Harmonists.“

:: 4 :: SEHEN DER ACHTEN SEQUENZ MIT TON

Überprüfen Sie während des Sehens Ihre Zuordnung aus Aufgabe 3 b.

:: 5 :: VERGLEICHEN

Vergleichen Sie die Szene mit Ihren Hypothesen aus Aufgabe 3 a.

Neunte Sequenz: Angriff der Nazis auf das Geschäft der Grünbaums

:: 6 :: NEUNTE SEQUENZ OHNE TON SEHEN

Lesen Sie die Infinitive in der Spalte „Handlungen“. Sehen Sie sich dann die Sequenz ohne Ton an und ordnen Sie die Handlungen den Personen zu. Schreiben Sie danach Sätze (z.B. *Harry schaut den beiden nach.*) und nummerieren Sie die Sätze, um sie in die richtige Reihenfolge zu bringen.

Filmsequenz
Sequenz: 9
Start: Erna wird von einigen Nazis festgehalten, sie schreit. Die Fenster des Musikgeschäfts Grünbaum werden eingeschlagen.
Stopp: Erna und Bob gehen gemeinsam weg, Harry schaut ihnen nach.

Personen	Handlungen
Harry: _e_	a. fest•halten
Erna: _____	b. ins Gesicht schlagen
Hans: _____	c. ins Gesicht spucken
Bob: _____	d. beobachten
Herr Grünbaum: _____	e. den beiden nach•schauen
Frau Grünbaum: _____	f. Fensterscheiben ein•schlagen
Nazis: _____	g. mit einem Messer bedrohen
	h. verletzt sein
	i. in das Geschäft gehen
	j. nieder•schlagen
	k. pfeifen
	l. weg•laufen
	m. zu Hilfe kommen

---

[4] **auf etwas hinweisen** etwas deutlich sagen   [5] **aus allen Wolken fallen** überrascht sein

_____

_____

_____

_____

_____

_____

_____

_____

_____

_____

_____

_____

:: 7 :: SEHEN DER NEUNTEN SEQUENZ MIT TON

Lesen Sie die Zitate aus dem Film und sehen Sie sich danach die Sequenz mit Ton an. Ordnen Sie die Zitate den Personen zu.

Personen:	**Zitate:**
Erna: *7,* _____	1. Ich habe dich gewarnt.
Hans: _____	2. Sie haben doch gesehen, was passiert ist.
Harry: _____	3. Warum tun Sie nichts?
Bob: _____	4. Verschwinde, Saujud.
Herr Grünbaum: _____	5. Unkraut vergeht nicht.
Frau Grünbaum: _____	6. Wo geht ihr denn hin?
Nazis: _____	7. Zu Bob.
	8. Hast du es ihm nicht gesagt?
	9. Ich wohne ja jetzt bei ihm.
	10. Ich liebe Erna.
	11. Ist das nicht alles fürchterlich?
	12. Halt, loslassen!
	13. Hilfe!

Überlegen Sie Folgendes:

- Warum ist Erna Ihrer Meinung nach jetzt bei Bob?
- Beschreiben Sie: Wie hat sich Harry verhalten, wie Bob?

Comedian Harmonists: Filmsequenz 10–12

Zehnte Sequenz: Eine Einladung

:: 1 :: HYPOTHESEN ZUR SEQUENZ AUFSTELLEN

Das Nazi-Regime wächst zunehmend und die Comedian Harmonists geraten stärker unter Druck. 1934 erhalten die Comedian Harmonists eine Einladung in die USA. Spekulieren Sie vor dem Sehen, was Sie in dieser Sequenz sehen könnten. Welche Stadt werden die Comedian Harmonists besuchen?

:: 2 :: ZEHNTE SEQUENZ SEHEN – HYPOTHESEN VERIFIZIEREN

Sehen Sie sich die zehnte Sequenz an. Waren Ihre Hypothesen aus Aufgabe 1 richtig? Welche Schauplätze konnten Sie erkennen? Was machen die Comedian Harmonists in den USA? Wo singen sie? Welche Frage kommt für die Comedian Harmonists auf?

Filmsequenz
Sequenz: 10
Start: Man isst bei Biberti und seiner Mutter.
Stopp: Man fragt: „Warum bleiben wir nicht einfach hier?"

Donald R. Swartz © 2009 Shutterstock

:: 3 :: ROLLENSPIEL: DISKUTIEREN

„Warum bleiben wir nicht einfach hier in den USA?" Arbeiten Sie in Gruppen. Übernehmen Sie wieder die Rolle des Mitglieds der Comedian Harmonists, dessen Lebenslauf Sie gelesen haben.

Übungsbuch
Einheit 4, Teil B

:: a :: **Vorbereitung**   Der Kasten unten hilft Ihnen, Ihre Gedanken zu organisieren und gibt Ihnen Hilfsmittel, die Sie bei der Diskussion gebrauchen können. Formulieren Sie Sätze, die zu Ihrer „persönlichen" Situation am besten passen.

:: b :: **Diskussion**   Diskutieren Sie die Frage: „Warum bleiben wir nicht einfach hier in den USA?"

A. Individuelle Gründe   Beenden Sie die Sätze, die für Sie zutreffen.

Ich muss/will in den USA bleiben, weil _____.

Ich muss/will aus Deutschland weg, weil _____.

Ich will/kann nicht aus Deutschland weg, weil _____.

Ich will/kann nicht in Amerika bleiben, weil _____.

Kreuzen Sie an.

... wegen ...

☐ meiner Mutter   ☐ meines Vermögens
☐ meiner Familie   ☐ der Sprache
☐ meiner Wohnung   ☐ meiner Liebe zu Berlin / Deutschland
☐ meiner Frau / Freundin   ☐ der Nazis
☐ meiner Freunde   ☐ meiner Religion

B. Gemeinsame Gründe   Notieren Sie Argumente.

· pro

BEISPIEL: In Deutschland werden wir große Probleme haben. In den
USA könnten wir ...

_____

_____

· contra

BEISPIEL: Wir können kein Englisch und kennen die Menschen nicht.
In Deutschland ...

_____

_____

Elfte Sequenz: Auf dem Schiff

:: 4 :: HÖR- UND SEHVERSTÄNDNIS

Sehen Sie sich die elfte Sequenz an. Kreuzen Sie die Argumente an, die Sie hören.

Filmsequenz
Sequenz: 11
Start: „Ja, warum
  eigentlich nicht?"
Stopp: Bob wirft die
  Zigarre ins Wasser.

- ☐ unsere Verträge
- ☐ wegen meiner Mutter
- ☐ Weil meine Frau Jüdin ist.
- ☐ unsere Bankkonten
- ☐ Wir sprechen nicht richtig Englisch.
- ☐ Wir wären verloren.
- ☐ unsere Frauen
- ☐ knallharter Konkurrenzkampf
- ☐ wegen meiner Wohnung
- ☐ Wir könnten endlich wieder frei arbeiten.
- ☐ Unsere Fans sind in Deutschland.
- ☐ Das ist die Weltmetropole des Entertainments.

Welche Argumente sind für, welche gegen das Bleiben in den USA?

Zwölfte Sequenz: Das Gespräch

:: 5 :: AUSSAGEN DES DIALOGS ZUORDNEN

Stellen Sie vor dem Sehen der Sequenz Hypothesen darüber auf, wer was sagt. Was sagt Harry, was sagt Bob? Schreiben Sie **H** (Harry) oder **B** (Bob) auf die Linien.

Filmsequenz
Sequenz: 12
Start: Bob und Harry sind
  auf der Terrasse des
  Hotels in New York und
  reden miteinander.
Stopp: Bob sagt: „Morgen
  geht das Schiff, wer
  dabei ist, ist dabei."

_____ Die Gruppe ist wichtiger als der Einzelne.

_____ Kommt dir der Satz bekannt vor?

_____ Na und?

_____ Du bist der Einzige, der sich strikt weigert, Deutschland zu verlassen.

_____ Ich habe euch klipp und klar die Gründe genannt.

_____ Das sind keine Gründe – Musik ist doch international. Warum sollten wir hier keinen Erfolg haben?

_____ Hier geht es um eine Lebensentscheidung und du schiebst fadenscheinige Gründe vor.

_____ Ja, denkst du für mich ist das keine lebenswichtige Entscheidung? Du hast wieder einmal nur dich selbst im Kopf.

_____ Nein, es geht nicht um mich, es geht um uns Juden.

_____ Das glaub' ich dir nicht. Du versuchst mit allen Mitteln, die anderen zu beeinflussen. Roman, der hat gesagt, er liebt Deutschland.

_____ Du bist derjenige, der weg will, nur du!

_____ Ich will nicht weg, ich muss weg. Kapierst du das denn nicht?

_____ Dann hau doch ab. Reisende soll man nicht aufhalten.

_____ Du bist ein sturer Hund. Du bist es doch, der nur sich im Kopf hat.

_____ Du denkst an dein Vermögen, du denkst an deine schöne Wohnung, du denkst an Erna, na ja klar. Für dich wäre es am bequemsten, du wärst mich allein als Einzigen los.

_____ Jetzt hast du dich verraten. Erna! Immer wieder Erna.

_____ Dir geht es ja gar nicht um die Politik.

_____ Nein mir nicht, aber den Nazis, Idiot!

_____ Was meinst du, mit welcher Freude Herr Julius Streicher Leute wie mich in ein Arbeitslager stecken würde.

_____ Arbeitslager! Du leidest an Verfolgungswahn.

_____ Verfolgungswahn, na sag das noch mal!

_____ Es ist wegen meiner Mutter, die würde nie mitkommen. Schon gerade jetzt, wo es uns ein bisschen besser geht, wo es endlich so ist, wie mein Vater sich das immer erträumt hat: den Steinway-Flügel, die neue Wohnung.

_____ Die Frau ist gebrechlich, ich kann sie nicht alleine lassen.

_____ Nee morgen früh geht das Schiff. Wer dabei ist, ist dabei. Wer nicht, nicht. New York ist fast so schön wie Berlin.

:: 6 :: WORTSCHATZ

Ordnen Sie die passenden Ausdrücke aus dem Kasten zu. Lesen Sie den Dialog danach noch einmal.

der Einzelne _____

sich weigern _____

klipp und klar _____

fadenscheinige Gründe vorschieben _____

es geht um + _Akk._ _____

beeinflussen _____

kapieren, _ugs._[1] _____

abhauen, _ugs._ _____

sich verraten _____

der Verfolgungswahn _____

gebrechlich _____

[1]**ugs.** = umgangssprachlich

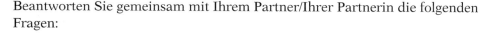

weggehen	etwas sagen, an dem man die Motive, die
nein sagen, etwas nicht tun, das verlangt wird	Gedanken erkennt
etwas tun oder sagen, damit der andere seine	man hat das starke Gefühl, dass man verfolgt
Meinung ändert	wird
es handelt sich um	das Individuum
Gründe angeben, die nichts wert sind	sie ist nicht sehr stark und gesundheitlich
verstehen	empfindlich
ganz klar	

:: 7 :: SEHEN DER SEQUENZ

Sehen Sie sich nun die Sequenz an und kontrollieren Sie.

- Wer hat was gesagt?
- Lesen Sie den Dialog nun mit Ihrem Partner/Ihrer Partnerin. Versuchen Sie die Intonation wie im gesehenen Gespräch nachzuspielen.

:: 8 :: FRAGEN BEANTWORTEN

Beantworten Sie gemeinsam mit Ihrem Partner/Ihrer Partnerin die folgenden Fragen:

- Worüber sprechen die beiden?
- Wer möchte in den USA bleiben und wer möchte nach Deutschland zurückgehen?
- Wie begründen die beiden ihre Standpunkte?
- Warum streiten die beiden?
- Was, denken Sie, wird Harry machen?
- Es geht in dieser Diskussion auch um Erna. Welche Beziehung hat Harry bzw. Bob zu ihr?
- Wie haben sich diese Beziehungen im Film entwickelt?
- Wie geht der Film Ihrer Meinung nach weiter?
- Wer wird in den USA bleiben, wer wird nach Deutschland zurückgehen?

Comedian Harmonists:
Filmsequenz 13–15

Dreizehnte Sequenz: Zurück in Deutschland

:: 1 :: HYPOTHESEN VERIFIZIEREN

Sehen Sie sich die folgende Sequenz an und beobachten Sie, welche Harmonisten nach Deutschland zurückkehren.

Filmsequenz
Sequenz: 13
Start: Die Comedian
  Harmonists bei der
  Vorbereitung auf die
  Rückreise
Stopp: Ankunft in
  Deutschland

musizieren
verlieren
ablehnen

:: 2a :: EINEN BRIEF LESEN

Die Comedian Harmonists beantragten die Aufnahme[1] in die
Reichsmusikkammer und erhielten 1935 den folgenden Brief.
Setzen Sie die Wörter aus dem Kasten in der richtigen Verbform
und Zeit in die Lücken.

> Aus dem Brief der Reichsmusikkammer
> Der Präsident der Reichsmusikkammer 22. Februar 1935
>
> Sehr geehrter Herr Robert Biberti,
>
> Sie werden hiermit auf Ihren Antrag als Mitglied der „Reichs-
> musikerschaft" in die Reichsmusikkammer aufgenommen. Die
> Aufnahme der drei nicht arischen Angehörigen der „Comedian
> 5 Harmonists" habe ich _____. Diese haben dadurch das Recht
> auf Berufsausübung _____. Damit ist Ihnen die Möglichkeit
> genommen, noch weiterhin mit diesen Nichtariern _____.

:: 2b :: ZUSAMMENFASSEN

Sagen Sie in einem Satz, was der Inhalt dieses Briefes ist.

Filmsequenz
Sequenz: 14
Start: Hinter der Bühne
    vor dem Konzert,
    als die Comedian
    Harmonists den Brief
    der Reichsmusikkammer
    erhalten
Stopp: Die Szene, in der
    Erna nach dem Konzert
    auf ihrem Platz weint

Vierzehnte Sequenz: Das letzte Konzert In dieser Sequenz bereiten sich
die Comedian Harmonists auf ein Konzert vor. Da bekommen sie den Brief der
Reichsmusikkammer, den Sie in Aufgabe 2 gelesen haben.

:: 3 :: WORTSCHATZ

Welche Begriffe passen zu den beiden Adjektiven *traurig* und *begeistert*? Notieren
Sie sie in der Tabelle.

gerührt   applaudieren   deprimiert
klatschen   stehende Ovationen   der Beifall
sich bedanken   weinen   der Applaus
bedrückt

traurig	begeistert

[1]**die Aufnahme beantragen** offiziell darum bitten, aufgenommen zu werden

:: 4 :: SEHEN DER SEQUENZ

Lesen Sie die Fragen, bevor Sie die 14. Sequenz sehen. Beantworten Sie die Fragen nach dem Sehen.

- Wie ist die Atmosphäre beim letzten Konzert?
- Warum spricht Harry zum Publikum?
- Wie reagieren die Zuschauer?
- Wie reagiert Erna, warum? Was denkt sie?
- Wie reagiert das Publikum, nachdem das Lied gesungen wurde?

:: 5 :: LIED: LÜCKENTEXT ERGÄNZEN

:: Der vollständige Liedtext befindet sich im Anhang des Buches.

Lesen Sie den Text des Liedes, das Sie im Film hören. Setzen Sie Wörter ein, die in den Kontext passen und sich reimen. Hören Sie dann zum Vergleich das Lied noch einmal und korrigieren Sie.

AUF WIEDERSEHN

Gib mir den letzten Abschieds_____,
weil ich dich heut' verlassen _____,
und sage mir auf Wiedersehn,
auf Wiedersehn, leb wohl.

5 Wir haben uns so heiß _____,
und unser Glück war nie _getrübt_,
drum sag' ich dir auf Wiedersehn,
auf Wiedersehn, leb wohl.

Ob du mir treu sein wirst,
10 sollst du mir nicht _____,
wenn man sich wirklich liebt,
stellt man nicht solche dummen _____.
Gib mir den letzten Abschieds_____,
weil ich dich heut' verlassen _____,
15 ich freu' mich auf ein Wiedersehn,
auf Wiedersehn, leb wohl.

Wir haben uns _____,
geliebt und heiß _____.
Es waren schöne Stunden,
20 die man nicht mehr _____.
Ein Märchen geht zu Ende,
drum reich mir deine kleinen _____.
Gib mir den letzten Abschieds_____, … (Refrain)

Fünfzehnte Sequenz: Das Ende

:: 6 :: HYPOTHESEN AUFSTELLEN

Besprechen Sie Folgendes mit Ihrem Partner/Ihrer Partnerin:

· Was, denken Sie, wird Erna tun?
· Wie geht der Film zu Ende?
· Wenn Sie der Regisseur wären, wie würden Sie die letzte Szene gestalten?

Machen Sie eine Zeichnung der letzten Szene und beschreiben Sie sie Ihren Kommilitonen/Kommilitoninnen.

:: 7 :: HYPOTHESEN VERIFIZIEREN

Sehen Sie sich das Ende des Films an und vergleichen Sie es mit Ihren Hypothesen aus Aufgabe 6. Was ist anders? Was ist gleich?

:: 8 :: DAS ENDE DES FILMS ZUSAMMENFASSEN

Übungsbuch
Einheit 4, Teil B

Beenden Sie die Sätze mit Relativsätzen. Benutzen Sie auch die folgenden Wörter: **sich trennen, verlassen, sich verabschieden, weggehen.**

BEISPIEL: Das Ensemble, *das sieben Jahre bestanden hat, trennt sich.*

a. Harry, _____

b. Erna, _____

c. Bob, _____

d. Erwin, Ari und Bob, _____

e. Harry, Roman und Erich, _____

Übungsbuch
Einheit 4, Teil B

STRUKTUREN Reflexive Verben

:: → :: **Filmhandlung zusammenfassen**

a. Lesen Sie den Text.

b. Suchen Sie alle reflexiven Verben heraus. Unterstreichen Sie diese und das entsprechende Reflexivpronomen.

c. Schreiben Sie alle Verben im Infinitiv auf.

d. Benutzen Sie die reflexiven Verben in sechs eigenen Sätzen zum Werdegang der Gruppe. Schreiben Sie diese aus Harrys Perspektive.

Robert Boberti ___stellte sich___ bei Harry Frommermann ___vor___, der eine Anzeige in die Zeitung gegeben hatte. Die anderen Mitglieder kamen im Laufe der Zeit dazu. Nach vielen Proben und einigen Misserfolgen gelang der Gruppe der große Durchbruch. Es entwickelte sich eine enge Beziehung zwischen den Mitgliedern, die nicht immer konfliktfrei war. 1935 erhielten die Comedian Harmonists einen Brief der Reichskulturkammer. In dem Brief handelte es sich darum, dass die Gruppe in der bestehenden Zusammensetzung nicht mehr existieren durfte. Die jüdischen Mitglieder der Gruppe fühlten sich in Deutschland nicht mehr sicher. Die Gruppe wurde in die USA eingeladen, aber sie konnte sich nicht entschließen, dort zu bleiben. Sobald sie sich wieder in Deutschland befanden, musste sich die Gruppe trennen. Erna entschloss sich am Ende des Films, mit Harry auszuwandern.

sich vorstellen _____   _____   _____

_____   _____

1. *Nachdem ich eine Anzeige in die Zeitung gesetzt hatte, stellten sich viele Sänger bei mir vor.* _____

2. _____

3. _____

4. _____

5. _____

6. _____

Weiterführende Aufgaben

:: 1 :: REFERATE HALTEN: NACH DER TRENNUNG

Die drei nicht arischen Mitglieder der Comedian Harmonists verließen 1935 Deutschland und gingen zunächst nach Wien. Wie geht die Geschichte der Comedian Harmonists weiter?

· Was ist aus dem Teil der Gruppe geworden, der ausgewandert ist?
· Was ist aus dem anderen Teil geworden?

Suchen Sie im Internet Informationen und stellen Sie diese graphisch dar. Präsentieren Sie dann Ihren Kommilitonen/Kommilitoninnen Ihre Informationen.

:: 2 :: AUFSATZ SCHREIBEN

Wählen Sie ein Thema und schreiben Sie in der *Ich*-Form im Präteritum.

:: a :: Sie sind einer der Comedian Harmonists. Erzählen Sie aus Ihrer Sicht von Ihrer Gruppe, Ihren Erfolgen, Konflikten, Ihren Schwierigkeiten mit dem Nazi-Regime und dem Ende der Gruppe.

:: b :: Sie sind Erna, erzählen Sie aus Ihrem Leben in Berlin zu der Zeit, als die Comedian Harmonists entstanden sind, als sie Erfolg hatten und von ihrem Ende. Erzählen Sie auch von Ihrer Beziehung zu Harry und Bob.

Grundwortschatz

:: VERBEN

auf•treten: er/sie/es tritt ... auf, trat ... auf, ist ... aufgetreten	to make a public appearance
bestimmen: er/sie/es bestimmt, bestimmte, hat ... bestimmt	to decide on, determine
boykottieren: er/sie/es boykottiert, boykottierte, hat ... boykottiert	to boycott
emigrieren: er/sie/es emigriert, emigrierte, ist ... emigriert	to emigrate
sich entschließen: er/sie/es entschließt sich, entschloss sich, hat sich ... entschlossen	to make up one's mind, resolve
entstehen: er/sie/es entsteht, entstand, ist ... entstanden	to originate
sich entwickeln: er/sie/es entwickelt sich, entwickelte sich, hat sich ... entwickelt	to develop
gründen: er/sie/es gründet, gründete, hat ... gegründet	to found, establish
klatschen: er/sie/es klatscht, klatschte, hat ... geklatscht	to clap, applaud
proben: er/sie/es probt, probte, hat ... geprobt	to rehearse, practice
sich trennen: er/sie/es trennt sich, trennte sich, hat sich ... getrennt	to split up, part company
sich verabschieden: er/sie/es verabschiedet sich, verabschiedete sich, hat sich ... verabschiedet	to say good-bye, take leave
verbieten: er/sie/es verbietet, verbot, hat ... verboten	to forbid, prohibit
verlassen: er/sie/es verlässt, verließ, hat ... verlassen	to leave, abandon
sich vor•stellen: er/sie/es stellt sich ... vor, stellte sich ... vor, hat sich ... vorgestellt	to introduce o.s.
weinen: er/sie/es weint, weinte, hat ... geweint	to cry, weep
sich wundern (über + *Akkusativ*): er/sie/es wundert sich, wunderte sich, hat sich ... gewundert	to be surprised (by), marvel (at)

:: NOMEN

der Abschied, -e	farewell, the act of saying good-bye
die Anzeige, -n	advertisement
der Applaus	applause
die Arbeitslosigkeit	unemployment
der Arier, -	Aryan; in the Third Reich the designation for the people who were supposed to rule the world
die Aufnahme, -n	admission (to an organization); recording
der Auftritt, -e	public appearance
die Beziehung, -en	relationship
die Bühne, -n	stage
das Dritte Reich	the Third Reich
das Ensemble, -s	group of artists (singers, actors, musicians, etc.) who perform together
der Erste Weltkrieg	the First World War
der Geburtsort, -e	birthplace
das Hakenkreuz, -e	swastika, hooked cross used as a symbol by the Nazis
der Jude, -n / die Jüdin, -nen	Jew
der Lebenslauf, die Lebensläufe	curriculum vitae, résumé
das Mitglied, -er	member (of an organization)
die Nachkriegszeit	the period after the war (especially World War II)
das Publikum	audience
die Tätigkeit, -en	activity; job
die Vorladung, -en	summons
die Weimarer Republik	the Weimar Republic
die Weltwirtschaftskrise	international economic crisis

:: ADJEKTIVE UND ADVERBIEN

arisch	Aryan, belonging to the Aryans
begeistert	enthusiastic(ally)
berühmt	famous
eifersüchtig	jealous(ly)
erfolgreich	successful(ly)
jüdisch	Jewish

:: ANDERE AUSDRÜCKE

in Kraft treten	to go into effect
außer Kraft setzen	to repeal (e.g., a law)
einen Antrag stellen	to apply (for s.th.)

Stationen der Geschichte

SCHWEIZ – DEUTSCHLAND – ÖSTERREICH

:: IN DIESER EINHEIT

Diese Einheit beschäftigt sich mit der Geschichte der drei deutschsprachigen Länder Deutschland, Österreich und Schweiz im 20. Jahrhundert. Sie werden lernen, dass ihre Geschichte eng miteinander verbunden ist und teilweise voneinander abhängt. Zum Vergleich wird die Geschichte der USA herangezogen.

EINHEIT

Wer die Enge
seiner Heimat ermessen will, reise.

Wer die Enge
seiner Zeit
ermessen will,
studiere Geschichte.

– Zitat von Kurt Tucholsky

Einstimmung auf das Thema

:: → :: LÄNDER ZUORDNEN

Lesen Sie die Liste von Ereignissen in den drei deutschsprachigen Ländern und den USA. Schreiben Sie in die rechte Spalte das Land/die Länder, in dem/denen dieses Ereignis stattgefunden hat. Benutzen Sie die internationalen Kurzformen: USA, D, CH und A. Viele Ereignisse passen zu mehreren Ländern!

	Ereignisse	Land
1914–1918	Erster Weltkrieg	D, A, USA
1918–1933	Weimarer Republik	
1929	Weltwirtschaftskrise	
1933	Hitlers Machtergreifung[1]	
1937	Friedensabkommen: Abkommen[2] über den Verzicht[3] auf Streiks	
1938	Anschluss[4] an Hitler-Deutschland	
1939–1945	Zweiter Weltkrieg	
1941	Pearl Harbor	
1942	Grenzsperre[5] für Flüchtlinge[6]	
1945	Beginn der Besatzungszeit[7] (Aufteilung in vier Besatzungszonen: amerikanisch, britisch, französisch, sowjetisch)	
1949	Ende der Besatzungszeit	
1949	Staatsgründung	
1955	Ende der Besatzungszeit	
1955	Staatsvertrag: Erklärung der Neutralität	
1961	Bau der Mauer	
1963	Besuch von JFK	
1981	Gleichstellung für Frauen und Männer	
1989	Fall der Mauer	
1990	Wiedervereinigung	

[1] **die Ergreifung** von ergreifen: nehmen [2] **das Abkommen** der Vertrag [3] **der Verzicht** wenn man etwas nicht macht, was man eigentlich gerne machen möchte [4] **der Anschluss** von sich anschließen: sich an etwas beteiligen [5] **die Grenze** imaginäre Linie, die zwei Länder trennt; **sperren** schließen [6] **der Flüchtling** jemand, der sein Land verlassen will oder muss [7] **die Besatzung** die Okkupation

Stationen der schweizerischen Geschichte

Hintergrundwissen

:: 1 :: VERMUTEN

Um welches der drei Länder Österreich, Schweiz oder Deutschland handelt es sich hier?

a. In diesem Land wird nicht gestreikt.

b. Dort gelten erst seit 1981 gleiche Rechte für Frauen und Männer.

c. Jeder Mann aus diesem Land ist ein Soldat.

d. Dieses Land ist neutral.

e. Hier gilt die direkte Demokratie.

Dieses Land heißt: _____

:: 2 :: ZUORDNEN

Ordnen Sie den fünf Erklärungen die Fakten aus Aufgabe 1 zu.
Schreiben Sie a–e hinter die Erklärungen.

1. Das Land beteiligt sich an keinem Krieg und bleibt politischen und militärischen Bündnissen fern[1]. _____d_____

2. Jeder Mann muss für 30 Jahre seines Lebens während einiger Wochen im Jahr Militärdienst leisten. _____

3. Es gibt keine Arbeitskämpfe zwischen Arbeitgebern und Gewerkschaften[2]. _____

4. Die Bürger können durch Referendum und Volksinitiative direkten Einfluss auf die Arbeit der Regierung nehmen. _____

5. Die traditionelle Rollenverteilung – die Frau zu Hause, der Mann am Arbeitsplatz – hielt sich hier länger als in anderen europäischen Ländern. _____

---

[1] **fernbleiben** sich nicht beteiligen   [2] **die Gewerkschaft** eine Organisation von Arbeitnehmern, die das Ziel hat, die Arbeitsbedingungen zu verbessern

Wortschatz

:: 3 :: BEGRIFFE EINSETZEN

Setzen Sie die Wörter im jeweiligen Kasten in den Text ein.

A. Die schweizerische Außenpolitik. Leitlinie der
schweizerischen Außenpolitik ist die _____ [1]. Die
Schweiz ist nicht _____ [2] der EU und erst seit 2002
UNO-Mitglied, obwohl zahlreiche UN-Organisationen
ihren _____ [3] in der Schweiz haben. Eine
NATO-Mitgliedschaft besteht nicht, wohl aber eine
sogenannte „Nato-Partnerschaft für den Frieden". Dazu wurde die Schweizer
_____ [4] Nato-kompatibel strukturiert und ausgerüstet.

> die Armee
> der Sitz
> die Neutralität
> das Mitglied

B. Die neue Lust am Streik. In der Schweiz wird nicht
gestreikt. Diesen Grundsatz kannte einst jedes Kind. 1937
war mit dem „Friedensabkommen" der Arbeitsfriede
zwischen _____ [5] und _____ [6] beschlossen worden.
Verständnislos wurden Meldungen quittiert, wonach
auf Italiens Flughäfen Chaos herrsche oder auf Pariser
Straßen der öffentliche Verkehr zum Stillstand gekommen sei. Diese Zeiten sind
passé. Seit Mitte der neunziger Jahre nimmt die Zahl der _____ [7] deutlich zu.
Im Vergleich mit anderen Ländern _____ [8] die Schweizer aber dennoch recht
wenig. (Quelle: www.nzz.ch, 10. Dezember 2006)

> der Arbeitgeber, -
> streiken
> die Gewerkschaft, -en
> der Streik, -s

C. Die Schweiz ist kein Arbeitsparadies für Frauen.
Erst 1971 wurde in der Schweiz das Stimm- und Wahlrecht
für Frauen eingeführt und 1981 wurde der Grundsatz der
_____ [9] für Frauen und Männer in die Bundesverfassung
aufgenommen. Statistisch weist die Schweiz heute für
Frauen eine hohe _____ [10] aus, fast schon wie in
Skandinavien. Allerdings arbeitet die Mehrheit der Frauen
nur _____ [11]. Auf der _____ [12] sind sie selten zu finden. Außerdem liegt der
weibliche _____ [13] 20 % tiefer als jener für Männer. (Quelle: www.swissinfo.ch, 8.
Oktober 2007)

> die Chefetage
> die Teilzeit
> die Erwerbsquote
> die Gleichstellung (die
>   Gleichberechtigung)
> der Durchschnittslohn

D. Die Schweizer Armee. Die Armee der Schweiz
ist keine _____ [14]. Jeder männliche in der Schweiz
wohnhafte Schweizer Bürger muss _____ [15] leisten.
Männer werden zwischen 19 und 25 Jahren für den
Militärdienst rekrutiert. _____ [16] können freiwillig
der Armee beitreten. Wer körperlich fit ist, aber keinen Militärdienst leisten will,
kann _____ [17] beantragen. Die Grundausbildung der Soldaten dauert zwischen
18 und 21 Wochen. Danach finden jährlich dreiwöchige Wiederholungskurse statt.
Die _____ [18] werden zu Hause aufbewahrt. Ein Missbrauch findet trotzdem nur
sehr selten statt.

> die Waffe, -n
> die Berufsarmee
> der Militärdienst
> die Frau, -en
> der zivile Ersatzdienst

E. Das schweizerische Regierungssystem. Die
Schweiz ist weder eine rein parlamentarische noch eine
präsidiale ﹍﹍﹍﹍[19]. Ein Hauptcharakteristikum des
Regierungssystems ist die direkte Demokratie. Die Bürger
können durch ﹍﹍﹍﹍[20] und ﹍﹍﹍﹍[21] direkten
Einfluss auf die Arbeit der Regierung nehmen. Alle Teile der ﹍﹍﹍﹍[22] sollen in
den politischen Prozess involviert und ihre Wünsche berücksichtigt werden.

die Volksinitiative
die Volksabstimmung
die Bevölkerung
die Demokratie

Politische Rede
Hören • Auszüge aus der Rede
„Frauenerfolge: gestern – heute – morgen"

Die Politikerin Micheline Calmy-Rey hat diese Rede am 14. Juni 2003 gehalten.
Sie werden hier einen kurzen Auszug hören.

Frauenstreiktag
am 14. Juni 1991

:: 1 :: HYPOTHESEN AUFSTELLEN

In der Rede geht es um den Frauenstreiktag am 14. Juni 1991. Notieren Sie Ihre
Vermutungen und besprechen Sie sie dann mit Ihrem Partner/Ihrer Partnerin.

Wer hat gestreikt? ﹍﹍﹍﹍﹍﹍﹍﹍﹍﹍﹍﹍﹍﹍﹍

Wofür? ﹍﹍﹍﹍﹍﹍﹍﹍﹍﹍﹍﹍﹍﹍﹍﹍﹍﹍﹍

Hören Sie den Auszug aus der Rede und notieren Sie alle Informationen, die Sie zum Frauenstreiktag bekommen. Vergleichen Sie anschließend im Plenum.

Die Rede befindet sich auf der *Anders gedacht Instructor's Audio CD.*

:: Ein Transkript der Rede befindet sich im Anhang des Buches.

—————— Wortschatz zur Rede ——————

unerhört (etwas Unerhörtes) unglaublich, skandalös

verpönt gesellschaftlich nicht akzeptiert; belächelt

die Bilanz das Resultat

das Lob nette Worte

WIR HELFEN IMMER DEN ANDERN – AB JETZT HELFEN WIR UNS SELBST

Transparent zum Frauenstreiktag

Lesen Sie die folgenden Begriffe aus der Rede. Ordnen Sie jedem Begriff (Spalte A) eine Erklärung aus Spalte B zu.

Spalte A

*k*___ 1. der Arbeitsfriede

_____ 2. die Gleichstellung

_____ 3. das Frauenstimmrecht

_____ 4. die Verfassung

_____ 5. auf dem Papier

_____ 6. in Taten

_____ 7. das traditionelle Rollenmuster

_____ 8. die Lohngleichheit

_____ 9. die Kinderkrippe

_____ 10. die Teilzeitstelle

_____ 11. die Hausarbeit

Spalte B

a. theoretisch

b. ein Kindergarten, aber für jüngere Kinder

c. die Frau zu Hause, der Mann bei der Arbeit

d. praktisch

e. das Kochen, das Putzen, die Kindererziehung, …

f. alle verdienen gleich viel

g. man arbeitet z.B. nur 50 % oder 75 %

h. Dokument, das die Rechte der Bürger regelt

i. die Frauen dürfen wählen

j. es gibt keine Unterschiede

k. Arbeitgeber und Arbeitnehmer haben eine gute Beziehung, es gibt keine Konflikte

Lesen Sie zuerst die Fragen. Hören Sie dann die Rede noch einmal und beantworten Sie die Fragen.

1. Was haben die Frauen am 14. Juni 1991 gemacht? _____

2. Warum war das unerhört? _____

3. Wofür haben sie gestreikt? _____

4. Welches Gesetz hat die Schweizer Regierung 20 Jahre vor diesem Streik eingeführt? _____

5. Welches Gesetz hat die Regierung 10 Jahre vor diesem Streik eingeführt? _____

6. Was hatten die Frauen bis 1991 erreicht? _____

7. Wie viele Frauen haben an dem Streik teilgenommen? _____

8. Hat der Streik von 1991 die Gleichstellung gebracht? _____

Übungsbuch
Einheit 5, Teil A

:: 5 :: MEINUNG ÄUSSERN

Besprechen Sie die Fragen in einer Gruppe und machen Sie Notizen. Präsentieren Sie Ihre Antworten im Plenum.

Übungsbuch
Einheit 5, Teil A

Hilfreiche Wörter

der Arbeitgeber, -	die Arbeitsbedingung, -en
der Arbeitnehmer, -	das Gehalt, die Gehälter[2]
kündigen[1]	der Arbeitsplatz,
der Kündigungsschutz	die Arbeitsplätze

[1]**kündigen** sagen, dass man für diesen Arbeitgeber nicht mehr arbeiten möchte [2]**das Gehalt** das Geld, das man verdient

- Halten Sie den Streik für sinnvoll? Warum (nicht)?
- Finden in Ihrem Land viele Streiks statt? Wer streikt? Wofür?
- Sind Sie der Meinung, dass ein Streik geeignet ist, um ein Ziel zu erreichen?

:: 6 :: WEITERFÜHRENDE FRAGEN

Diskutieren Sie die Fragen in Kleingruppen. Vergleichen Sie dann im Plenum.

a. Warum hat sich möglicherweise die traditionelle Rollenverteilung – die Frau zu Hause, der Mann am Arbeitsplatz – in der Schweiz länger als in anderen europäischen Ländern gehalten?

b. Wodurch und wann hat sich die Situation der Frauen in Ihrem Land geändert?

:: 7 :: REFERATE HALTEN

Wählen Sie eins der Themen aus. Halten Sie ein Referat darüber.

- die Geschichte der Frauenbewegung in der Schweiz
- die Schweiz und die Neutralität
- die Armee der Schweiz
- das Friedensabkommen zwischen Gewerkschaften und Arbeitgebern von 1937
- das politische System der Schweiz

:: 8 :: DISKUSSION

Diskutieren Sie über eins der folgenden Themen.

- Die Schweizer Armee: Ist es nicht zu gefährlich, die Waffen zu Hause aufzubewahren?
- Neutralität: Kann man wirklich neutral sein und ist das erstrebenswert[1]?
- Volksabstimmungen: Halten Sie Referenden für sinnvoll?

---

[1]**erstrebenswert** wünschenswert

Das Reichstagsgebäude

Die deutsche Geschichte des vorigen Jahrhunderts lässt sich gut am Beispiel eines Gebäudes erzählen, das schon so einiges „erlebt" hat: das Reichstagsgebäude in Berlin.

:: 1 :: VORWISSEN SAMMELN

Sprechen Sie im Kurs über die folgenden Punkte. Notieren Sie alle Informationen, die Sie über den Reichstag haben, an der Tafel.

- Wer von Ihnen war schon einmal in Berlin? Was haben Sie dort besichtigt?

- Haben Sie auch den Reichstag besucht? Wie gefällt er Ihnen?

- Beschreiben Sie den Reichstag. Wie sieht er aus?

- Was wissen Sie über die Geschichte des Reichstags?

Lesen • Detailverständnis

:: 2 :: DIE GESCHICHTE DES REICHSTAGS KENNENLERNEN

Die folgenden Bilder (1–11) und Textabschnitte (A–K) geben Ihnen einen Überblick über die Geschichte des Reichstagsgebäudes.

:: a :: **Bildern Texte zuordnen** Ordnen Sie die Textabschnitte auf Seite 169 den Bildern auf Seite 168 zu.

Ullstein – ullsteinbild / The Granger Collection, NY

Bild 1,
Textabschnitt *B*

Wolfgang Volz / Laif / Redux Pictures

Bild 2,
Textabschnitt _____

Edmund Kasperski / Landesarchiv

Bild 3,
Textabschnitt _____

Landesarchiv Berlin

Bild 4,
Textabschnitt _____

Landesarchiv Berlin

Bild 5,
Textabschnitt _____

ullsteinbild / The Granger

Bild 6,
Textabschnitt _____

Landesarchiv Berlin

Bild 7,
Textabschnitt _____

Sorsche / Jaeger / AP Images

Bild 8,
Textabschnitt _____

Ullstein-Giribus / The Granger

Bild 9,
Textabschnitt _____

Ullstein-ullsteinbild / The Granger Collection, NY

Bild 10,
Textabschnitt _____

Bert Sass / Landesarchiv Berlin

Bild 11,
Textabschnitt _____

A. Der Bundestag entschied sich für das Projekt der Künstler Christo und Jeanne-Claude, das Reichstagsgebäude für zwei Wochen in gewebtem Kunststoff[1] zu verhüllen[2]. Vom 23. Juni bis zum 6. Juli 1995 präsentierte sich der Reichstag dem Betrachter in matt schimmernder[3] „Verpackung".

B. Am 9. November 1918, nach dem Zusammenbruch des Kaiserreiches, rief Philipp Scheidemann von dem Balkon des Reichstagsgebäudes die Weimarer Republik aus.

C. Aus Protest gegen die Blockade und gegen die Spaltung[4] Berlins durch die Sowjetunion kam es am 9. September 1948 zur berühmten Demonstration von 350 000 Menschen vor dem Reichstagsgebäude.

D. Am 30. Januar 1933 wurde Hitler zum Reichskanzler ernannt. Der Reichstagsbrand[5] am Abend des 27. Februar desselben Jahres bedeutete das Ende der parlamentarischen Demokratie in Deutschland.

E. Nach einer Bauzeit von zehn Jahren fand am 5. Dezember 1894 die Schlusssteinlegung[6] des Reichstagsgebäudes durch Kaiser Wilhelm II. statt.

F. Das nationalsozialistische Regime führte Deutschland und Europa in die Katastrophe des Zweiten Weltkrieges. Als die Sowjetflagge am Ende des Krieges, 1945, auf einem der Ecktürme des Reichstagsgebäudes gehisst[7] wurde, war die Niederlage[8] des Deutschen Reiches besiegelt.

G. Durch den Bau der Mauer am 13. August 1961 wurde Berlin geteilt. Über Jahrzehnte verlief die Grenze entlang dem Reichstagsgebäude.

H. Am 19. April 1999 wurde das nach Plänen von Sir Norman Foster umgebaute Reichstagsgebäude vom Deutschen Bundestag übernommen. Die gläserne Kuppel, Wahrzeichen[9] des Gebäudes, ist auch für Besucher begehbar.

I. Am 9. Juni 1884 legte Kaiser Wilhelm I. den Grundstein[10] für das Reichstagsgebäude. Mit dem Bau sollte dem Deutschen Reichstag, der bislang nur provisorisch untergebracht[11] war, endlich ein eigenes Zuhause gegeben werden.

J. Am 4. Oktober 1990, einen Tag nach der Vereinigung, fand die erste Sitzung[12] des gesamtdeutschen Bundestages im Reichstagsgebäude statt. Bundestagspräsidentin Rita Süssmuth hielt die Eröffnungsansprache[13].

K. Mit dem Zusammenbruch der SED-Führung als Folge von Massendemonstrationen wurde das Ende der DDR eingeleitet. „Mauerspechte"[14], wie an der Grenzmauer in der Ebertstraße hinter dem Reichstagsgebäude, entnahmen Stücke der Mauer, die am 9. November 1989 endgültig gefallen war.

---

[1] **Kunststoff** ein Material, das künstlich hergestellt wird   [2] **verhüllen** einpacken   [3] **schimmern** scheinen   [4] **die Spaltung** die Teilung   [5] **der Brand** das Feuer   [6] **die Schlusssteinlegung** die Fertigstellung   [7] **die Flagge hissen** die Flagge hochziehen   [8] **die Niederlage** *Nomen zu* verlieren; der Misserfolg   [9] **das Wahrzeichen** das Symbol; *hier:* man erkennt das Gebäude an der gläsernen Kuppel   [10] **der Grundstein** der erste Stein eines Gebäudes, die Basis   [11] **unterbringen** für kurze Zeit ein Zuhause geben   [12] **die Sitzung** das Meeting   [13] **die Ansprache** die Rede   [14] **der Mauerspecht** Ein Specht ist ein Vogel, der mit seinem Schnabel in den Baum hackt; Mauerspechte sind Menschen, die mit Werkzeug, einem Hammer beispielsweise, in die Mauer gehackt und Stücke herausgenommen haben.

Übungsbuch
Einheit 5, Teil B

:: b :: **Bilder beschreiben** Beschreiben Sie jetzt in chronologischer Reihenfolge, was Sie auf jedem Bild auf Seite 168 sehen. Benutzen Sie dabei den Genitiv.

Bild	Beschreibung
6	*Das Bild zeigt die Grundsteinlegung des Reichstagsgebäudes.*
4	
1	
5	
10	
7	
11	
3	
8	
2	
9	

Übungsbuch
Einheit 5, Teil B

STRUKTUREN Das Passiv

:: a :: **Passivsätze finden** Suchen Sie aus den Textabschnitten alle Sätze heraus, die im Passiv geschrieben sind, notieren Sie sie hier und unterstreichen Sie die Passiv-Struktur. Insgesamt sind es sechs Sätze.

1. *Am 30. Januar 1933 <u>wurde</u> Hitler zum Reichskanzler <u>ernannt</u>.*
2. _____
   _____
3. _____
   _____
4. _____
   _____
5. _____
   _____
6. _____
   _____

Regeln notieren   Sehen Sie sich die Sätze aus Aufgabe A an. Notieren Sie die Regeln für das Passiv. Schreiben Sie die Wörter aus dem Kasten in die Lücken.

die Form von **werden**	werden
Endposition	zwei
Partizip II (2x)	zweiter Position

- Das Passiv besteht aus _____¹ Teilen:
  1. aus einer Form des Verbs _____² und
  2. einem _____³.
- Die Form des Verbs **werden** steht an _____⁴, das Partizip II steht in _____⁵.
- Steht das Passiv im Nebensatz, stehen beide Teile der Passiv-Struktur am Ende des Nebensatzes: zuerst steht _____⁶ und dann _____⁷.

Verbformen ergänzen   Vervollständigen Sie die Tabelle.

DAS VERB *WERDEN* IM PRÄSENS UND PRÄTERITUM

Person	Präsens	Präteritum
ich	werde	wurde
du		
er/sie/es		
wir		
ihr		
sie/Sie		

Das Passiv Perfekt bilden Die Perfekt-Form von **werden** ist: Ich **bin ...** **geworden**. Im Passiv sieht diese Form ein bisschen anders aus: Ich **bin ... worden**. Die passive Perfekt-Form verliert also das Präfix **ge**.

BEISPIEL: Am 30. Januar 1933 **ist** Hitler zum Reichskanzler **ernannt worden**.

:: 3 :: PASSIV-SÄTZE BILDEN

Verwandeln Sie die folgenden Aktiv-Sätze ins Passiv. Achten Sie auf die richtige Zeit! Wichtig: Die Präposition **von** benutzt man, wenn eine Person handelt, sonst benutzt man **durch**. Sehr oft wird die handelnde Person aber auch weggelassen, sie wird nur dann erwähnt, wenn sie wichtig ist.

> BEISPIEL: Die Mauer teilte Berlin in zwei Hälften.
>
> *Berlin wurde (durch die Mauer) in zwei Hälften geteilt.*

> BEISPIEL: Sir Norman Foster baut das Reichstagsgebäude um.
>
> *Das Reichstagsgebäude wird (von Sir Norman Foster) umgebaut.*

a. Er macht die Kuppel für Besucher begehbar.

b. Rita Süssmuth eröffnet 1990 im Reichstag die erste Sitzung des gesamtdeutschen Bundestages.

c. 1989 öffneten friedliche Demonstrationen die Mauer.

d. Kaiser Wilhelm I. legte 1884 den Grundstein für das Reichstagsgebäude.

e. Man beendete den Bau des Reichstagsgebäudes 1894.

f. 1933 setzte man das Reichstagsgebäude in Brand.

Übungsbuch
Einheit 5, Teil B

:: 4 :: ZUSAMMENFASSEN

Fassen Sie die Geschichte des Reichstages zusammen. Benutzen Sie die Informationen von Seite 169. Schreiben Sie Sätze in der Reihenfolge der Jahreszahlen. Benutzen Sie das Passiv im Präteritum. Die mit *reg.* gekennzeichneten Verben bilden das Partizip II regelmäßig.

BEISPIEL:

1. beginnen – begonnen
   1884 wurde mit dem Bau des Reichstagsgebäudes begonnen.

2. fertigstellen (*reg.*)
   1894

3. ausrufen – ausgerufen

   1918 _____

   _____

4. a. ernennen – ernannt

   1933 _____

   _____

   b. in Brand setzen (*reg.*)

   1933 _____

   _____

5. hissen (*reg.*)

   1945 _____

   _____

6. demonstrieren (*reg.*)

   1948 _____

   _____

7. bauen (*reg.*)

   teilen (*reg.*)

   1961 _____

   _____

8. a. beenden (das DDR-Regime) (*reg.*)

   1989 _____

   _____

   b. entnehmen – entnommen

   _____

   _____

9. verpacken (*reg.*)

   1995 _____

   _____

10. einweihen[1] (*reg.*)

   1999 _____

   _____

---

[1]**einweihen** eröffnen; *auch:* **eine Wohnung einweihen** Freunde einladen und mit ihnen feiern, dass man eine neue Wohnung hat

:: 1 :: ASSOZIOGRAMME ZU ÖSTERREICH UND IHREM LAND ERSTELLEN

Was fällt Ihnen ein, wenn Sie an Österreich denken? Erstellen Sie mit Ihrem Partner/Ihrer Partnerin ein Assoziogramm zu Österreich.

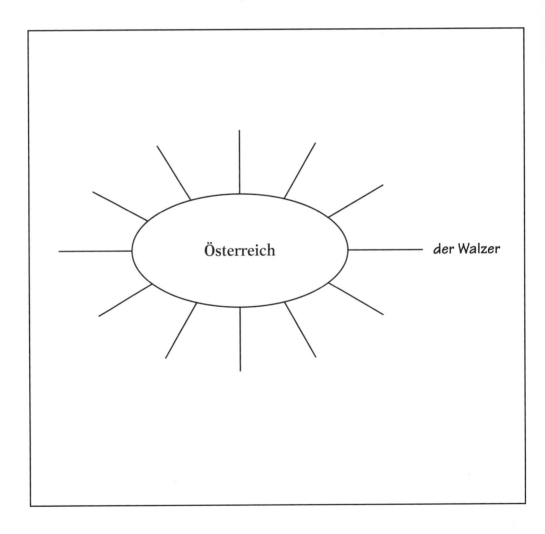

Erstellen Sie nun ein Assoziogramm zu Ihrem Land.

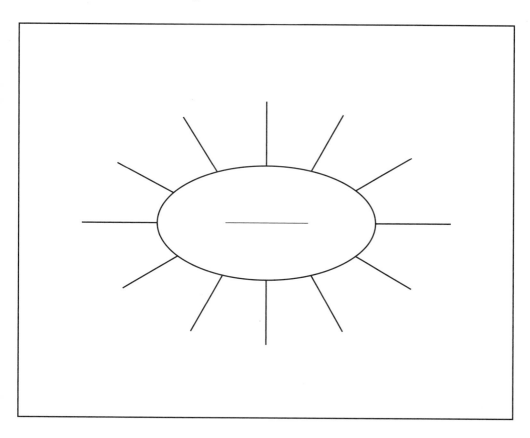

:: 2 :: WORTSCHATZ: BEGRIFFE ERKLÄREN

Erklären Sie die Begriffe, schlagen Sie sie eventuell in einem Lexikon nach.

das Klischee: _____

das Stereotyp: _____

die Mentalität: _____

das Vorurteil: _____

Schwarzer Peter von Peter Henisch

Der Roman *Schwarzer Peter* von Peter Henisch ist im Jahr 2000 erschienen. In den folgenden Auszügen lernen Sie den jungen Protagonisten Peter kennen, der während der Nachkriegszeit in Wien aufgewachsen ist.

Lesen • Detailverständnis

 :: 1 :: ROMANAUSZUG TEIL I LESEN UND HÖREN

Der Hörtext befindet sich auf der *Anders gedacht* Instructor's Audio CD.

Bei dem folgenden Auszug handelt es sich um den Beginn des Romans.

:: a :: Sehen Sie sich zunächst den Romantitel an. Woran denken Sie? Was assoziieren Sie mit dem Titel?

Übungsbuch Einheit 5, Teil C

:: b :: Lesen Sie den ersten Teil des Auszugs und überlegen Sie, wer der Erzähler in diesem Roman sein könnte. Wie stellen Sie sich ihn vor?

:: c :: Danach hören Sie Peter Henisch, der den Auszug für Sie liest.

 :: d :: Überlegen Sie mit Ihrem Partner/Ihrer Partnerin, warum der Erzähler meint, dass er nicht so aussieht, als käme er aus Wien.

- Wie sieht er wohl aus? Welche Hinweise dazu gibt es im Text?
- Wie alt ist der Erzähler?
- Wer ist wohl die Mutter des Erzählers, wer sein Vater?
- Warum mag er wohl den Donauwalzer nicht?

SCHWARZER PETER (TEIL I)
von Peter Henisch

Sie werden lachen, aber ich komme aus Wien. Auch wenn ich möglicherweise nicht ganz so aussehe. Vienna. Austria. Europe. Ob Sie es glauben oder nicht. Ich bin dort geboren und habe meine ersten dreißig Jahre dort verbracht.

5 An der schönen blauen Donau? Das weniger. Also erstens ist die Donau gar nicht blau. Und zweitens fließt sie ja eher an Wien vorbei. Den Donauwalzer werden Sie also von mir nicht zu hören bekommen. Seien Sie mir nicht böse, aber das ist nicht meine Musik.

Was wirklich durch Wien fließt, ist der Donaukanal. Der kleinere
10 ordinärere Bruder der Donau. Er nimmt seinen Weg von der Nussdorfer Schleuse, wo er sehr bewusst aus der Donau entlassen[1] wird, bis zum sogenannten Praterspitz, wo er, schon fast vergessen, in sie zurückkehrt. Über diesen Donaukanal würde kein Mensch einen Walzer schreiben.

Quelle: Peter Henisch, *Schwarzer Peter*, Residenz Verlag, Salzburg und Wien, 2000, S. 7

---

[1]**entlassen** *hier:* er geht in eine andere Richtung

:: 2 :: ROMANAUSZUG TEIL II LESEN

Der zweite Teil handelt unter anderem von einem Spielzeugschiffchen, das der Erzähler als Kind im Donaukanal verloren hatte.

:: a :: Lesen Sie den zweiten Teil des Textes. Überlegen Sie, was dieses Schiffchen und das Wasser symbolisieren könnten. Welche Bedeutung hat wohl das Schwarze Meer?

SCHWARZER PETER (TEIL II)

In einer meiner frühesten Erinnerungen sehe ich mich … , am Ufer [des Donaukanals] sitzen, ein Spielzeugschiff, das stromabwärts will, am Bindfaden. Das Schiff ist aus Holz, roh geschnitzt, ungefähr zwanzig Zentimeter lang, unlackiert. …

5 Das Ende der Schnur, die ich in der Hand halte, schlängelt sich[1] wie ein blasser Wurm, im erbsensuppenfarbenen Wasser, und das Holzschiffchen fährt, für meine Augen kleiner und kleiner werdend, davon. …

Natürlich ist nicht auszuschließen[2], dass mein Schiff in die große Donau geraten ist. Am Donaukanalufer scheint es, obwohl dort viele Sträucher
10 ihre Zweige mit mattsilbernen[3] Blättern ins Wasser tauchten, so weit ich stromabwärts gesucht habe, jedenfalls nicht hängen geblieben zu sein. Nach dieser vergeblichen[4] Suche waren meine Beine von Brennnesseln[5] verbrannt, von Socken, Hose und Hemd pflückte meine Mutter, als ich verweint nach Hause kam, ganze Klumpen von Kletten. Schneuz
15 dich, sagte sie, wenn dein Schiff unten am Praterspitz in die Donau geschwommen ist, so ist es jetzt unterwegs ins Schwarze Meer. …

Dass meine Mutter das Schiffchen, an dem meine Seele hing, in einem schwarzen Meer landen lassen wollte, schien mir indes nicht unpassend[6]. Vage stellte ich mir vor, das schwarze Meer sei in Afrika. Und von dort,
20 aus einem großen Teich, kamen, so hatte mir die Großmutter erzählt, zwar alle Kinder, aber solche wie ich besonders.

Quelle: Peter Henisch, *Schwarzer Peter*,
Residenz Verlag, Salzburg und Wien, 2000, S. 7–8

---

[1]**sich schlängeln** eine Schlange schlängelt sich, wenn sie sich bewegt   [2]**es ist nicht auszuschließen** es ist möglich   [3]**mattsilbern** silber, aber nicht glänzend   [4]**vergeblich** erfolglos   [5]**die Brennnessel** eine Pflanze, die die Haut irritiert, wenn man die Blätter berührt   [6]**es schien mir nicht unpassend** es schien mir passend, treffend, genau richtig

:: b :: **Ihre Gedanken zu Teil II** Sprechen Sie mit Ihrem Partner/Ihrer Partnerin: Was denken Sie über den letzten Satz des von Ihnen gelesenen Teiles? Warum kommen Kinder wie er aus dem Schwarzen Meer? Warum erzählte die Großmutter ihm wohl diese Geschichte?

Der Hörtext befindet sich auf der *Anders gedacht* Instructor's Audio CD.

:: 3 :: ROMANAUSZUG TEIL III LESEN UND HÖREN

Der dritte Teil handelt von der Großmutter und der Kindheit des Erzählers in Wien. Lesen Sie jetzt den dritten Teil des Auszugs. Besprechen Sie wieder mit Ihrem Partner/Ihrer Partnerin die Fragen.

Übungsbuch
Einheit 5, Teil C

· Was erfahren wir über die Großmutter?
· Warum findet die Mutter, dass das Bilderbuch *Zehn kleine Negerlein* ein blödes Buch ist?
· In welcher Zeit hat Peter seine Kindheit in Wien verbracht?

SCHWARZER PETER (TEIL III)

Die Großmutter war tot – als sie noch gelebt hatte, hatte sie mir viele Geschichten erzählt. Ab und zu hatte sie auch ihre Brille aufgesetzt und mir vorgelesen. Zum Beispiel aus dem Bilderbuch, in dem zehn kleine Negerlein immer weniger werden, bis nur mehr eins bleibt.
5 Aber meine Mutter hatte gemeint, das sei ein blödes Buch und hatte es weggeworfen.

Da kannte ich aber die Verse schon lange auswendig. Wenn meine Mutter nicht zu Hause war, spielte meine Großmutter die Melodie dazu auf dem Klavier. Dieses Klavier hatte sie in den strengen Frostwintern nach dem
10 Krieg zwar manchmal verheizen[1] wollen. Jetzt aber war sie froh, dass sie das nicht getan hatte.

Vom Krieg war in meiner Kindheit noch viel die Rede. *Vor* dem Krieg / *nach* dem Krieg – der Krieg war vergangen und doch gegenwärtig. Viele Väter waren *im Krieg geblieben*. Der meine auch, behauptete meine
15 Großmutter, aber diese Geschichte war kompliziert.

Quelle: Peter Henisch, *Schwarzer Peter*,
Residenz Verlag, Salzburg und Wien, 2000, S. 8–9

---

[1]**verheizen** Holz zum Heizen verbrennen, sodass man sich wärmen kann

Übungsbuch
Einheit 5, Teil C

Der vierte Teil handelt von dem Ehemann von Peters Mutter. Lesen Sie den Text und konzentrieren Sie sich beim Lesen auf die folgenden Aspekte:

- Welche Informationen gibt der Auszug über Ferdl (Ferdinand), den Mann von Peters Mutter?
- Ist er der leibliche[1] Vater von Peter?
- Welche Beziehung hat Peter zu Ferdl?

SCHWARZER PETER (TEIL IV)

Sprach sie von meinem Vater, so meinte sie den mit meiner Mutter durch eine sogenannte Ferntrauung[1] verbundenen Mann. Dessen Bild, das eines unter seiner Mütze unsicher lächelnden Wehrmachtsoldaten, war eines Tages von unserem Nachtkästchen im Kabinett verschwunden. Und was
5 ist, fragte die Oma, wenn der Ferdl[2] doch noch heimkommt? Sei still, pflegte meine Mutter auf diese Frage zu antworten, der kommt nimmer.

Seine späte Heimkehr hat die Großmutter nicht mehr erlebt. Er und ich fuhren dann manchmal mit geliehenen Fahrrädern durch die Prater-Au* und versuchten einander kennenzulernen. Bis ans Ende der Praterinsel fuhren
10 wir, dorthin, wo Donaukanal und Donau wieder zusammenfließen. Bis an den Praterspitz, eben jenes Kap, von dem aus mein Schiffchen, wenn ich meiner Mutter glauben wollte, schnurstracks[3] ins Schwarze Meer geschwommen war.

Das war damals ein Ort von ganz eigenartiger, leicht entrückter[4] Atmosphäre. Ein Ort, an dem man angelangt, man die Welt, in der man
15 sonst umherlief, (jedes Mal wenn ich hinkam machte ich aufs Neue diese Erfahrung) ein bisschen hinter sich ließ. Nebeneinander saßen wir auf den öligen Steinen, die den Auslauf der Landzunge bedeckten, das Wasser vor uns kreiste[5] in kleinen, trichterförmigen Strudeln, flussabwärts blickend, hatte man das Gefühl von bereits hier, im Ziehen des Stromes
20 vorhandener Ferne[6]. Nein, sagte da der Mann, dessen Familiennamen ich immerhin trug, ich kann wirklich nicht finden, dass du mir besonders ähnlich siehst, aber wir sollten einfach so tun, als wär nichts[7].

---

[1]**die Ferntrauung** die Ehe wurde geschlossen, obwohl einer der Ehepartner nicht anwesend (in der Ferne) war
[2]**Ferdl** Name; österreichische Kurzform für Ferdinand   [3]**schnurstracks** auf direktem Weg   [4]**entrückt** magisch
[5]**kreisen** kleine Kreise machen   [6] **im Ziehen des Stromes vorhandene Ferne** durch das Betrachten des Flusses denkt man an die Ferne   [7]**so tun, als wär nichts** vorgeben, dass alles in Ordnung, „normal" ist

*Der „Prater" ist ein Park an der Donau in Wien.

---

[1]**leiblich** natürlich

Sagt es und spuckt ins bleigrau fließende Wasser. Denn wie gesagt ist die Donau nicht blau, nicht einmal an sonnigen Tagen. Diesen Tag habe ich als sonnig in Erinnerung, obwohl die Sonne, wie meistens in Wien, etwas blass war. Deine Mutter, sagt Ferdinand, ist keine schlechte Frau, wir sollten ihr nicht bös sein.

Quelle: Peter Henisch, *Schwarzer Peter*, Residenz Verlag, Salzburg und Wien, 2000, S. 9–10

:: 5 :: IHRE GEDANKEN ZUM TEXT ÄUSSERN

Beantworten Sie die Fragen.

- Warum war das Bild von Ferdl eines Tages vom Nachtkästchen verschwunden?
- Warum meint der „Vater": „Wir sollten so tun, als wär' nichts."?
- Was, denken Sie, meint der Erzähler, wenn er sagt, dass die Donau nicht blau ist?
- Warum hat der Erzähler diesen Tag als sonnig in Erinnerung?
- Was meint er damit, wenn er sagt, dass die Sonne in Wien etwas blass war?
- Warum sollten Ferdinand und Peter der Mutter nicht böse sein?
- Was erfahren wir über Peters Mutter?

:: 6 :: ROMANAUSZUG TEIL V HÖREN: WAS MUTTER ERZÄHLT

Der Hörtext befindet sich auf der *Anders gedacht Instructor's Audio CD*.

:: Ein Transkript dieses Hörtextes befindet sich im Anhang des Buches.

In diesem Hörtext bekommen Sie Informationen über Peters leiblichen Vater. Es liest wieder Peter Henisch. Konzentrieren Sie sich beim Hören darauf, was die Mutter über Peters leiblichen Vater sagt. Kreuzen Sie die zutreffenden Informationen an.

- ☐ nett, freundlich, höflich
- ☐ war sehr groß und sah sehr gut aus
- ☐ fuhr mit einem Jeep
- ☐ brachte Zigaretten und Nylonstrümpfe
- ☐ schenkte Kindern Kaugummi
- ☐ liebte Jazz
- ☐ schenkte ihr Rosen
- ☐ konnte Polka tanzen
- ☐ schenkte ihr weißen Flieder
- ☐ konnte Boogie tanzen
- ☐ spielte in einer Band
- ☐ konnte Walzer tanzen
- ☐ spielte *Old Man River* auf dem Klavier
- ☐ spielte den Klavierauszug aus dem Forellenquintett
- ☐ liebte Peters Mutter
- ☐ hatte schöne Hände
- ☐ hatte lange Finger
- ☐ war sehr elegant

Weiterführende Aufgaben

∷ 7 ∷ DIE AUSZÜGE ZUSAMMENFASSEN

Schreiben Sie Sätze im Perfekt. Entscheiden Sie jeweils, ob Sie den Satz im Aktiv oder im Passiv konstruieren müssen.

Übungsbuch
Einheit 5, Teil C

Erinnerung:
Im Aktiv-Satz ist das Subjekt aktiv, im Passiv-Satz ist das Subjekt passiv.

BEISPIEL: Peter / geboren werden / in Wien

Peter ist in Wien geboren worden.

a. er / aufwachsen / auch / dort

b. er / aufziehen / von / seiner Mutter und seiner Großmutter

c. als Kind / spielen / er / gern / mit / Holzschiffen

d. eines Tages / sitzen / Peter / am Ufer / des Donaukanals / als / wegspülen / sein Schiffchen / vom Wasser

e. er / traurig / sein / und / von / seiner Mutter / trösten

f. sie / sagen / ihm / dass / das Schiff / ins Schwarze Meer / spülen

g. seine Großmutter / erklären / ihm / dass / besonders Kinder wie er / kommen / aus dem Schwarzen Meer

h. später / er / kennenlernen / seinen Vater / zumindest / den Mann / der / ihm / als sein Vater / vorstellen / oder

i. es / sein / allerdings / klar / dass / dieser Mann / nicht / sein / sein leiblicher Vater

_____

_____

j. es / sein / so klar / dass / darüber / nicht diskutieren / müssen

_____

_____

 :: 8 :: ROLLENSPIEL

Bereiten Sie mit Ihrem Partner/Ihrer Partnerin ein Rollenspiel vor. Einer/Eine übernimmt die Rolle von Peter, der/die andere die seiner Großmutter. Benutzen Sie die Informationen aus den gelesenen Auszügen. Spielen Sie es dann der Klasse vor.

Themen

Peters leiblicher Vater	Peters Mutter
das Schiff und das Schwarze Meer	die zehn kleinen Negerlein
der Krieg	Ferdinand, der Mann von Peters Mutter

 :: 9 :: INFORMATIONEN ZUM AUTOR RECHERCHIEREN

Suchen Sie im Internet Informationen über den Autor Peter Henisch und berichten Sie anschließend in der Klasse.

R. Öhner

Der Schriftsteller Peter Henisch

Geschichtlicher Hintergrund

In den folgenden Aufgaben werden Sie sich mit wichtigen Ereignissen der österreichischen Geschichte des 20. Jahrhunderts befassen und die Zusammenhänge zwischen historischen Ereignissen und dem Roman *Schwarzer Peter* entdecken.

:: 1 :: VORWISSEN SAMMELN

Was wissen Sie über die Zeit in Österreich nach dem Zweiten Weltkrieg?

_____

_____

_____

:: 2 :: BEGRIFFE EINSETZEN

Lesen Sie den Text und ergänzen Sie die fehlenden Begriffe aus dem Kasten.

der letzte fremde Soldat	Spezialwaffen (= Atomwaffen)
die Minderheitsrechte	Anschlussverbot
österreichische Identität	159 Mil. Dollar Reparationen
den alliierten Siegermächten	Zweiten Weltkrieg
der Staatsvertrag	nationalsozialistische Organisationen

Österreich und die Nachkriegszeit

Österreich wurde nach dem _____ [1] in vier Besatzungszonen aufgeteilt: eine amerikanische, eine britische, eine französische und eine russische. Am 15.5.1955 wurde _____ [2] beschlossen, der immer während Neutralität für Österreich erklären sollte. Dieser Vertrag wurde nach langen Verhandlungen zwischen Österreich und _____ [3] geschlossen. Am 26.10.1955 zog _____ [4] ab und die Souveränität Österreichs wurde wieder hergestellt. Seit 1965 ist der 26. Oktober Nationalfeiertag. Im Staatsvertrag steht, dass Österreich keine _____ [5] ankaufen darf, dass Österreich _____ [6] an Deutschland hat, _____ [7] verboten sind und dass _____ [8] für Kroaten und Slowenen eingehalten werden sollen. Österreich musste an die Sowjetunion bis 1965 _____ [9] zahlen. Die anderen Alliierten verzichteten darauf. Meinungsumfragen haben ergeben, dass für die meisten Österreicher Staatsvertrag und Neutralität wesentlich für ihre _____ [10] sind.

:: 3 :: BEGRIFFE ERKLÄREN

:: a :: Der österreichische Schriftsteller Peter Handke schrieb 1981: „Ich liebe Österreich … nicht, denn ein Land kann man nicht lieben, höchstens Menschen." Was meinen Sie dazu? Kann man ein Land lieben? Begründen Sie Ihre Meinung.

:: b :: Denken Sie über die Begriffe nach. Besprechen Sie Bedeutung und Unterschiede genauer in einer Kleingruppe. Sie können auch in einem Lexikon nachschlagen.

Identität

Land

Staatsangehörigkeit

Nation

 :: 4 :: REFLEKTIEREN

Arbeiten Sie in Kleingruppen und überlegen Sie, was die Passagen, die Sie aus dem Roman *Schwarzer Peter* gelesen haben, über die Begriffe Land, Identität, Nation und Staatsangehörigkeit aussagen. Betrachten Sie den Titel des Romans genauer und kommentieren Sie ihn.* Wie werden die anderen Charaktere (die Mutter, die Großmutter und Ferdinand) in diesen Passagen dargestellt und wie reagieren sie auf Peter? Wie sieht er sich selbst?

:: 5 :: AUFSATZ SCHREIBEN

Im Buchumschlag des Romans *Schwarzer Peter* von Peter Henisch steht die folgende Beschreibung:

> „Peter. Nicht völlig schwarz, aber schwarz genug. Etwas zu schwarz
> für die Verhältnisse[1], in die er hineingeboren ist. Ende 1946. Als
> Sohn einer Wiener Schaffnerin[2] und eines amerikanischen Soldaten.
> Herumgestreunt[3] am Donaukanal, dem kleineren ordinäreren Bruder der
> 5 Donau. Gelandet am Mississippi, am Klavier in einer Pianobar erzählt
> er seine Geschichte vom Etwas-anders-sein. Erzählt aus einer etwas
> anderen Perspektive … "

[1]**das Verhältnis** *hier:* die Zeit [2]**die Schaffnerin** Person, die z.B. in der Straßenbahn Fahrkarten verkauft und kontrolliert [3]**herumstreunen** herumlaufen, herumhängen

Was, denken Sie, erzählt der Protagonist des Romans am Klavier der Pianobar am Mississippi über sein Leben und sein Anderssein? Schreiben Sie einen Aufsatz aus Peters Perspektive.

:: 6 :: REFERATE HALTEN

Wählen Sie eins der Themen. Halten Sie ein Referat darüber.

• die Nachkriegszeit in Österreich
• die Beziehung zwischen Österreich und Deutschland vor dem Krieg

---

*„Schwarzer Peter" ist ein Kartenspiel für Kinder. Es sollen immer zwei zueinander passende Bildkarten gefunden werden. Eine Karte bleibt am Ende übrig, die Karte heißt „Schwarzer Peter", für sie gibt es keine passende zweite Karte. Wer diese Karte hat, hat verloren.

Zusammenfassung

:: → :: **Schreiben**   Schreiben Sie eine kurze Zusammenfassung über die geschichtlichen Ereignisse, über die Sie in dieser Einheit etwas gelernt haben. Gehen Sie folgendermaßen vor.

:: a :: **Vorbereitung auf das Schreiben**   Vervollständigen Sie die Tabelle. Einige der Nomen finden Sie in der Zeitleiste auf Seite 160. Schauen Sie im Wörterbuch nach, wenn Sie etwas nicht wissen.

Übungsbuch
Einheit 5, Teil C

Verben	Präteritum	Nomen
beginnen	*begann*	*der Beginn*
enden		
teilnehmen an		
sich beteiligen		
sich ereignen		
ergreifen		
sich anschließen		
verzichten		
sperren		
eintreten		
aufteilen		
unterzeichnen		
erklären		
bauen		
besuchen		
fallen		
gleichstellen		
wiedervereinigen		

:: b :: **Schreiben**   Verwandeln Sie die Zeitleiste von Seite 160 mit Hilfe der Verben und Nomen aus Aufgabe a in einen Text. Benutzen Sie dazu Ausdrücke wie **zur gleichen Zeit, etwas später, früher, erst, schon** und **während**.

Schreiben Sie im Präteritum. Achten Sie genau darauf, welche Sätze das Aktiv und welche das Passiv brauchen.

> BEISPIEL: 1914 begann der Erste Weltkrieg, an dem sowohl Deutschland und Österreich als auch die USA teilnahmen. Nur die Schweiz, die neutral ist, beteiligte sich nicht.

Grundwortschatz

:: VERBEN

sich an•schließen: er/sie/es schließt sich ... an, schloss sich ... an, hat sich ... angeschlossen	to join; to endorse
auf•teilen: er/sie/es teilt ... auf, teilte ... auf, hat ... aufgeteilt	to divide up
beenden: er/sie/es beendet, beendete, hat ... beendet	to end, finish, complete
sich beteiligen (an + *Dativ*): er/sie/es beteiligt sich, beteiligte sich, hat sich ... beteiligt	to participate (in)
ein•treten: er/sie/es tritt ... ein, trat ... ein, ist ... eingetreten	to enter (e.g. a room); to join (e.g. an organization)
sich ereignen: er/sie/es ereignet sich, ereignete sich, hat sich ... ereignet	to happen, occur
ergreifen: er/sie/es ergreift, ergriff, hat ... ergriffen	to seize
gleich•stellen: er/sie/es stellt ... gleich, stellte ... gleich, hat ... gleichgestellt	to equate; to put s.o./s.th. on the same level as s.o./s.th. else; to give equal rights to
sperren: er/sie/es sperrt, sperrte, hat ... gesperrt	to block (e.g. access, road)
streiken: er/sie/es streikt, streikte, hat ... gestreikt	to be on strike, go on strike
unterzeichnen: er/sie/es unterzeichnet, unterzeichnete, hat ... unterzeichnet	to sign
verzichten (auf + *Akkusativ*): er/sie/es verzichtet, verzichtete, hat ... verzichtet	to do without, refrain (from)
wiedervereinigen: er/sie/es wiedervereinigt, wiedervereinigte, hat ... wiedervereinigt	to reunify

:: NOMEN

die Alliierten (*Plural*)	the Allies, countries allied against Germany in World Wars I and II
der Arbeitgeber, -	employer
die Armee, -n	armed forces; army
die Besatzung	occupation (of a country or region)
die Bevölkerung	population
das Ereignis, -se	event, occurrence
der Flüchtling, -e	refugee
die Gewerkschaft, -en	labor union
die Gleichberechtigung	equal rights
die Gleichstellung	equality, equal rights
die Grenze, -n	border, boundary
das Jahrhundert, -e	century
das Klischee, -s	cliché
die Mentalität, -en	mentality
der Militärdienst	military service
die Neutralität	neutrality
die Rede, -n	speech, address
das Referendum, die Referenden/Referenda	referendum
die Regierung, -en	government, administration
das Stereotyp, -e	stereotype
der Streik, -s	strike
die Waffe, -n	weapon
die Wiedervereinigung	reunification

:: ADJEKTIVE UND ADVERBIEN

neutral	neutral

:: ANDERE AUSDRÜCKE

der Bau/Fall der Mauer	the construction/fall of the (Berlin) Wall
Militärdienst leisten	to do military service

Umgang mit der Vergangenheit

FORMEN DER VERGANGENHEITSBEWÄLTIGUNG

:: IN DIESER EINHEIT

Vergangenheitsbewältigung, also der Versuch die Zeit des Nationalsozialismus aufzuarbeiten, begann mit der Studentenrevolte 1968 und hat die jüngere deutsche Kultur stark geprägt. Das Thema hat Politiker, Intellektuelle, Künstler und viele andere auf unterschiedliche Weise zur Auseinandersetzung mit dieser Zeit veranlasst. In dieser Einheit werden Sie Ergebnisse dieser Auseinandersetzung kennenlernen.

6

EINHEIT

EINHEIT

KZ-Gedenkstätte Mauthausen, Österreich

Einstimmung auf das Thema

:: 1 :: VORWISSEN SAMMELN

Sammeln Sie an der Tafel Ihr Wissen über die deutsche Vergangenheit nach 1945.
Die Bilder können Ihnen bei der Erinnerung helfen.

Ullstein-ullsteinbild/The Granger Collection, NY

1

Ullstein-ullsteinbild/The Granger Collection, NY

2

Ullstein-Archiv Gerstenberg/The Granger Collection, NY

3

Begriffsklärung

:: 2 :: BEGRIFF ERKLÄREN

Bearbeiten Sie die Aufgaben.

- Schlagen Sie zunächst im Wörterbuch das Wort **Bewältigung** oder **bewältigen** nach.

> **Redemittel**
>
> ... bedeutet ...
> Das Wörterbuch gibt folgende
>   Synonyme für ...
> Im Wörterbuch steht ...

- Versuchen Sie den Begriff **Vergangenheitsbewältigung** zu erklären und zeitlich einzuordnen. Begründen Sie Ihre Meinung. Was muss/soll bewältigt werden?
- Wer muss Ihrer Meinung nach etwas bewältigen? Opfer[1] oder Täter[2]?

---

[1]**das Opfer** jemand, dem etwas Böses angetan wurde   [2]**der Täter** jemand, der die böse Tat begangen hat und jemanden zu einem Opfer gemacht hat

„Vergangenheitsbewältigung" – Eine Karikatur von Walter Hanel

Mit einer Karikatur arbeiten

Vergangenheitsbewältigung

„Vergangenheitsbewältigung" von Walter Hanel, 1980

Walter Hanel/FAZ

[1] **das Lebewesen** etwas, das lebt   [2] **das Weltall** das Universum   [3] **brandschatzen** in Brand setzen und Besitz wegnehmen

:: 1 :: KARIKATUR DEUTEN

Sehen Sie sich die Karikatur an und lesen Sie die Sprechblase[1]. Diskutieren Sie mit Ihrem Partner/Ihrer Partnerin. Erzählen Sie, was Sie auf dem Bild sehen. Wann könnte die Szene spielen? Wer sind die Personen? Was hat die Person links vielleicht vorher gesagt oder gefragt?

:: 2 :: SÄTZE BILDEN

Warum antwortet die Person rechts in der Karikatur auf diese Weise? Schreiben Sie Sätze mit **anstatt … zu, ohne … zu** und **um … zu**.

Übungsbuch
Einheit 6, Teil A

> **Redemittel**
>
> aufarbeiten
> nachdenken über
> schuldig
> die Schuld/Mitschuld/Kollektivschuld
> wegsehen
> (sich) rechtfertigen[1]
> verharmlosen[2]
> etwas kritisch betrachten
> reflektieren
> etwas entschuldigen
> etwas zugeben[3]
>
> ---
>
> [1] **sich rechtfertigen** sich verteidigen, eine Entschuldigung finden
> [2] **verharmlosen** etwas, das sehr ernst ist, als nicht ernst darstellen
> [3] **etwas zugeben** etwas eingestehen; ehrlich sagen, dass man etwas falsch gemacht hat

BEISPIELE: *Anstatt der Wahrheit ins Gesicht zu sehen, verharmlost der*
Mann die Ereignisse.
Ohne seine Mitschuld zu reflektieren, …
Um nicht …

---

[1] **die Sprechblase** der geschriebene Teil in einer Zeichnung/Karikatur, der zeigt, wer was sagt

:: 3 :: ZIELE DER KARIKATUR FORMULIEREN

Die Karikatur hat den Titel „Vergangenheitsbewältigung". Was ist das Ziel dieser Karikatur?

BEISPIEL: Das Ziel dieser Karikatur ist es, zu …

Diese Karikatur soll/will/möchte …

Redemittel

Kritik üben an (+ *Dativ*)
kritisieren
provozieren
konfrontieren

:: 4 :: DER KARIKATUR ADJEKTIVE ZUORDNEN

Lesen Sie die Adjektive im Kasten. Suchen Sie die Adjektive heraus, die Ihrer Meinung nach den Satz „Diese Karikatur ist …" beenden können. Begründen Sie Ihre Wahl.

kritisch
zynisch
interessant
provokativ
kreativ
witzig
treffend
subtil
ironisch
sarkastisch
traurig
naiv

Gesten der Vergangenheitsbewältigung: Willy Brandts Kniefall und das Jüdische Museum in Berlin

Willy Brandts Kniefall im Jahr 1970 ist ein Beispiel für einen sehr wichtigen Versuch der deutschen Wiedergutmachung. Auch ein Versuch der Vergangenheitsbewältigung sind die jüdischen Museen in Deutschland.

Referate halten

:: 1 :: INFORMATIONEN SUCHEN UND ZU EINEM REFERAT VERARBEITEN

Halten Sie ein Referat über dieses Bild. Suchen Sie Informationen darüber im Internet.

Ullstein-dpa/The Granger Collection, NY

Willy Brandt kniet am Denkmal des Warschauer Ghettos, 7. Dezember 1970

Berichten Sie in Ihrem Referat über die folgenden Punkte:

- Was waren wichtige Stationen im Leben von Willy Brandt?
- Welche politische Funktion hatte er zum Zeitpunkt des Kniefalls?
- Bei welcher Gelegenheit machte er den Kniefall und warum?
- Wie reagierte die Öffentlichkeit auf diese Geste?

:: 2 :: INFORMATIONEN SUCHEN UND ZU EINEM REFERAT VERARBEITEN

In Berlin gibt es seit 2001 ein neues jüdisches Museum, das von dem bekannten Architekten Daniel Libeskind konzipiert wurde. Halten Sie ein Referat über das Museum, insbesondere über seine Konzeption und deren Bedeutung. Suchen Sie Informationen darüber im Internet.

Ullstein-Schöning/The Granger Collection, NY

Jüdisches Museum Berlin

„Todesfuge" von Paul Celan

Der 1920 geborene Paul Celan schrieb 1945 das Gedicht „Todesfuge", es wurde 1948 veröffentlicht. Es wird als das bekannteste deutsche Nachkriegsgedicht angesehen.

Ullstein-Heinz Köster/The Granger Collection, NY

Paul Celan

Lesen • Global- und Detailverständnis

:: 1 :: TITEL ANALYSIEREN

Konzentrieren Sie sich zunächst auf den Titel. Sehen Sie im Wörterbuch nach, was eine Fuge ist. Woher kommt der Begriff? Celan gab dem Gedicht den Titel *Todesfuge*. Vermuten Sie, was der Inhalt des Gedichtes sein könnte.

:: 2 :: GEDICHT LESEN

Lesen Sie das Gedicht und vervollständigen Sie in Gruppen die Tabelle. Notieren Sie vorerst nur Informationen, die tatsächlich im Gedicht stehen, interpretieren Sie noch nicht! Berichten Sie dann im Plenum.

Was wissen Sie über „wir"? Wir …	Was wissen Sie über den Mann? Der Mann …
trinken schwarze Milch.	*wohnt im Haus.*
…	…

Das von Paul Celan gelesene Gedicht befindet sich auf der *Anders gedacht Instructor's Audio CD.*

TODESFUGE

Schwarze Milch der Frühe wir trinken sie abends
wir trinken sie mittags und morgens wir trinken sie nachts
wir trinken und trinken
wir schaufeln[1] ein Grab[2] in den Lüften da liegt man nicht eng
5 Ein Mann wohnt im Haus der spielt mit den Schlangen[3] der schreibt
der schreibt wenn es dunkelt nach Deutschland dein goldenes Haar Margarete
er schreibt es und tritt vor das Haus und es blitzen[4] die Sterne er pfeift[5] seine Rüden[6] herbei
er pfeift seine Juden hervor läßt schaufeln ein Grab in der Erde
er befiehlt[7] uns spielt auf nun zum Tanz

10 Schwarze Milch der Frühe wir trinken dich nachts
wir trinken dich morgens und mittags wir trinken dich abends
wir trinken und trinken
Ein Mann wohnt im Haus der spielt mit den Schlangen der schreibt
der schreibt wenn es dunkelt nach Deutschland dein goldenes Haar Margarete
15 Dein aschenes[8] Haar Sulamith wir schaufeln ein Grab in den Lüften da liegt man nicht eng

Er ruft stecht[9] tiefer ins Erdreich[10] ihr einen ihr andern singet und spielt
er greift[11] nach dem Eisen im Gurt[12] er schwingts seine Augen sind blau
stecht tiefer die Spaten[13] ihr einen ihr andern spielt weiter zum Tanz auf
Schwarze Milch der Frühe wir trinken dich nachts
20 wir trinken dich mittags und morgens wir trinken dich abends
wir trinken und trinken
ein Mann wohnt im Haus dein goldenes Haar Margarete
dein aschenes Haar Sulamith er spielt mit den Schlangen

---

[1]**schaufeln** graben [2]**das Grab** Tote sind in einem Grab [3]**die Schlange** langes dünnes Tier, das oft gefährlich ist [4]**blitzen** leuchten, scheinen [5]**pfeifen** mit den Lippen einen Ton machen [6]**der Rüde** männlicher Hund [7]**befehlen** sagen, was andere Leute machen müssen [8]**aschen** die Farbe von Asche; grau [9]**stechen** schaufeln, graben [10]**das Erdreich** die Erde [11]**greifen** nehmen [12]**der Gurt** der Gürtel; Band aus Leder [13]**der Spaten** ein Gerät, mit dem man Löcher schaufelt

Er ruft spielt süßer den Tod der Tod ist ein Meister[14] aus Deutschland
25 er ruft streicht[15] dunkler die Geigen[16] dann steigt ihr als Rauch[17] in die Luft
dann habt ihr ein Grab in den Wolken da liegt man nicht eng

Schwarze Milch der Frühe wir trinken dich nachts
wir trinken dich mittags der Tod ist ein Meister aus Deutschland
wir trinken dich abends und morgens wir trinken und trinken
30 der Tod ist ein Meister aus Deutschland sein Auge ist blau
er trifft[18] dich mit bleierner[19] Kugel[20] er trifft dich genau
ein Mann wohnt im Haus dein goldenes Haar Margarete
er hetzt[21] seine Rüden auf uns er schenkt uns ein Grab in der Luft
er spielt mit den Schlangen und träumet der Tod ist ein Meister aus Deutschland

35 dein goldenes Haar Margarete
dein aschenes Haar Sulamith

—von Paul Celan

---

[14] **der Meister** eine Person, die etwas besonders gut kann; der Beste   [15] **die Geige streichen** die Geige spielen   [16] **die Geige** die Violine
[17] **der Rauch** wenn etwas verbrennt, sieht und riecht man den Rauch, auch z.B. bei einer Zigarette   [18] **treffen** *hier:* auf jemanden schießen
[19] **bleiern** aus Blei (sehr hartes chemisches Element)   [20] **die Kugel** ein kleiner Ball; in einem Gewehr oder in einer Pistole sind Kugeln
[21] **die Hunde auf jemanden hetzen** den Hunden befehlen, jemanden zu attackieren

:: 3 :: FRAGEN BEANTWORTEN

Besprechen Sie im Plenum die Fragen.

Wer sind **wir**?
Welchen Beruf hat der Mann?
Wo sind **wir** und der Mann?

:: 4 :: MIT DEM INTERNET ARBEITEN

Suchen Sie im Internet Informationen über das Leben Paul Celans. Berichten Sie im Plenum.

:: 5 :: DEN INHALT UNTERSUCHEN

Markieren Sie Begriffe, die im Gedicht oft vorkommen: z.B. **schwarz** und **Milch**. Setzen Sie die Liste der wiederkehrenden Ausdrücke und ihrer Bedeutung fort. Berichten Sie anschließend im Plenum.

Begriff	allgemeine Bedeutung	Bedeutung im Gedicht
schwarz	Farbe	tödlich, als Gegensatz zu weiß
Milch	...	...

:: 6 :: MIT DEM INTERNET ARBEITEN

Gehen Sie nun wieder ins Internet. Dort finden Sie Erklärungen zu den verschiedenen Elementen des Gedichtes. Berichten Sie im Plenum über die Bedeutung der Gedichtelemente. Vergleichen Sie die Erklärungen mit Ihrer eigenen Interpretation. Stimmen Sie den Erklärungen zu?

> **Redemittel**
>
> ... symbolisiert ...
> ... ist eine Metapher für ...
> ... steht für ...
> ... bedeutet ... / ... könnte ... bedeuten.
> ... stellt ... dar. (*Infinitiv:* darstellen)
> ... bezieht sich auf ...
> ... ist eine Provokation.

Weiterführende Aufgaben

:: 7 :: DISKUSSION

Diskutieren Sie in der Gruppe.

- Versuchen Sie, nachdem Sie das Gedicht besser kennengelernt haben, noch einmal den Titel „Todesfuge" zu erklären.
- Welche Paradoxe werden hier dargestellt?
- Welche Bilder sind Ihrer Meinung nach besonders stark, welche Bedeutung haben sie?

:: 8 :: MÜNDLICH STELLUNG NEHMEN

Reflektieren Sie über das Gedicht: Schreiben Sie Ihre Gedanken auf und bereiten Sie eine kurze mündliche Stellungnahme vor, die Sie dann Ihren Kommilitonen/ Kommilitoninnen vorstellen.

Film: *Deutschland, bleiche Mutter* von Helma Sanders-Brahms

In diesem Abschnitt sehen Sie den Film *Deutschland, bleiche Mutter* von Helma Sanders-Brahms, einer der international bekanntesten deutschen Regisseurinnen. Die Erzählerin reflektiert ihre Kindheit und die eigenen familiären Beziehungen vor dem historischen Hintergrund der nationalsozialistischen Herrschaft und der Nachkriegszeit in Deutschland. Außerdem beschäftigen Sie sich mit einem Gedicht von Bertolt Brecht und einem Märchen der Brüder Grimm, da beide in diesem Film vorkommen.

„Deutschland" von Bertolt Brecht

Der Film *Deutschland, bleiche Mutter* beginnt mit dem Gedicht „Deutschland" von Bertolt Brecht.

Lesen • Globalverständnis

:: 1 :: LÜCKEN ERGÄNZEN

:: Das vollständige Gedicht befindet sich im Anhang des Buches.

Im Folgenden lesen Sie die erste und die letzte Strophe des Gedichtes. Einige Wörter fehlen. „Schreiben" Sie nun, unter Berücksichtigung Ihres Vorwissens, Ihr eigenes Gedicht „Deutschland", indem Sie die Lücken füllen.

> DEUTSCHLAND
>
> *Mögen andere von ihrer _____ sprechen,*
> *ich spreche von der meinen.*
>
> O Deutschland, _____ Mutter!
> Wie sitzest du _____
> 5 unter den Völkern.

Unter den _____
fällst du auf[1].
…
10 O Deutschland, _____ Mutter!
Wie haben deine Söhne dich zugerichtet[2]
Daß du unter den Völkern sitzest
Ein _____ oder eine _____!

—von Bertolt Brecht

Aus: Bertolt Brecht, *Die Gedichte von Bertolt Brecht in einem Band*,
Suhrkamp: Frankfurt am Main, 1993, S. 487–488

---

[1] **auffallen** anders sein/aussehen   [2] **etwas/jemanden zurichten** etwas Schlimmes mit etwas/jemandem machen

:: 2 :: GEDICHTE VORTRAGEN

Lesen Sie jetzt im Kurs einige Versionen des Gedichtes vor.

:: 3 :: DAS ORIGINAL LESEN

Lesen Sie nun im Anhang des Buches, was Bertolt Brecht geschrieben hat.
Vergleichen Sie Ihr Gedicht mit dem Original.

:: 4 :: GEDICHT ZEITLICH EINORDNEN

Vermuten Sie, wann das Gedicht geschrieben wurde.
Begründen Sie Ihre Meinung. Benutzen Sie die Redemittel.

> **Redemittel**
> Vermutlich …
> Wahrscheinlich …
> Möglicherweise …

Weiterführende Aufgabe

:: 5 :: REFERAT HALTEN

Bertolt Brecht ist einer der wichtigsten deutschen Autoren des 20. Jahrhunderts.
Seine Gedichte beinhalten oft kritische Perspektiven von Politik und Gesellschaft.
Suchen Sie im Internet oder in der Bibliothek Informationen über Leben und
Werk von Bertolt Brecht. Halten Sie dann im Kurs ein Referat.

Deutschland, bleiche Mutter

Einstimmung auf den Film

 :: 1 :: EIN ZITAT AUS EINER FILMBESCHREIBUNG LESEN

Welche wichtigen Informationen gibt Ihnen die folgende Filmbeschreibung?
Lesen Sie sie mit Ihrem Partner/Ihrer Partnerin und fassen Sie sie zusammen.

EINE FILMBESCHREIBUNG

Ein Film von Helma Sanders-Brahms, BRD 1980
Helma Sanders-Brahms' autobiografische Darstellung der Beziehung
ihrer Eltern ist auch das Porträt zweier Menschen, denen der Krieg
keine Zeit ließ, einander kennenzulernen. *Deutschland, bleiche Mutter*
gehört zu den intimsten einer Reihe von Filmen, in denen Frauen der
5 ersten Nachkriegsgeneration sich aus der Perspektive von unten mit der
deutschen Geschichte und ihren Eltern, insbesondere ihren Müttern,
auseinandergesetzt haben.

Quelle: Reclams Lexikon des Deutschen Films, hrsg. Thomas Kramer,
Stuttgart: Reclam, 1995, S. 73

:: 2 :: BILD BESCHREIBEN

Sehen Sie sich das Bild unten an und beschreiben Sie die Situation. Wann könnte
das passiert sein? Was könnte vorher passiert sein? Was sagen die Menschen auf
dem Bild? Wie könnte es weitergehen?

Westdeutscher Rundfunk/The Kobal Collection

Szene aus dem Film
Deutschland, bleiche Mutter

Im Film wird auf die folgenden sieben Zeitabschnitte und geschichtlichen Ereignisse eingegangen.

1. die Zeit vor dem Zweiten Weltkrieg

2. Enteignung[1] jüdischen Besitzes, Massenpogrome gegen Juden, Reichskristallnacht (1938)

3. Beginn des Zweiten Weltkrieges mit Angriff[2] auf Polen (1939)

4. die Zeit während des Zweiten Weltkrieges (1939–1945)

5. Ende des Krieges

6. Wiederaufbau[3]

7. wirtschaftlicher Aufschwung[4]

Im Off[5] hört man immer wieder die kommentierende Stimme der Erzählerin Anna, die über ihre Eltern (Lene und Hans) und über ihre persönlichen Eindrücke spricht. Lesen Sie, was Anna im Film sagt, und vermuten Sie zu welchen Aussagen von Anna (a–j) welcher Zeitabschnitt (1–7) passen könnte.

_____ **a.** „Von dir habe ich schweigen gelernt – Muttersprache."

_____ **b.** „So schickten sie dich (Vater) zum Menschen töten. Das konntest du nicht, aber wer kann das schon?"

_____ **c.** „Es ist wahr, du hast es nicht gewollt, aber du hast es auch nicht verhindert."

_____ **d.** „Als sie mich von dir abschnitten, Lene, fiel ich auf ein Schlachtfeld[6]. Was ich noch gar nicht sehen konnte, war schon kaputt."

_____ **e.** „Nach dem Ende der Wohnstuben wurdest du fidel. Da ging es uns erst richtig gut, nachdem alles hin war[7]."

_____ **f.** „Zu Fuß nach Berlin – auf hohen Absätzen. Landstreicher[8], Lene und ich. Lene und ich, ich und Lene mitten im Krieg."

_____ **g.** „Was sollte ich mit einem Vater anfangen? Ich wollte lieber mit Lene eine Hexe sein, in den Trümmerfeldern[9]."

_____ **h.** „Lene, was sollten wir vom Frieden erwarten? Am Anfang das Aufräumen machte noch Spaß. Die Steine, die wir klopften[10], wurden zu Häusern zusammmengebaut, die noch schlimmer waren als vorher. Lene, wenn wir das gewusst hätten."

_____ **i.** „Das war die Wiederkehr der Wohnstuben. Da ging der Krieg von innen los, als draußen Frieden war."

_____ **j.** „Ich bin nicht verheiratet. Das habe ich von euch verlernt[11]."

---

[1]**die Enteignung** wenn einem alles weggenommen wird   [2]**der Angriff** die Attacke   [3]**der Wiederaufbau** die Zeit, in der alles, was zerstört wurde, wieder aufgebaut wird   [4]**der wirtschaftliche Aufschwung** wenn die Wirtschaft wieder sehr gut funktioniert   [5]**im Off** nicht vor der Kamera   [6]**das Schlachtfeld** das Feld, auf dem Soldaten kämpfen   [7]**hin sein** kaputt sein   [8]**der Landstreicher** jemand, der durch die Welt zieht, ohne ein Zuhause zu haben   [9]**das Trümmerfeld** ein Teil einer Stadt, der zerstört wurde; es liegen z.B. Steine darauf   [10]**Steine klopfen** Nach Kriegsende wurden die Trümmer (Steine) in die richtige Größe geschlagen, sodass man sie wieder zum Häuserbauen verwenden konnte.   [11]**verlernen** etwas, das man einmal konnte, vergessen; man kann es jetzt nicht mehr

Filmsequenz
Sequenz: 1
Start: Beginn des Films
Stopp: Nachdem er Anna
  gesehen hat, geht Hans
  wieder an die Front.
Länge: circa 1 Stunde

Die erste Filmsequenz sehen Wir lernen die Hauptfiguren kennen: Hans, Ulrich, Lene und Hanne. Hans und Lene heiraten, er muss in den Krieg, Anna wird geboren, Hans muss wieder in den Krieg ziehen.

:: 4 :: EREIGNISSE NUMMERIEREN

Sehen Sie sich die erste Filmsequenz an und nummerieren Sie anschließend die Ereignisse bzw. Szenen gemäß der Handlung im Film.

_____ Hans wird zum Kriegsdienst gezwungen.

_____ Hochzeit

_____ Annas Geburt

_____ Hans muss nach Frankreich.

_____ Vorstellung: Lene, Hanne

_____ in der Badewanne

_____ Rachel Bernstein, eine Freundin von Hanne, wird von den Nazis deportiert.

____*1*___ Vorstellung: Hans, Ulrich

_____ Ulrichs Entschluss zu heiraten

_____ Hans kommt für einige Tage nach Hause.

_____ Erschießung auf den Sanddünen

_____ Hans bleibt seiner Frau treu, er nimmt keine Kondome.

_____ Hans rät Lene aufs Land zu gehen.

_____ im Luftschutzkeller

_____ Weihnachten

_____ Hans kann vorerst nicht auf Menschen schießen.

_____ die reichen Verwandten in Berlin

_____ Hans sieht zum ersten Mal seine Tochter Anna.

_____ Zerstörung des Hauses durch Bomben

Übungsbuch
Einheit 6, Teil C

Temporale Konjunktionen	Temporale Präpositionen
bevor	vor (+ *Dativ*)
nachdem	nach (+ *Dativ*)
seit/seitdem	seit (+ *Dativ*)
während	während (+ *Genitiv*)

Regel: Die Konjunktionen **bevor, nachdem, seit/seitdem** und **während** sind unterordnende Konjunktionen, das heißt, sie stehen am Anfang eines _____, das Verb steht am _____ des Nebensatzes. Die Präpositionen **vor, nach, seit** und **während** stehen vor einem _____.

STRUKTUREN Plusquamperfekt

Übungsbuch
Einheit 6, Teil C

Formen Sie sehen hier die Formen des Plusquamperfekts am Beispiel der Verben **kommen** und **verlieren**.

ich **war** ... gekommen	wir **waren** ... gekommen
du **warst** ... gekommen	ihr **wart** ... gekommen
er/sie/es **war** ... gekommen	sie/Sie **waren** ... gekommen

ich **hatte** ... verloren	wir **hatten** ... verloren
du **hattest** ... verloren	ihr **hattet** ... verloren
er/sie/es **hatte** ... verloren	sie/Sie **hatten** ... verloren

:: → :: **Gebrauch** Das Plusquamperfekt wird für alle Handlungen, Vorgänge und Zustände verwendet, die *vor* dem Präteritum/Perfekt liegen. Unterstreichen Sie den Teil in den folgenden Sätzen, der zuerst passiert ist.

- Hans ging in den Krieg, nachdem er Lene **geheiratet hatte**.
- Nachdem Anna zur Welt **gekommen war**, verließ Lene die Stadt.
- Nachdem Lene alles **verloren hatte**, zog sie mit Anna durch den Wald.

Die Konjunktion *nachdem* Wenn Sie **nachdem** benutzen, darf im Hauptsatz und im Nebensatz nicht die gleiche Zeit stehen.

PLUSQUAMPERFEKT   PRÄTERITUM

Nachdem Hans und Lene geheiratet hatten, musste Hans nach Frankreich.

Nebensatz mit *nachdem*		Hauptsatz
Plusquamperfekt	→	Präteritum oder Perfekt
Perfekt	→	Präsens oder Futur

Übung zur Benutzung von *nachdem* Beenden Sie die folgenden Sätze, achten Sie auf die Zeit.

1. Nachdem Hans und Lene geheiratet hatten, _____.
2. Nachdem Hans und Lene geheiratet haben, _____.
3. Nachdem _____, wurde Anna geboren.
4. Nachdem _____, wird Anna geboren.

Zusammenfassung

:: 5 :: ERSTE FILMSEQUENZ ZUSAMMENFASSEN

Übungsbuch
Einheit 6, Teil C

Fassen Sie mit Hilfe der Ereignisse aus Aufgabe 4 auf Seite 204 die erste Sequenz zusammen. Benutzen Sie die temporalen Konjunktionen und Präpositionen von Seite 205.

BEISPIEL (*Temporale Konjunktionen*):

> Kurz **nachdem** Hans und Lene geheiratet hatten, wurde Hans zum Kriegsdienst gezwungen. **Während** Hans in Frankreich war, wurde Anna geboren. …

BEISPIEL (*Präpositionen*):

> Kurz **nach** der Hochzeit von Hans und Lene wurde Hans zum Kriegsdienst gezwungen. **Während** seines Aufenthalts in Frankreich wurde Anna geboren. …

Der Räuberbräutigam

In der zweiten Sequenz des Films erzählt Lene ihrer Tochter das Grimm'sche Märchen *Der Räuberbräutigam.*

Lesen • Detailverständnis

:: 1 :: MÄRCHEN LESEN UND SZENEN ILLUSTRIEREN

Lesen Sie das Märchen und illustrieren Sie zusammen mit Ihrem Partner/
Ihrer Partnerin jede Szene des Textes auf einem Blatt Papier. Sie können auch
Sprechblasen schreiben. Die erste Szene ist als Beispiel schon illustriert worden.

DER RÄUBERBRÄUTIGAM[1]

Szene 1 Es war einmal ein Müller,
der hatte eine schöne
Tochter, und als sie
herangewachsen war,
5 so wünschte er, sie wäre
versorgt und gut verheiratet:
Er dachte, „kommt ein
ordentlicher Freier[2] und
hält um sie an, so will
10 ich sie ihm geben". Nicht
lange, so kam ein Freier,
der schien nicht reich zu
sein, und da der Müller
nichts an ihm auszusetzen[3]

15 wusste, so versprach er ihm
seine Tochter. Das Mädchen
aber hatte ihn nicht so recht
lieb, wie eine Braut ihren
Bräutigam lieb haben soll,
20 und hatte kein Vertrauen zu
ihm: Sooft sie ihn ansah oder
an ihn dachte, fühlte sie ein
Grauen[4] in ihrem Herzen.
Einmal sprach er zu ihr, „du
25 bist meine Braut und besuchst
mich nicht einmal". Das
Mädchen antwortete, „ich
weiß nicht, wo Euer Haus ist".

[1]**der Räuber** ein Mann, der anderen etwas wegnimmt, der stiehlt; **der Bräutigam** ein Mann, der kurz vor der Hochzeit steht; **die Braut** eine Frau, die kurz vor der Hochzeit steht   [2]**der Freier** ein Mann, der heiraten möchte und eine Frau sucht   [3]**an jemandem etwas aussetzen** jemanden kritisieren
[4]**das Grauen** ein Gefühl von Angst

Da sprach der Bräutigam,
30 „mein Haus ist draußen im
dunklen Wald". Es suchte
Ausreden[5] und meinte, es
könnte den Weg dahin nicht
finden.

Szene 2 35 Der Bräutigam sagte,
„künftigen Sonntag musst
du hinaus zu mir kommen,
ich habe die Gäste schon
eingeladen, und damit du
40 den Wald findest, so will
ich dir Asche streuen". Als
der Sonntag kam und das
Mädchen sich auf den Weg
machen sollte, ward ihm so
45 angst, es wusste selbst nicht
recht, warum, und damit es
den Weg bezeichnen könnte,
steckte es sich beide Taschen
voll Erbsen[6] und Linsen[7].
50 An dem Eingang des Waldes
war Asche gestreut, der ging
es nach, warf aber bei jedem
Schritt rechts und links ein
paar Erbsen auf die Erde.

Szene 3 55 Es ging fast den ganzen Tag,
bis es mitten in den Wald
kam, wo er am dunkelsten
war, da stand ein einsames
Haus, das gefiel ihm nicht,
60 denn es sah so finster und
unheimlich aus. Es trat
hinein, aber es war niemand
darin und es herrschte die

größte Stille. Plötzlich rief
65 eine Stimme

„kehr um, kehr um[8], du junge
Braut,

du bist in einem Mörderhaus".

Das Mädchen blickte auf und
70 sah, dass die Stimme von
einem Vogel kam, der da in
einem Bauer an der Wand
hing. Nochmals rief er

„kehr um, kehr um, du junge
75 Braut,

du bist in einem Mörderhaus".

Da ging die schöne Braut
weiter aus einer Stube in die
andere und ging durch das
80 ganze Haus aber es war alles
leer und keine Menschenseele
zu finden. Endlich kam sie
auch in den Keller, da saß eine
steinalte Frau, die wackelte
85 mit dem Kopf. „Könnt Ihr mir
sagen", sprach das Mädchen,
„ob mein Bräutigam hier
wohnt?" „Ach, armes Kind",
antwortete die Alte, „wo bist
90 du hingeraten! Du bist in
einer Mördergrube. Du meinst
du wärst eine Braut, die
bald Hochzeit[9] macht, aber
du wirst die Hochzeit mit
95 dem Tode halten. Siehst du,

---

[5]**die Ausrede** man findet eine Entschuldigung, wenn man etwas nicht machen will [6]**die Erbse** Gemüse; Erbsen sind klein, grün und rund [7]**die Linse** Gemüse; Linsen sind klein, braun und flach [8]**umkehren** zurückgehen [9]**die Hochzeit** die Zeremonie, bei der man heiratet

da habe ich einen großen
Kessel mit Wasser aufsetzen
müssen, wenn sie dich in
ihrer Gewalt haben, so
100 zerhacken[10] sie dich ohne
Barmherzigkeit, kochen
dich und essen dich, denn es
sind Menschenfresser. Wenn
ich nicht Mitleid[11] mit dir
105 habe und dich rette, so bist
du verloren."

Szene 4 Darauf führte es die Alte
hinter ein großes Fass[12], wo
man es nicht sehen konnte.
110 „Sei wie ein Mäuschen
still", sagte sie, „rege dich
nicht und bewege dich
nicht, sonst ist's um dich
geschehen[13]. Nachts,
115 wenn die Räuber schlafen,
wollen wir entfliehen, ich
habe schon lange auf eine
Gelegenheit gewartet."

Kaum war das geschehen,
120 so kam die gottlose Rotte[14]
nach Hause. Sie brachten
eine andere Jungfrau
mitgeschleppt, waren
trunken[15] und hörten
125 nicht auf ihr Schreien und
Jammern. Sie gaben ihr
Wein zu trinken, drei Gläser
voll, ein Glas weißen, ein
Glas roten und ein Glas

130 gelben, davon zersprang[16]
Dihr das Herz. Darauf rissen
sie ihr die feinen Kleider ab,
legten sie auf einen Tisch,
zerhackten ihren schönen
135 Leib[17] in Stücke und streuten
Salz darüber. Die arme Braut
hinter dem Fass zitterte[18]
und bebte, denn sie sah wohl,
was für ein Schicksal ihr die
140 Räuber zugedacht hatten.

Einer von ihnen bemerkte
an dem kleinen Finger der
Gemordeten einen goldenen
Ring, und als er sich nicht
145 gleich abziehen ließ, so nahm
er ein Beil[19] und hackte den
Finger ab; aber der Finger
sprang in die Höhe über das
Fass hinweg und fiel der Braut
150 gerade in den Schoß. Der
Räuber nahm ein Licht und
wollte ihn suchen, konnte ihn
aber nicht finden. Da sprach
ein anderer „hast du auch
155 schon hinter dem großen Fasse
gesucht?". Aber die Alte rief,
„kommt und esst und lasst das
Suchen bis morgen; der Finger
läuft euch nicht fort".

Szene 5 160 Da sprachen die Räuber „die
Alte hat recht", ließen vom
Suchen ab, setzten sich zum
Essen, und die Alte tröpfelte

---

[10]**zerhacken** in kleine Stücke schneiden   [11]**das Mitleid** das Gefühl, wenn man jemandem helfen möchte   [12]**das Fass** z.B. Bier ist in einem Fass; ein Fass ist aus Holz, groß und rund   [13]**sei still, … sonst ist's um dich geschehen** du hast keine Chance mehr, wenn du nicht still bist   [14]**die Rotte** eine kleine Gruppe von Menschen, die Horde (*negativ*)   [15]**trunken** betrunken, hatten zu viel Alkohol getrunken   [16]**zerspringen** in Stücke fallen   [17]**der Leib** der Körper   [18]**zittern** wenn einer Person kalt ist oder sie Angst hat, zittert sie   [19]**das Beil** kleine Axt

ihnen einen Schlaftrunk[20]
165 in den Wein, dass sie sich
bald in den Keller hinlegten,
schliefen und schnarchten.
Als die Braut das hörte,
kam sie hinter dem Fass
170 hervor, und musste über die
Schlafenden wegschreiten,
die da reihenweise auf
der Erde lagen, und hatte
große Angst, sie möchte
175 einen aufwecken. Aber Gott
half ihr, dass sie glücklich
durchkam, die Alte stieg
mit ihr hinauf, öffnete
die Türe und sie eilten, so
180 schnell sie konnten, aus der
Mördergrube fort.

Szene 6   Die gestreute Asche hatte
der Wind weggeweht, aber
die Erbsen und Linsen
185 hatten gekeimt und waren
aufgegangen[21], und zeigten
im Mondschein den Weg. Sie
gingen die ganze Nacht, bis
sie morgens in der Mühle
190 ankamen. Da erzählte das
Mädchen seinem Vater alles,
wie es sich zugetragen hatte.

Szene 7   Als der Tag kam, wo die
Hochzeit sollte gehalten
195 werden, erschien der
Bräutigam, der Müller aber
hatte alle seine Verwandten
und Bekannten einladen
lassen. Wie sie bei Tische

200 saßen, ward[22] einem jeden
aufgegeben, etwas zu
erzählen. Die Braut saß still
und redete nichts. Da sprach
der Bräutigam zur Braut,
205 „nun, mein Herz, weißt du
nichts? Erzähl uns auch
etwas". So antwortete sie, „so
will ich einen Traum erzählen.
Ich ging allein durch einen
210 Wald und kam endlich zu
einem Haus, da war keine
Menschenseele darin, aber
an der Wand war ein Vogel in
einem Bauer, der rief

215 ‚kehr um, kehr um, du junge
Braut,

du bist in einem Mörderhaus'.

Und rief es noch mal. Mein
Schatz, das träumte mir nur.
220 Da ging ich durch alle Stuben,
und alle waren leer, und es
war so unheimlich darin; ich
stieg endlich hinab in den
Keller, da saß eine steinalte
225 Frau darin, sie wackelte mit
dem Kopfe. Ich fragte sie
‚wohnt mein Bräutigam in
diesem Haus?'. Sie antwortete,
‚ach, du armes Kind, du bist
230 in eine Mördergrube geraten,
dein Bräutigam wohnt hier,
aber er will dich zerhacken
und töten, und will dich dann
kochen und essen'. Mein

---

[20] **der Schlaftrunk** wenn man dieses Getränk trinkt, schläft man sofort ein   [21] **gekeimt und aufgegangen** zu Pflanzen geworden   [22] **ward** *alte Form für:* wurde

235 Schatz, das träumte mir nur.
Aber die alte Frau versteckte
mich hinter ein großes
Fass, und kaum war ich da
verborgen, so kamen die
240 Räuber heim und schleppten
eine Jungfrau mit sich, der
gaben sie dreierlei Wein zu
trinken, weißen, roten und
gelben, davon zersprang ihr
245 das Herz. Mein Schatz, das
träumte mir nur. Darauf
zogen sie ihr die feinen
Kleider ab, zerhackten
ihren schönen Leib auf
250 einem Tisch in Stücke und
bestreuten ihn mit Salz.
Mein Schatz, das träumte
mir nur. Und einer von den
Räubern sah, dass an dem
255 Goldfinger noch ein Ring
steckte, und weil er schwer

abzuziehen war, so nahm
er ein Beil und hieb ihn ab,
aber der Finger sprang in die
260 Höhe und sprang hinter das
große Fass und fiel mir in den
Schoß. Und da ist der Finger
mit dem Ring". Bei diesen
Worten zog sie ihn hervor und
265 zeigte ihn den Anwesenden.

Szene 8   Der Räuber, der bei der
Erzählung ganz kreideweiß
geworden war, sprang auf
und wollte entfliehen, aber
270 die Gäste hielten ihn fest
und überlieferten ihn den
Gerichten[23]. Da ward er und
seine ganze Bande für ihre
Schandtaten gerichtet.

---

[23] **das Gericht** eine öffentliche Institution, die mit Hilfe eines Richters entscheidet, ob eine Person z.B. ins Gefängnis muss

STRUKTUREN Neben- und unterordnende Konjunktionen

:: a :: **Konjunktionen suchen** Bilden Sie fünf Gruppen. Jede Gruppe beschäftigt sich mit einer oder mehreren der Szenen im Märchen.

Gruppe 1: Szene 1+2
Gruppe 2: Szene 3
Gruppe 3: Szene 4
Gruppe 4: Szene 5+6+8
Gruppe 5: Szene 7

Suchen Sie alle nebenordnenden, unterordnenden und adverbialen Konjunktionen aus Ihrer Szene/Ihren Szenen im Märchentext heraus und schreiben Sie sie in die Tabelle. Geben Sie immer auch die Zeilenzahl dazu an.

- Nebenordnende Konjunktionen sind alle Konjunktionen, die zwei Hauptsätze verbinden, z.B. **und**. Nebenordnende Konjunktionen stehen auf Position 0.

  Ein Müller hatte eine schöne Tochter <u>und</u> er wollte sie gut verheiraten.

- Unterordnende Konjunktionen stehen am Anfang eines Nebensatzes. Im Nebensatz steht dann das Verb am Ende, z.B. **als**.

  Die Tochter kannte ihren Bräutigam kaum, <u>als</u> sie ihn heiraten sollte. *Oder:* <u>Als</u> die Tochter ihren Bräutigam heiraten sollte, kannte sie ihn kaum.

- Adverbiale Konjunktionen sind Adverbien, die zwei Sätze miteinander verbinden, z.B. **deshalb**. Das Adverb steht auf Position 1, danach folgt das Verb.

  Eines Tages lud er sie zu sich in den Wald ein, <u>deshalb</u> ging sie durch den Wald zu seinem Haus.

nebenordnende Konjunktionen	unterordnende Konjunktionen	adverbiale Konjunktionen
und (*Zeile 2*)		

Tragen Sie jetzt Ihre Ergebnisse an der Tafel zusammen. Nennen Sie immer die Konjunktion, sagen Sie, um welche Art von Konjunktion es sich handelt, nennen Sie die Zeile und lesen Sie dann den Satz vor, in dem Sie diese Konjunktion gefunden haben.

Übungsbuch
Einheit 6, Teil C

:: b :: **Weitere Konjunktionen** Wie Sie sehen, haben die Brüder Grimm nur wenige Konjunktionen benutzt. Adverbiale Konjunktionen finden sich im Text überhaupt nicht. Schreiben Sie nun die Konjunktionen aus der Liste unten auch in die Tabelle. Vergleichen Sie sie dann im Kurs, Ihr Kursleiter/Ihre Kursleiterin hilft Ihnen.

Weitere Konjunktionen		
als ob	deshalb	seit/seitdem
aus diesem Grund	deswegen	sobald
außerdem	doch	solange
bevor/ehe	falls	sondern
daher	indem	stattdessen
darum	nachdem	trotzdem
dennoch	obwohl	während

Zusammenfassung

Schreiben Sie zunächst Konjunktionen aus der Tabelle auf Seite 212 in die Lücken. Manchmal gibt es mehrere Lösungen. Anschließend erzählen Sie das Märchen mit Ihrem Partner/Ihrer Partnerin zu Ende. Nehmen Sie Ihre Bilder zu Hilfe und schreiben Sie das Märchen „besser" als die Brüder Grimm, d.h. benutzen Sie viele Konjunktionen. Schreiben Sie im Präteritum.

Der Räuberbräutigam

Es war einmal ein Müller, der seine Tochter verheiraten wollte. Eines Tages kam ein Mann und tat so, _____[1] er das Mädchen heiraten wollte. _____[2] er nicht reich war, versprach ihm der Müller seine Tochter. Aber das Mädchen hatte ihren Bräutigam nicht lieb, _____[3] sie hatte Angst vor ihm. Eines Tages lud der Bräutigam das Mädchen in sein Haus in den Wald ein. Das Mädchen hatte große Angst dorthin zu gehen, _____[4] streute es Erbsen und Linsen an den Wegesrand. Je tiefer es in den Wald hineinging, desto größere Angst bekam es, _____[5] der Wald immer dunkler wurde. Endlich kam es zu dem Haus, _____[6] es konnte seinen Bräutigam nirgends sehen. …

Deutschland, bleiche Mutter

Die zweite Filmsequenz sehen Lene zieht mit Anna im Winter aufs Land. Sie erzählt ihrer Tochter das Märchen vom *Räuberbräutigam*.

:: 1 :: SEHAUFGABE

Achten Sie beim Sehen der zweiten Sequenz darauf, welche Bilder uns die Regisseurin zeigt, während das Märchen erzählt wird. Schreiben Sie Stichworte in die Tabelle. Notieren Sie auch Ihre Assoziationen.

Bilder	Assoziationen
…	…

Filmsequenz
Sequenz: 2
Start: Lene geht im Winter mit Anna aufs Land.
Stopp: nach der Szene, in der Lene und Anna mit dem Zug unterwegs sind
Länge: circa 23 Minuten

Vergleichen Sie jetzt Ihre Ergebnisse im Plenum und benutzen Sie die Redemittel.

Redemittel
Während das Märchen erzählt wird, sieht man …
Während der Märchenerzählung wird/werden … gezeigt.
Mit … assoziiere ich …
Dabei muss ich an … denken.

:: 2 :: MEINUNG ÄUSSERN

Arbeiten Sie in Gruppen. Was denken Sie, warum hat Helma Sanders-Brahms so ein grausames[1] Märchen für ihren Film gewählt?

:: 3 :: SYMBOLE DEUTEN

Was symbolisieren die folgenden Elemente im Film, im Märchen *Räuberbräutigam*, in Märchen im Allgemeinen und in den Gedichten von Celan und Brecht? Gibt es Parallelen? Besprechen Sie mögliche Symbole und Deutungen in Gruppen mit Ihren Kommilitonen/Kommilitoninnen. Stellen Sie Ihre Ergebnisse anschließend im Plenum vor. Nicht alle Elemente sind überall zu finden.

> **Redemittel**
> … ist ein Symbol für/symbolisiert …, weil/da/denn …

	Film	*Räuberbräutigam*	Märchen im Allgemeinen	Gedichte von Celan/Brecht
Spiegel				
Wald				
3-mal				
Nadel				
Haarfarbe				
Wein				
Hexe				
Vogel				
Finger und Ring				
Erbsen/Linsen				
Asche				
Grab				
Tür				
Tanz/Ball				

[1]**grausam** wenn furchtbare Dinge passieren; schrecklich, brutal

Deutschland, bleiche Mutter

In den Jahren nach dem Krieg lag in vielen Städten alles in Trümmern. Hunger und Not waren an der Tagesordnung, es wurde auf dem Schwarzmarkt viel gehandelt. Die sogenannten „Trümmerfrauen" haben mit dem Wiederaufbau begonnen. Viele deutsche Soldaten sind erst mehrere Monate nach der Kapitulation nach Hause gekommen.

Schwarzmarkt in Berlin am Brandenburger Tor im April 1947

Lebensmittelmarke: Nach dem Krieg wurden Nahrungsmittel und andere Dinge rationiert.

Die dritte Filmsequenz Der letzte Teil des Films zeigt die gesellschaftlichen und familiären Probleme nach dem Ende des Krieges.

Filmsequenz
Sequenz: 3
Start: Lene trifft ihre Schwester auf dem Schwarzmarkt.
Stopp: Ende des Films
Länge: circa 40 Minuten

Vor dem Sehen

:: 1 :: HYPOTHESEN VERIFIZIEREN

Überprüfen Sie die Hypothesen, die Sie in Aufgabe 3 auf Seite 203 aufgestellt haben. Welche Aussagen gehören zum letzten Teil des Films?

:: 2 :: FILMENDE ANTIZIPIEREN

Was denken Sie, wie wird der Film zu Ende gehen? Erzählen Sie Ihrem Partner/Ihrer Partnerin „Ihr" Ende.

Sehen • Dritte Sequenz

:: 3 :: EINDRÜCKE MITTEILEN

Teilen Sie Ihrem Partner/Ihrer Partnerin nach dem Sehen der dritten Sequenz spontan Ihre Eindrücke zum Film mit.

:: 4 :: HYPOTHESEN VERIFIZIEREN

Vergleichen Sie Ihre Hypothesen zum Ende des Films aus Aufgabe 2 auf Seite 215 mit der eigentlichen Handlung.

Übungsbuch
Einheit 6, Teil C

:: 5 :: SÄTZE VERBINDEN

Verbinden Sie je einen Satzteil aus der rechten Spalte mit einem Satzteil aus der linken Spalte.

BEISPIEL: 1: __c__ , 2: _____ , 3: _____ , 4: _____ ,
5: _____ , 6: _____ , 7: _____ , 8: _____

1. Nachdem der Krieg zu Ende gegangen war,
2. Seitdem Hans aus dem Krieg gekommen war,
3. Wenn Lene während des Krieges nicht so stark gewesen wäre,
4. Obwohl Hans nie Nazi war,
5. Immer wenn Hans nach dem Krieg mit Anna sprach,
6. Lenes Krankheit könnte ein Zeichen dafür sein,
7. Obwohl Anna immer stärker an die verschlossene Badezimmertür klopfte,
8. Obwohl Lene die Tür letztlich doch öffnete,

a. wäre es Lene nicht gelungen, mit ihrer Tochter durchzukommen.
b. erschien es Anna, als hätte ihre Mutter die Tür auch später nie wirklich geöffnet.
c. begannen die Kämpfe zu Hause.
d. hatte er es nicht leicht, im Beruf weiterzukommen.
e. dass sie sich unverstanden fühlt und gleichzeitig sprachlos ist.
f. dauerte es sehr lange, bis Lene die Tür öffnete.
g. verhielt er sich sehr autoritär.
h. gab es zu Hause viele Probleme.

Weiterführende Aufgaben

:: 6 :: ÜBER DEN FILM REFLEKTIEREN

Beenden Sie die folgenden Sätze und vergleichen Sie sie dann im Kurs.

1. Hans und Lene haben nach Kriegsende Probleme, weil _____

2. Anna kennt ihren Vater kaum, deshalb _____

3. Lene war während des Krieges sehr stark, trotzdem _____

4. Hans hatte keine gute Beziehung zu seiner Tochter, denn _____

:: 7 :: DEN FILM INTERPRETIEREN

Beantworten Sie die Fragen zum Film.

- Was beschreibt Helma Sanders-Brahms in ihrem Film?
- Warum konnten Lene und Hans einander nie wirklich kennenlernen?
- Worin liegt die Tragik des Films?
- Welche Bedeutung hat Lenes Gesichtslähmung?
- Ulrich, aber auch die Verwandten von Lene in Berlin, haben den Krieg relativ gut überstanden, warum? Wie hat sich ihr Leben nach dem Krieg gestaltet?
- Die Regisseurin Helma Sanders-Brahms hat den Anfang des Gedichtes „Deutschland" von Bertolt Brecht als Titel ihres Films gewählt. Das Gedicht wird auch am Anfang des Films eingeblendet und gelesen. Was denken Sie, warum hat sie dieses Gedicht gewählt?

:: 8 :: ZUM FILM STELLUNG NEHMEN

Bereiten Sie eine 3-minütige mündliche Stellungnahme zum Film vor. Was hat Sie besonders beeindruckt? Welche Problematik hat Sanders-Brahms aufgegriffen? Die folgenden Punkte sind Anregungen:

- Täter und Opfer
- die Sprachlosigkeit der Frauen
- Symbole im Film
- Lenes Gesichtslähmung
- die Familie
- die Stellung des Vaters
- Vaterland und Muttersprache
- Annas Beziehung zu ihren Eltern
- Krieg
- der Einfluss des öffentlichen Lebens auf das private

:: 9 :: DISKUSSION

Einigen Sie sich mit Ihren Kommilitonen/Kommilitoninnen auf ein Thema und diskutieren Sie darüber im Plenum.

Thema 1: Es ist eine gute Idee, den Film *Deutschland, bleiche Mutter* im Deutschunterricht zu sehen.

Thema 2: Es ist nicht nötig, über den Umgang der Deutschen mit ihrer Vergangenheit im Deutschunterricht zu sprechen.

Reflexionen zum Thema

:: 1 :: DEFINITION ÜBERDENKEN

Sie haben in dieser Einheit verschiedene Formen der Vergangenheitsbewältigung kennengelernt. Versuchen Sie nun noch einmal, den Begriff **Vergangenheitsbewältigung** zu erklären.

Übungsbuch
Einheit 6, Teil C

:: 2 :: DEFINITIONEN VERGLEICHEN

Vergleichen Sie Ihre Definition mit der Definition von Christian Meier (Historiker): „… Erinnern, damit es sich nicht wiederholt." Was halten Sie von dieser Definition? Hat er recht? Begründen Sie Ihre Meinung.

:: 3 :: SCHREIBEN: GEDANKEN ZUM THEMA

Alles, was Sie in dieser Einheit gelesen, gesehen und gehört haben, ist Teil des Versuchs, die Vergangenheit aufzuarbeiten und nicht zu vergessen. Schreiben Sie die Gedanken auf, die Ihnen während der Arbeit an dieser Einheit gekommen sind.

── Grundwortschatz ──

:: VERBEN

auf•arbeiten: er/sie/es arbeitet … auf, arbeitete … auf, hat … aufgearbeitet	to work on s.th. until it is finished; to look back on s.th. and analyze it
bewältigen: er/sie/es bewältigt, bewältigte, hat … bewältigt	to overcome, deal with, cope with
kritisieren: er/sie/es kritisiert, kritisierte, hat … kritisiert	to criticize
provozieren: er/sie/es provoziert, provozierte, hat … provoziert	to provoke
sich rechtfertigen: er/sie/es rechtfertigt sich, rechtfertigte sich, hat sich … gerechtfertigt	to justify o.s.
verbrennen: er/sie/es verbrennt, verbrannte, hat … verbrannt	to burn up, destroy or be destroyed by fire
verharmlosen: er/sie/es verharmlost, verharmloste, hat … verharmlost	to play down; to portray s.th. as not as bad as it really is
verurteilen: er/sie/es verurteilt, verurteilte, hat … verurteilt	to sentence, condemn

vor•werfen: er/sie/es wirft ... vor,
   warf ... vor, hat ... vorgeworfen: to accuse (s.o. of s.th.)
etwas zu•geben: er/sie/es gibt ... zu,
   gab ... zu, hat ... zugegeben   to admit, confess (s.th.)

:: NOMEN

die Asche	ash
das Grab, die Gräber	grave
der Holocaust	Holocaust
das Konzentrationslager, -	concentration camp
das Opfer, -	victim
die Rechtfertigung, -en	justification
die Schuld	guilt, blame
der Täter, -	perpetrator, person who has committed a crime
die Vergangenheitsbewältigung	coming to terms with the past

:: ADJEKTIVE UND ADVERBIEN

ironisch	ironic(ally)
kritisch	critical(ly)
naiv	naive(ly)
provokativ	provocative(ly)
sarkastisch	sarcastic(ally)
schuldig	guilty, responsible
subtil	subtle, subtly
treffend	fitting(ly), apt(ly)
zynisch	cynical(ly)

:: ANDERE AUSDRÜCKE

Angst haben vor	to be afraid of
Selbstmord begehen	to commit suicide
die Vergangenheit bewältigen	to overcome, deal with, or cope with the past

Kunst und Künstler

ANSELM KIEFER

:: ABSCHNITTE

A Werke von Anselm Kiefer
B Die deutsche Mythologie in den Bildern
Anselm Kiefers
C Die Rolle der Kunst heute

:: TEXTE

- Informationen zum Künstler Anselm Kiefer
- Inhaltsangabe von *Der Ring des Nibelungen*
(*Siegfried, Götterdämmerung*)
- Peter Handke: Textauszug aus *Die Zeit*

:: INTERNET-AKTIVITÄTEN

- Wer ist Brünnhilde?
- Zur Person: Gerhard Richter, Candida Höfer,
Neo Rauch

:: MUSIK

- Richard Wagner: *Götterdämmerung*, Finale

:: KUNSTWERKE VON ANSELM KIEFER ALS SPRECHANLASS*

- *Jeder steht unter seiner Himmelskuppel*, 1970
- *Ohne Titel (Heroische Sinnbilder)*, ca. 1969

- *Winterlandschaft*, 1970
- *Dein goldenes Haar, Margarete*, 1980
- *Glaube, Hoffnung, Liebe*, 1976
- *Sende Deinen Geist aus*, 1974
- *Der Mond ist aufgegangen*, 1971
- *Über allen Gipfeln ist Ruh*, 1971
- *Brünhildes Tod*, 1976
- *Brünhilde schläft*, 1980
- *Siegfrieds Difficult Way to Brünhilde*, ca. 1980

:: SPRACHLICHE STRUKTUREN

- Prädikative und attributive Adjektive
- Partizip I und II als Adjektiv (*Übungsbuch*)

:: IN DIESER EINHEIT

Das kulturelle Wissen, das Sie sich in den vorhergehenden Einheiten angeeignet haben, wird Ihnen in dieser Einheit die Welt der Bilder von Anselm Kiefer eröffnen. Der Konzeptkünstler setzt sich in seinen Kunstwerken kritisch mit der Frage auseinander, was es heißt, Deutsche oder Deutscher zu sein.

*Diese Bilder befinden sich im Farbteil von **Anders gedacht**.

Der Künstler Anselm Kiefer 2007 im Louvre vor seinem Bild *Athanor*, das er eigens für diese Stelle im Museum angefertigt hat.

Einstimmung auf das Thema

 :: → :: Sehen Sie sich das Foto einer Installation von Anselm Kiefer an. Besprechen Sie mit einem Partner/einer Partnerin, was Sie sehen. Was für eine Atmosphäre wird hier vermittelt? Was assoziieren Sie mit dem Raum, in dem die Installation aufgebaut ist? Wie finden Sie die Installation?

Redemittel	
die Halle	das Chaos
der Kreis	die Ordnung
das Holz	rund
der Stein	eckig
der Boden	hell
die Form	positiv
das Stück	

Ullstein-Fromm/The Granger Collection, NY

Kunst von Anselm Kiefer im Hamburger Bahnhof–Museum für Gegenwart–Berlin

Werke von Anselm Kiefer

ABSCHNITT

In diesem Abschnitt werden Sie sich mit acht Bildern von Anselm Kiefer beschäftigen, die im Rahmen einer Ausstellung von Dezember 1998 – März 1999 im Metropolitan Museum of Art in New York zu sehen waren.

Sprechanlass – Bildbetrachtung

:: 1 :: BILDELEMENTE ERFASSEN

Arbeiten Sie in vier Gruppen (A–D). Betrachten Sie in Ihrer Gruppe folgende Bilder im Farbteil des Buches.

Sie finden diese Bilder im Farbteil von *Anders gedacht*.

Gruppe A	Bild 1: *Jeder steht unter seiner Himmelskuppel*[1]
	Bild 2: *Ohne Titel (Heroische Sinnbilder)*
Gruppe B	Bild 1: *Winterlandschaft*
	Bild 2: *Dein goldenes Haar, Margarete*
Gruppe C	Bild 1: *Glaube*[2], *Hoffnung, Liebe*
	Bild 2: *Sende Deinen Geist aus*
Gruppe D	Bild 1: *Der Mond ist aufgegangen*
	Bild 2: *Über allen Gipfeln ist Ruh*

Schreiben Sie die Bildelemente Ihrer Bilder in die erste Spalte des Rasters. Die folgenden Wörter dienen als Hilfestellung.

GRUPPE A: *die Kuppel, die Pfütze, …*

GRUPPE B: *der Farbfleck, der Schriftzug, …*

GRUPPE C: *die Palette, der Schriftzug, die Taube, …*

GRUPPE D: *der Schriftzug, …*

BEISPIEL:

Bildelemente	Farben, Formen, andere Adjektive	Inhalte/Bezug
der Baum		
der Mann		

[1]**die Himmelskuppel** der Himmel, der wie eine Halbkugel geformt ist   [2]**der Glaube** man glaubt an etwas; *hier:* eins der drei Grundelemente des christlichen Glaubens (Glaube, Liebe und Hoffnung)

Bild 1, Titel: _____

Bildelemente	Farben, Formen, andere Adjektive	Inhalte/Bezug
_____	_____	_____
_____	_____	_____
_____	_____	_____
_____	_____	_____

Bild 2, Titel: _____

Bildelemente	Farben, Formen, andere Adjektive	Inhalte/Bezug
_____	_____	_____
_____	_____	_____
_____	_____	_____
_____	_____	_____

:: 2 :: POSITION DER BILDELEMENTE ERFASSEN

Übungsbuch
Einheit 7, Teil A

Beschreiben Sie jetzt die Position der Bildelemente schriftlich in ganzen Sätzen. Benutzen Sie die Schreibmittel im Kasten.

BEISPIEL: *In der Mitte des Bildes sieht man einen Baum. Daneben steht ein Mann.*

Schreibmittel

im Hintergrund (*m.*)	daran
im Vordergrund	zwischen
in der Mitte (des Bildes)	auf
oben	über
unten	unter
links	neben
rechts	in
vorne	vor
hinten	hinter
dazwischen	an
darauf	in der linken/rechten/oberen/unteren
darüber	Ecke
darunter	auf der rechten/linken Seite
daneben	das Zentrum bildet ...
darin	der Malgrund
davor	
dahinter	

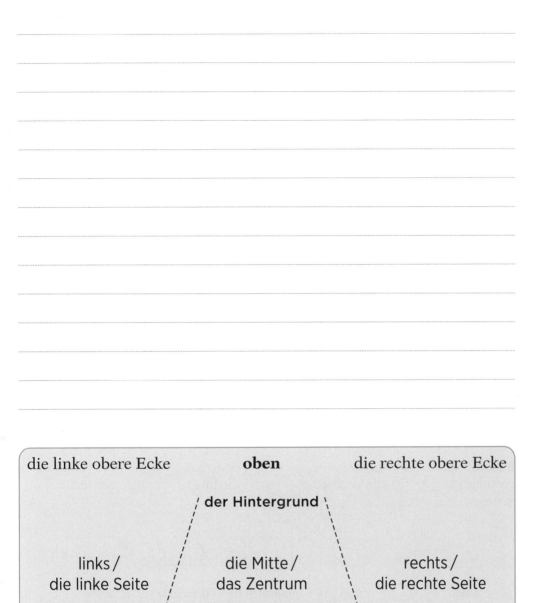

die linke obere Ecke — **oben** — die rechte obere Ecke

der Hintergrund

links /
die linke Seite — die Mitte /
das Zentrum — rechts /
die rechte Seite

der Vordergrund

die linke untere Ecke — **unten** — die rechte untere Ecke

:: **3** :: ADJEKTIVE ZUORDNEN

Entscheiden Sie nun, welche Adjektive aus den Listen unten Sie zur näheren Beschreibung der Bildelemente benutzen möchten und notieren Sie sie in der zweiten Spalte im Raster auf Seite 224. In den Listen finden Sie auch hilfreiche Nomen.

BEISPIEL:

Bildelemente	Farben, Formen, andere Adjektive	Inhalte/Bezug
der Baum	*tot*	
der Mann	*dunkel gekleidet*	

Farben:

Primärfarben	gelb	rot	hellblau
Sekundärfarben	grau	schwarz	blaugrün
blau	grün	violett (lila)	…
braun	orange	dunkelblau	

Farbqualität:

pastos[1]	kalt	dunkel	traurig
verdünnt	warm	hell	verschwommen
wässrig	leuchtend	kraftvoll	…
kräftig	klar	fröhlich	der Kontrast

Formen:

rund	das Dreieck	senkrecht[2]	der Umriss
oval	gerade	waagerecht[3]	der Kreis
quadratisch	gewellt	dreieckig	der Halbkreis
rechteckig	unterbrochen	die Linie	der Strich
krumm			

oval   rund   quadratisch   dreieckig

rechteckig   krumm   gerade

Andere Adjektive:

groß	dünn	liegend	tot
klein	dick	stehend	…

---

[1]**pastos** die Farbe wird sehr dick und deckend aufgetragen; wenig verdünnt   [2]**senkrecht** vertikal   [3]**waagerecht** horizontal

:: Unter einem **ein-Wort**
versteht man den
unbestimmten Artikel
ein-, den negativen
Artikel **kein-** und die
Possessivartikel **mein-,
dein-, sein-, ihr-, unser-,
euer/eur-** und **Ihr-**.

Übungsbuch
Einheit 7, Teil A

STRUKTUREN Adjektivendungen nach *ein*-Wörtern

Sehen Sie sich die Adjektivendungen nach *ein*-Wörtern an:
Formulieren Sie eine Regel. Können Sie die Regel zeichnen?

	maskulin	feminin	neutrum	Plural
Nominativ	ein brauner Baum	eine weiße Wolke	ein schwarzes Haus	keine schwarzen Wolken
Akkusativ	einen braunen Baum	eine weiße Wolke	ein schwarzes Haus	keine schwarzen Wolken
Dativ	einem braunen Baum	einer weißen Wolke	einem schwarzen Haus	keinen schwarzen Wolken
Genitiv	eines braunen Baumes	einer weißen Wolke	eines schwarzen Hauses	keiner schwarzen Wolken

:: 4 :: SÄTZE ERWEITERN

Erweitern Sie nun die Sätze, die Sie in Aufgabe 2 auf Seite 225 geschrieben
haben, mit den Adjektiven. Achten Sie auf die Endungen der Adjektive.

> **BEISPIEL:** *In der Mitte des Bildes sieht man einen toten Baum.*
> *Daneben steht ein dunkel gekleideter Mann.*
> **ALTERNATIVE:** *In der Mitte des Bildes sieht man einen Baum, er ist tot.*
> *Daneben steht ein Mann, der dunkel gekleidet ist.*

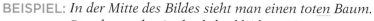

Interpretation

:: 5 :: BILDER DEUTEN

Vermuten Sie, was der Künstler mit dem Bild ausdrücken will. Diskutieren Sie spontan die Inhalte und Bezüge. Schreiben Sie Schlagwörter in die dritte Spalte des Rasters auf Seite 224.

:: Unter einem **der-Wort** versteht man sowohl die bestimmten Artikel **der, die, das,** ... als auch die Artikelwörter **dies-, welch-, jed-, solch-, manch-** und die Pluralformen **alle** und **beide**.

Übungsbuch
Einheit 7, Teil A

STRUKTUREN Adjektivendungen nach **der**-Wörtern

Sehen Sie sich die Adjektivendungen nach **der**-Wörtern an: Formulieren Sie eine Regel. Zeichnen Sie die Regel wieder.

	maskulin	feminin	neutrum	Plural
Nominativ	der braune Baum	die weiße Wolke	das schwarze Haus	die schwarzen Wolken
Akkusativ	den braunen Baum	die weiße Wolke	das schwarze Haus	die schwarzen Wolken
Dativ	dem braunen Baum	der weißen Wolke	dem schwarzen Haus	den schwarzen Wolken
Genitiv	des braunen Baumes	der weißen Wolke	des schwarzen Hauses	der schwarzen Wolken

:: 6 :: ERGEBNISSE SCHRIFTLICH ZUSAMMENFASSEN

Fassen Sie nun das Ergebnis Ihres Gespräches von Aufgabe 5 schriftlich zusammen. Achten Sie diesmal besonders auf die Endungen bei Adjektiven, die nach *der*-Wörtern stehen. Benutzen Sie die Schreibmittel im Kasten.

BEISPIEL: *Der tote Baum symbolisiert (unserer Meinung nach) ... und der dunkel gekleidete Mann steht (vielleicht) für ...*

Schreibmittel

... symbolisiert ...	... stellt ... dar. (*Infinitiv:* darstellen)
... ist eine Metapher für ...	... bezieht sich auf ...
... steht für ...	... ist eine Provokation.
... bedeutet ... /... könnte ... bedeuten.	

Weiterführende Aufgaben

:: 7 :: TECHNIK BESCHREIBEN

Arbeiten Sie in Gruppen und besprechen Sie die Maltechnik. Welche Technik hat Anselm Kiefer Ihrer Meinung nach in seinen Bildern verwendet? Wie ist er vorgegangen?

Sehen Sie sich die Bilder im Farbteil von *Anders gedacht* an.

> **Technik**
>
> | | |
> |---|---|
> | die Gouache[1] | die Kohle |
> | das Aquarell[2] | die Tusche[5] |
> | die Mischtechnik[3] | kombinieren |
> | die Farbschicht[4] | zusammenfügen |

:: 8 :: ERGEBNISSE IM PLENUM PRÄSENTIEREN

Bereiten Sie nun in Ihrer Gruppe eine Präsentation vor, indem Sie alle bisherigen Ergebnisse zusammenfassen. Machen Sie auch weitere Aussagen:

- Formulieren Sie das Thema der Bilder.
- Vermuten Sie, was Anselm Kiefer mit diesen Bildern beabsichtigt.
- Begründen Sie Ihre Meinung.

Ihre Präsentation sollte also folgende Gliederung haben:

1. Angabe des Titels des Bildes

2. Beschreibung des Bildes und eventuell der Technik

3. Angabe des Themas und Interpretation des Bildes

4. Absicht des Künstlers

5. Fragen und Diskussion

---

[1]**die Gouache** Temperafarbe mit Wasser   [2]**das Aquarell** dünn aufgetragene Farbe mit viel Wasser gemischt   [3]**die Mischtechnik** verschiedene Techniken gemischt   [4]**die Schicht** man malt zuerst einmal, dann ein zweites Mal darüber, dann ein drittes Mal ...   [5]**die Tusche** schwarze Tinte

Vita des Künstlers

Lesen • Globalverständnis

:: 1 :: INFORMATIONEN FESTHALTEN

Lesen Sie den Text. Notieren Sie nach dem Lesen die drei für Sie wichtigsten Informationen über Kiefer.

1. _____

2. _____

3. _____

ZUR PERSON: ANSELM KIEFER

Anselm Kiefer wurde 1945 im süddeutsch*en* _____ Donaueschingen*
geboren. Er gilt als einer der wichtigst_____ Künstler Deutschlands.
Von 1965 bis 1970 studierte er Romanistik und Jura. Schon in
dieser Zeit beschäftigte er sich mit Malerei. In Freiburg begann er
5 1966 ein Kunststudium und studierte dann bei Horst Antes an der
bekannt_____ Karlsruher Kunstakademie und bei Joseph Beuys in
Düsseldorf. Er ließ sich in dieser Zeit in der Schweiz, in Italien und in
Frankreich mit faschistischem Gruß fotografieren, um die Diskussion
über die tabuisiert_____ nationalsozialistisch_____ Vergangenheit
10 Deutschlands wieder anzuregen[1]. Anselm Kiefer blieb diesem Thema treu[2].
Als 26-Jähriger zog Kiefer sich mit seiner damaligen Frau Julia in ein
alt_____ Schulhaus im Odenwald zurück, wo viele seiner früh_____
Werke entstanden sind. In Inhalten und Titeln verweist[3] Kiefer auf mythologische und ideologische Implikationen deutscher Geschichte, wie z.B. das
15 Nibelungenlied, aber auch auf Gedichte von Goethe oder Claudius.
   In Kiefers Bildern wurden oft Farbschichten, die dick aufgetragen
worden waren, wieder gewaltsam[4] bearbeitet, z.B. mit einer Axt oder
Feuer, und mit neuen Materialien übermalt und kombiniert, z.B. mit
Fotografien oder Buchseiten. Seit 1995 gehören 54 seiner Werke auf Papier
20 zur ständig_____[5] Sammlung des Metropolitan Museum of Art in New
York. Seit 1992 lebt und arbeitet Kiefer in Barjac in Südfrankreich in einer
ehemalig_____ Seidenfabrik.

---

[1]**anregen** beginnen   [2]**einem Thema treu bleiben** ein Thema immer wieder behandeln   [3]**verweisen auf** sich beziehen auf   [4]**gewaltsam** brutal   [5]**ständig** permanent

*Donaueschingen ist eine Stadt in Baden-Württemberg östlich von Freiburg.

Setzen Sie mit Ihrem Partner/Ihrer Partnerin die fehlenden Adjektivendungen im Text ein. Bestimmen Sie dazu jedes Mal vorher Genus, Numerus und Kasus. Bestimmen Sie auch die Art des Artikelwortes: *der-* oder *ein*-Wort.

BEISPIEL:	… im süddeutsch<u>en</u> Donaueschingen …
Genus/Numerus:	*neutrum Singular; Städtenamen sind neutrum*
Kasus/Begründung:	*Dativ: Die Präposition **in** steht hier mit Dativ, da auf die Frage **wo?** geantwortet wird (Wo wurde er geboren?).*
Art Des Artikelwortes:	***dem** (im = in dem) ist ein bestimmter Artikel, also ein **der**-Wort*
Adjektivendung:	***-en***

STRUKTUREN Attributive Adjektive ohne Artikelwort

Übungsbuch
Einheit 7, Teil A

:: a :: **Endungen eintragen** An vier Stellen im Text wird das attributive Adjektiv ohne Artikel verwendet. Suchen Sie diese Sätze und schreiben Sie die Endungen in die Tabelle.

:: b :: **Regel formulieren** Versuchen Sie, die Tabelle zu vervollständigen. Es gibt nur im Genitiv zwei Ausnahmen zu der Regel.

Die Regel lautet: _____

_____

Endungen attributiver Adjektive ohne Artikelwort:

	maskulin	feminin	neutrum	Plural
Nominativ				
Akkusativ				
Dativ				
Genitiv	*-en*		*-en*	

:: 3 :: FRAGE-ANTWORT-SPIEL

Arbeiten Sie wieder mit Ihrem Partner/Ihrer Partnerin. Schreiben Sie sechs Fragen über Anselm Kiefer auf. Machen Sie anschließend ein Frage-und-Antwort-Spiel im Plenum.

BEISPIEL: *Wo wurde Anselm Kiefer geboren?*

1. _____
2. _____
3. _____
4. _____
5. _____
6. _____

Schlagworte
Karlsruher Kunstakademie
1945
Julia
Joseph Beuys
Jura und Romanistik
Goethe
Südfrankreich
Malerei
Düsseldorf
Donaueschingen
Künstler
Axt und Feuer
Nibelungenlied
Metropolitan Museum of Art, New York
die tabuisierte nationalsozialistische Vergangenheit

Redemittel
Schüler von
mit ... verheiratet
wurde ... geboren
sich beschäftigen mit
leben
studieren

Der Ring des Nibelungen, Richard Wagner

Der deutsche Komponist Richard Wagner (1813–1883) war vor allem für seine Opern bekannt. *Der Ring des Nibelungen* ist ein Zyklus, der aus vier Opern besteht und der auf die Themen der alten germanischen Legende der Nibelungen* zurückgreift. Die Geschichte der Nibelungen findet man auch in dem *Nibelungenlied*, einer mittelalterlichen Epik in Versform, die um 1200 niedergeschrieben wurde, nachdem der Erzählstoff schon seit Jahrhunderten mündlich tradiert[1] worden war.

Wortschatz

:: 1 :: VERBEN IN VERSCHIEDENEN ZEITFORMEN NOTIEREN

Lesen Sie die drei Verben und notieren Sie die Grundformen (Präsens, Präteritum und Perfekt). Die Verben sind regelmäßig.

	PRÄSENS	PRÄTERITUM	PERFEKT
inspirieren			
anfertigen			
verarbeiten			

:: 2 :: VERBEN EINSETZEN

Schreiben Sie die Verben in der richtigen Form und Zeit in die Lücken.

In den 70er und frühen 80er Jahren _____ Anselm Kiefer eine Reihe

von Aquarellen und Holzschnitten[2] über Themen aus der deutschen Mythologie

_____. Viele Bilder Kiefers wurden von dem Nibelungenlied

_____, in ähnlicher Weise[3] wie es Richard Wagner in seinem

Opernzyklus *Der Ring des Nibelungen* _____.

---

[1] **mündlich tradieren** *hier:* mündlich erzählen   [2] **der Holzschnitt** eine Drucktechnik   [3] **in ähnlicher Weise wie** so wie, ähnlich wie

*Die Nibelungen waren ein germanischer Stamm, der nicht nur in der deutschen, sondern auch in der skandinavischen Mythologie vorkommt.

:: **3** :: WORTSCHATZ ANWENDEN

Beantworten Sie mit Ihrem Partner/Ihrer Partnerin die Fragen.

- Womit beschäftigte sich Anselm Kiefer in den 70er und frühen 80er Jahren?
- Wovon wurden viele seiner Bilder inspiriert?
- Welches gemeinsame Thema haben Anselm Kiefer und Richard Wagner in ihren Werken?

Lesen

:: **4** :: INFORMATIONEN IM INTERNET SUCHEN UND PRÄSENTIEREN

Im Folgenden werden diese drei Bilder von Kiefer wichtig sein:

Brünhilde schläft

Siegfrieds Difficult Way to Brünhilde

Brünhildes Tod

Finden Sie heraus, wer Brünnhilde ist. Benutzen Sie das Internet oder die Bibliothek. Vervollständigen Sie die Grafik und bereiten Sie eine kurze mündliche Stellungnahme über Brünnhilde vor.

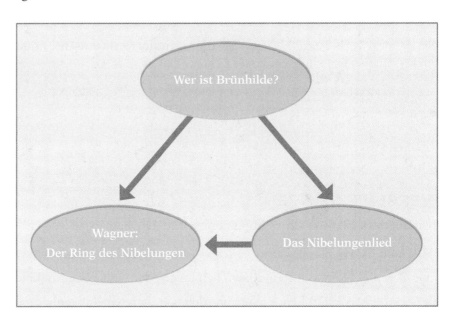

:: **5** :: LESEN: GLOBALVERSTÄNDNIS

Sie haben schon Informationen über das Nibelungenlied eingeholt. Lesen Sie nun den Inhalt von Richard Wagners Opern *Siegfried* und *Götterdämmerung*, der dritten und vierten Oper aus Wagners Opernzyklus *Der Ring des Nibelungen*. Unterstreichen Sie beim ersten Lesen die Namen der Protagonisten.

INHALTSANGABE VON *DER RING DES NIBELUNGEN*

In Richard Wagners Version des Nibelungenliedes gibt es zwei Grundideen: einerseits die Lust und das Verlangen[1] nach Macht und Reichtum[2], andererseits die Suche nach Liebe. Das Verlangen nach Macht wird durch den Zauber[3] eines goldenen Ringes dargestellt und die Suche nach Liebe wird durch die tragische Liebesgeschichte des Helden Siegfried und der Walküre Brünnhilde personifiziert.

In der Oper *Siegfried*, der dritten Oper von Wagners Zyklus, legt Siegfried einen schwierigen Weg zurück, um Brünnhilde zu retten. Sie schläft seit langer Zeit auf einem Felsen, der von Feuer eingeschlossen ist. Schließlich weckt Siegfried sie aus dem tiefen Schlaf, welcher von ihrem Vater Wotan als Strafe angeordnet wurde.

Zu Beginn der Oper *Götterdämmerung* schwören sich Siegfried und Brünnhilde ihre ewige Liebe und beschenken sich gegenseitig. Siegfried schenkt ihr den mächtigen, aber fluchbeladenen[4] Ring und sie schenkt Siegfried ihr Pferd Grane. Als sich Siegfried aufmacht, um Abenteuer zu bestehen, kommt er zum Schloss von König Gunther, dessen Halbbruder Hagen Unfrieden stiftet, um den Ring zu bekommen. Siegfried wird durch einen Zaubertrank[5] dazu gebracht, Brünnhilde zu vergessen und sich in die Schwester Gunthers, Gutrune, zu verlieben. Gunther will jetzt Brünnhilde zur Frau nehmen und Hagen hofft dadurch, an den Ring zu kommen. Aus Rache[6] an Siegfried zeigt Brünnhilde Hagen, wie er Siegfried töten kann. Während Siegfried stirbt, kommt seine Erinnerung zurück und auch seine Liebe zu Brünnhilde. Diese bemerkt, dass sie beide von König Gunther manipuliert wurden. Sie lässt einen riesigen Scheiterhaufen[7] errichten, um Siegfrieds Leiche zu verbrennen, sattelt das Pferd Grane, springt damit durch das Feuer und stirbt. Während sich die Flammen ausbreiten, tritt der Rhein aus seinem Ufer[8] und die Rheintöchter[9] holen den Ring von Brünnhilde zurück. Als Hagen versucht, den Rheintöchtern den Ring wegzunehmen, ertrinkt er in den Fluten.

---

[1]**das Verlangen** das Wollen, der Wunsch   [2]**der Reichtum** wenn man viel Geld hat   [3]**der Zauber** die Magie   [4]**fluchbeladen** ein Fluch ist auf etwas; ein Fluch ist ein böser Wunsch   [5]**der Zaubertrank** ein Getränk, das eine magische Wirkung hat   [6]**die Rache** man tut einer Person etwas Böses, weil sie auch etwas Böses getan hat   [7]**der Scheiterhaufen** ein Berg von Holzstücken, zum Feuer machen   [8]**aus den Ufern treten** das Wasser eines Flusses überschwemmt das Land   [9]**die Rheintöchter** mythologische Wesen, die im Rhein leben

---

:: 6 :: LESEN: DETAILVERSTÄNDNIS

Lesen Sie den Text ein zweites Mal und finden Sie heraus, wer mit wem verwandt bzw. liiert[1] ist.

BEISPIEL: Wotan ist Brünnhildes Vater.

---

[1]**liiert sein** ein Liebesverhältnis haben

:: 7 :: TEXT ANHAND VON SELBSTGEMALTEN BILDERN NACHERZÄHLEN

:: Die Sätze befinden sich auf der *Anders gedacht Instructor's Companion Website.*

Übungsbuch
Einheit 7, Teil B

Ihr Kursleiter/Ihre Kursleiterin gibt Ihnen einen Satz. Malen Sie den Inhalt mit Ihrem Partner/Ihrer Partnerin auf ein Blatt Papier und hängen Sie die Bilder an die Tafel. Berichten Sie, was Sie auf den Bildern Ihrer Kommilitonen/Kommilitoninnen sehen. Bringen Sie die Bilder in die richtige Reihenfolge und erzählen Sie den Inhalt der Opern anhand der Bilder noch einmal nach.

Sprechanlass: Bildbetrachtung

:: 8 :: BILDER INTERPRETIEREN UND PRÄSENTATION VORBEREITEN

Übungsbuch
Einheit 7, Teil B

Suchen Sie sich eins der drei Bilder aus und beschreiben Sie es. Präsentieren Sie dann Ihr Ergebnis im Plenum. Gehen Sie auf Bildelemente und Inhalte ein. Teilen Sie Ihren Text genauso ein, wie bei Ihren Präsentationen in Aufgabe 8 auf Seite 229:

a

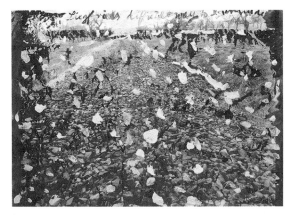

b

c

(top, left) Kiefer, Anselm, (1945–) © Copyright Anselm Kiefer. *Brünhilde Sleeps.* 1980. Acrylic and gouache on photograph. H. 23, W. 32-7/8 inches (58.4 x 83.5 cm), Denise and Andrew Saul Fund, 1995 (1995.14.30). The Metropolitan Museum of Art, New York, NY, U.S.A. Image copyright © The Metropolitan Museum of Art / Art Resource, NY; *(bottom, left)* Kiefer, Anselm (1945–) © Copyright Anselm Kiefer. *Siegfried's Difficult Way to Brünhilde.* Ca. 1980. Acrylic and gouache on photograph. H. 23-1/8, W. 32-7/8 inches (58.7 x 83.5 cm). Denise and Andrew Saul Fund, 1995 (1995.14.35). The Metropolitan Museum of Art, New York, NY, U.S.A. Image copyright © The Metropolitan Museum of Art / Art Resource, NY; *(right)* Kiefer, Anselm (1945–) © Copyright Anselm Kiefer. *Brünhilde's Death.* 1976. India ink, watercolor, and acrylic on joined paper. H. 34-3/4, W. 17-3/8 inches (88.3 x 44.1 cm). © Anselm Kiefer. Lila Acheson Wallace Gift, 1995 (1995.14.21). The Metropolitan Museum of Art, New York, NY, U.S.A. Image copyright © The Metropolitan Museum of Art / Art Resource, NY

1. Angabe des Titels
2. Beschreibung des Bildes
3. Angabe des Themas und Interpretation des Bildes
4. Absicht des Künstlers
5. Fragen und Diskussion

Hilfestellung: Sie können sich an folgenden Fragen orientieren:

- Was können Sie erkennen?
- Gibt es etwas Besonderes in dem Bild?
- Welche Vermutungen und Hypothesen haben Sie?

Verwenden Sie Redemittel aus dem Kasten, wenn Sie möchten.

> Redemittel
>
> Es ist möglich, dass …
> Es kann sein, dass …
> Es wäre denkbar, dass …
> vermutlich
> vielleicht
> wahrscheinlich
> bestimmt
> sicherlich
> möglicherweise

Weitere Hilfestellung zu **Siegfrieds Difficult Way to Brünhilde:**

- Was assoziieren Sie mit dem steinigen Weg im Bild?
- Worauf weist Kiefer Ihrer Meinung nach hin?
- Wie erklären Sie den Titel?
- Warum hat Kiefer einen englischen Titel gewählt?

Weitere Hilfestellung zu **Brünhilde schläft:**

- Wie sieht Brünnhilde aus?
- Was symbolisiert sie wohl?
- Was will Kiefer Ihrer Meinung nach mit seinem Bild sagen?

Weitere Hilfestellung zu **Brünhildes Tod:**

- Erklären Sie noch einmal, wie Brünnhilde gestorben ist, und versuchen Sie, das Bild zu deuten.
- Wo ist Brünnhilde im Bild, wo das Feuer, wo der Scheiterhaufen?
- Warum besteht das Bild aus zusammengefügten Teilen?
- Welche Farben verwendet Kiefer? Schauen Sie im Farbteil von *Anders gedacht* nach.
- Woran erinnern Sie die Farben?
- Welche Parallelen zieht Kiefer?

Weiterführende Aufgaben

:: 9 :: SYMBOLE: BEZÜGE HERSTELLEN

In Einheit 6 haben Sie sich mit Symbolen in Grimm'schen Märchen beschäftigt
(z.B. der *Räuberbräutigam*). Einige der Symbole, die Sie in der *Götterdämmerung*
kennengelernt haben, kommen auch in den Märchen der Brüder Grimm vor.
Welche Bedeutung könnten diese Symbole haben? Notieren Sie Ihre Gedanken
im Raster. Nicht jedes Symbol kommt in der *Götterdämmerung*, in Grimm'schen
Märchen und bei Kiefer vor.

Symbol	*Götterdämmerung*	Grimm'sche Märchen	Kiefer
der Ring			
der Schlaf			
das Pferd			
das Wasser (der Rhein)			
das Feuer (die Flammen)			
der Scheiterhaufen (die Asche)			
der Zaubertrank			
Farben: rot, gelb, schwarz			
der Wald (Baum)			

 ### :: 10 :: HÖREN: MUSIK UND EMOTIONEN BESCHREIBEN

Die Musik befindet sich auf der Anders gedacht Instructor's Audio CD.

Sehen Sie sich das Aquarell *Brünhildes Tod* noch einmal im Farbteil an und
hören Sie gleichzeitig das Finale aus Wagners *Götterdämmerung*. Falls Sie sich
für den gesungenen Text interessieren, können Sie ihn im Anhang nachlesen.
Achten Sie auf die Musik.

Wie würden Sie die Musik beschreiben?

Welche Gefühle hat Brünnhilde, während sie mit ihrem Pferd in das Feuer
springt?

Arbeiten Sie zunächst alleine mit der Enzyklopädie der Gefühle. Ergänzen Sie danach gemeinsam das Raster. Es gibt nicht immer für jede Spalte ein Wort.

das Gefühl / der Zustand	Verb	Adjektiv
a. die Liebe	*lieben*	*lieb*
b. die Hoffnung		*hoffnungsvoll*
c. die Freundschaft		
d. die Wut		
e. die Sorge		
f. der Mut		
g. der Frieden		
h. die Einsamkeit		
i. das Glück		
j. die Ehrlichkeit		
k. die Freude		
l. das Lachen		
m. die Leidenschaft		
n. der Schmerz		
o. das Vertrauen		
p. das Leiden		
q. der Hass		
r. die Angst		
s. die Gerechtigkeit		
t. die Spannung		

:: 12 :: ZUSAMMENFASSEN

Versuchen Sie nun, die Fragen zu beantworten. Machen Sie sich Notizen. Ein Gruppensprecher berichtet über das Ergebnis Ihres Gesprächs.

- Warum greift Kiefer Wagners *Ring*, die deutsche Mythologie und das Heldentum auf?
- Wie stellt er die Themen dar?
- Was sagt Kiefer Ihrer Meinung nach mit seinem Bild *Brünhildes Tod*?

Aussage von Peter Handke

Peter Handke, 1942 in Kärnten (Österreich) geboren, ist Schriftsteller, Übersetzer, Filmautor und Regisseur. Er lebt in Frankreich und Salzburg. In diesem kurzen Textauszug schreibt er über Malerei.

Lesen • Selektives Verstehen

:: 1 :: AUSSAGEN BEWERTEN

Lesen Sie zunächst die Aussagen a-d, damit Sie schon eine Idee über den Textinhalt bekommen. Lesen Sie dann den Text. Bewerten Sie nach dem Lesen die Aussagen mit richtig (**R**) oder falsch (**F**):

a. _____ Malerei ist notwendig.

b. _____ Malerei hat in der jetzigen Weltgeschichte viel Platz.

c. _____ Malerei muss nicht unbedingt sein.

d. _____ Malerei ist eine unerklärbare Notwendigkeit.

PETER HANDKE ÜBER MALEREI

„Malerei, auch wenn sie vielleicht keinen Platz hat in der gegenwärtigen[1] Weltgeschichte, muss sein! Sie ist wie sie war und wie sie sein wird, eine – unentschlüsselbare[2], geheimnisvolle – Notwendigkeit."

Quelle: *Die Zeit*, 9. November 1999

---

[1]**gegenwärtig** jetzt   [2]**unentschlüsselbar** man kann es nicht verstehen

:: 2 :: DEBATTE

Bilden Sie zwei Gruppen und debattieren Sie über die Aussage:

> Kunst ist eine Notwendigkeit.

Die eine Gruppe sammelt Argumente für und die andere Gruppe sammelt Argumente gegen diese Aussage. Machen Sie sich in Ihren Gruppen Notizen, überlegen Sie auch, wer bei der Debatte was sagen wird, sodass alle Studenten/Studentinnen zu Wort kommen.

:: 3 :: REFERATE HALTEN

Suchen Sie im Internet Informationen über einen der folgenden Künstler. Halten Sie dann ein Referat über ihn/sie.

- Gerhard Richter
- Candida Höfer
- Neo Rauch

Weiterführende Aufgabe

:: 4 :: SCHREIBEN: GEDANKEN ZUM THEMA

Übungsbuch
Einheit 7, Teil A

Wählen Sie ein Bild von Anselm Kiefer oder einem/r anderen Künstler/Künstlerin aus dem deutschsprachigen Kulturkreis aus, beschreiben und interpretieren Sie es. Die folgenden Punkte helfen Ihnen bei der Vorbereitung und dem Formulieren Ihrer Gedanken.

:: a :: **Bildelemente erfassen**   Beschreiben Sie zuerst, was Sie sehen. Achten Sie auf die attributiven Adjektivendungen.

:: b :: **Deuten**   Die folgenden Fragen geben Ihnen eine Orientierung:

- Welches Thema wird angesprochen?
- Achten Sie darauf, wann das Bild entstanden ist. Überlegen Sie, was zu dieser Zeit in Deutschland / Österreich / der Schweiz passiert ist. Manchmal machen Künstler Referenzen zu politischen, gesellschaftlichen oder kulturellen Ereignissen.
- Was will der Künstler mit diesem Bild ausdrücken?

:: c :: **Stellung nehmen**   Denken Sie, dass dieses Bild *notwendig* ist oder ist es einfach nur *schön?*

Grundwortschatz

:: VERBEN

an•fertigen: er/sie/es fertigt … an, fertigte … an, hat … angefertigt	to make, do, prepare
betrachten: er/sie/es betrachtet, betrachtete, hat … betrachtet	to look at, observe, study
sich beziehen auf + Akkusativ: er/sie/es bezieht sich auf, bezog sich auf, hat sich auf … bezogen	to refer (to), relate (to)
dar•stellen: er/sie/es stellt … dar, stellte … dar, hat … dargestellt	to depict, portray, represent
inspirieren: er/sie/es inspiriert, inspirierte, hat … inspiriert	to inspire
symbolisieren: er/sie/es symbolisiert, symbolisierte, hat … symbolisiert	to symbolize

:: NOMEN

das Aquarell,-e	watercolor (painting)
das Bildelement, -e	picture element
das Feuer	fire
die Figur, -en	figure
der Halbkreis, -e	semicircle
der Hintergrund, die Hintergründe	background
der Kreis, -e	circle
der Künstler, - / die Künstlerin, -nen	artist
das Kunstwerk, -e	work of art
die Linie, -n	line
die Metapher, -n	metaphor
die Mythologie	mythology
die Provokation, -en	provocation
der Strich,-e	line, stroke
der Umriss,-e	outline
der Vordergrund, die Vordergründe	foreground

:: ADJEKTIVE UND ADVERBIEN

angstvoll	anxious(ly); afraid
bunt	colorful(ly), multicolored
dunkel	dark(ly)
germanisch	Germanic, Teutonic
kräftig	strong(ly), powerful(ly)
künstlerisch	artistic(ally)
leuchtend	shining
mythologisch	mythological(ly)
oval	oval
quadratisch	square
rechteckig	rectangular
rund	round
senkrecht	vertical(ly)
waagerecht	horizontal(ly)

:: ANDERE AUSDRÜCKE

ein Bild deuten	to interpret a picture
das Bild bezieht sich auf (+ *Akkusativ*)	the picture refers to, relates to
die *Götterdämmerung*	The Twilight of the Gods (a Wagner opera)
das Nibelungenlied	The Lay of the Nibelungs

Das Leben im anderen Deutschland

ALLTAG IN DER DDR UND DER FALL DER MAUER

:: ABSCHNITTE

A Die Geschichte der beiden deutschen Staaten
B Film: *Good Bye, Lenin!*, Wolfgang Becker (zwei Filmsequenzen)
C Film: *Das Leben der Anderen*, Florian Henckel von Donnersmarck (zwei Filmsequenzen)

:: TEXTE

- Deutsch-deutsche Geschichte (Überblick)
- Zusammenfassung des Films *Good Bye, Lenin!*, Wolfgang Becker
- Zusammenfassung des Films *Das Leben der Anderen*, Florian Henckel von Donnersmarck
- Dialog aus dem Film *Das Leben der Anderen*
- Stimmen der Kritiker zu dem Film *Das Leben der Anderen* (Filmrezensionen in Auszügen)
- Bernd Ulrich: „Der 68er Komplex" (Auszug aus einem Artikel aus *Die Zeit*)

:: INTERNET-AKTIVITÄTEN

- Ostprodukte: Ampelmännchen, Plattenbauten, Trabis
- Die Stasi
- Das Leben in der DDR

:: SPRACHLICHE STRUKTUREN

- Konjunktiv I, indirekte Rede
- Wiederholung: Relativsätze
- Wiederholung: Passiv

:: IN DIESER EINHEIT

Diese Einheit schließt den geschichtlichen Überblick der deutschen Geschichte des 20. Jahrhunderts ab und wirft einen Blick auf politische Entwicklungen nach dem Krieg, den Einfluss der USA auf Deutschland, die Teilung des Landes und die Wiedervereinigung. Anhand von Filmsequenzen aus den Filmen *Good Bye, Lenin!* und *Das Leben der Anderen* werden Sie sich mit dem Alltag in der DDR beschäftigen.

EINHEIT

Abschied von der DDR

© Archives du 7eme Art / Photo 12 / Alamy

Einstimmung auf das Thema

 :: 1 :: VORWISSEN SAMMELN

Was wissen Sie bereits über die deutsche Nachkriegsgeschichte seit 1945?
Sammeln Sie im Plenum.

:: 2 :: BILDER BESCHREIBEN UND
HYPOTHESEN AUFSTELLEN

Beschreiben Sie, was Sie auf den Bildern a und b sehen. Vermuten Sie, was die
Personen machen und warum. Wo sind sie? Wann ist das? Benutzen Sie die
Redemittel und den Wortschatz.

Redemittel und Wortschatz

Auf Bild a sieht man ...	Ich könnte mir vorstellen, dass ...	zumauern
Bild a zeigt ...	Möglicherweise ...	hinübersehen
Ich vermute, dass ...	Vermutlich ...	

Landesarchiv Berlin

a

dpa / Landov

b

Die Geschichte der beiden deutschen Staaten

In diesem Abschnitt werden Sie erfahren, wie die beiden deutschen Staaten entstanden sind und welchen Einfluss die Westmächte und die Sowjetunion auf die gesellschaftliche und politische Entwicklung der beiden deutschen Staaten hatten.

Deutsch-deutsche Geschichte

:: 1 :: WORTSCHATZ: EINE WORTFAMILIE UNTERSUCHEN

Bilden Sie Gruppen und sammeln Sie möglichst viele Wörter, die zur Wortfamilie „teilen" gehören. Notieren Sie danach alle Wörter an der Tafel. Erklären Sie die Wörter.

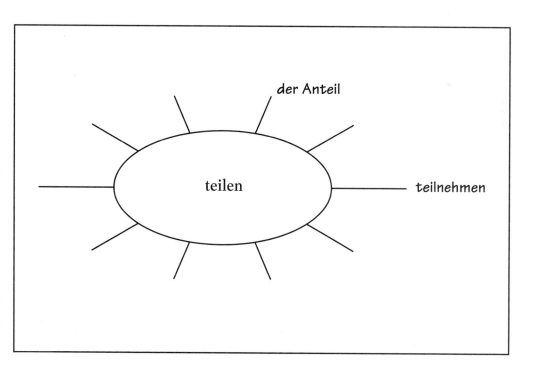

:: 2 :: WORTSCHATZ: ERKLÄRUNGEN ZUORDNEN

Ordnen Sie als Vorbereitung auf den Lesetext den Ausdrücken auf der linken Seite
eine Erklärung zu.

2	beitreten	1. andere Ideen
	die Einleitung	2. Mitglied werden
	einsehen	3. der Beginn
	sich entscheiden	4. die Lieferung der Dinge, die man zum Leben braucht
	fliehen	5. eine von zwei Möglichkeiten wählen
	die Versorgung	6. eine Idee äußern
	verwalten	7. merken, realisieren
	vorschlagen	8. dafür sorgen, dass alles in Ordnung ist
	unterschiedliche Vorstellungen	9. vor einer Gefahr weglaufen

Lesen • Globalverständnis

:: 3 :: ÜBERSCHRIFTEN ZUORDNEN

Lesen Sie die Abschnitte 1–11 des Textes „Deutsch-deutsche Geschichte". Ordnen
Sie danach die Überschriften und die Textabschnitte einander zu.

ÜBERSCHRIFTEN

	a. Berliner Luftbrücke
	b. Volksaufstand gegen das SED-Regime in Ostberlin
1	c. die Aufteilung Deutschlands
	d. die Wende
	e. der Fall der Mauer
	f. die Gründung der Bundesrepublik und der DDR
	g. das Wirtschaftswunder
	h. der Bau der Mauer
	i. die Blockade Berlins
	j. die Wiedervereinigung
	k. Beginn der Verständigung zwischen Ost und West

Deutschland 1945

britische Zone

Berlin

sowjetische Zone

franzö-
sische

US-Zone

Zone

■ Westzonen und Westsektoren von Berlin
(ab 1949 Bundesrepublik Deutschland)

□ Sowjetische Zone und Ostsektor von Berlin
(ab 1949 Deutsche Demokratische Republik)

Besatzungszonen:
Berlin liegt in der
sowjetischen Zone.

Textabschnitt 1   Nach dem Ende des Zweiten Weltkrieges wurde
Deutschland 1945 in vier Zonen aufgeteilt[1]: in eine
amerikanische, britische, französische und in eine
sowjetische Zone. Als ehemalige Hauptstadt wurde
5 Berlin in vier Sektoren unterteilt, obwohl es mitten in
der sowjetischen Zone lag (s. Karte). Deutschland sollte
trotz der Aufteilung als Ganzes verwaltet werden.

---

[1] **aufteilen** etwas Ganzes in Teile zerlegen

Textabschnitt 2	Doch schon bald nach dem Ende des Krieges zeigten sich Konflikte, besonders zwischen den USA und der Sowjetunion. Als klar wurde, dass die Sowjetunion und die westlichen Alliierten unterschiedliche Vorstellungen von der Verwaltung Deutschlands hatten, wurden die Spannungen[2] größer. Schließlich kam es zum Eklat[3], als die Westmächte eine Währungsreform[4] vorschlugen, um die deutsche Wirtschaft zu stimulieren. Die Sowjetunion war dagegen, da die kapitalistische Tendenz einer solchen Reform ihrer kommunistischen Ideologie widersprach. Entgegen dem Widerstand der Sowjetunion führten die drei Westmächte 1948 die neue Währung, die Deutsche Mark, in ihren Zonen ein. Als Reaktion blockierte die Sowjetunion alle Straßen und Zugverbindungen nach Berlin, stoppte die Versorgung der Westsektoren von Berlin mit Elektrizität und kappte[5] auch die Wasserversorgung. Berlin lag isoliert mitten in der sowjetischen Besatzungszone.
Textabschnitt 3	Ohne Verbindung zu den drei Zonen in Westdeutschland konnten die Menschen im Westteil Berlins sowie die dort stationierten alliierten Soldaten nicht mehr versorgt werden. Der Oberbefehlshaber[6] der amerikanischen Streitkräfte in Deutschland, General Lucius D. Clay, entschied sich daher für die Versorgung Berlins aus der Luft. Zwischen dem Rhein-Main-Gebiet in der amerikanischen Zone und Berlin-West wurde eine Luftbrücke eingerichtet und die „Rosinenbomber" versorgten Westberlin vom Sommer 1948 bis ins Frühjahr 1949 mit Lebensmitteln[7], Medikamenten und Brennstoff[8]. Im Frühjahr 1949 sah die sowjetische Regierung ein, dass die Blockade ihr Ziel nicht erreicht[9] hatte und beendete sie.
Textabschnitt 4	Deutschland wurde in zwei getrennte Staaten geteilt. 1949 wurde die Bundesrepublik Deutschland

---

[2] **die Spannung** eine Situation, in der man nervös ist, in der sich Konflikte anfangen zu zeigen [3] **der Eklat** eine Situation, in der es einen Konflikt zwischen zwei Parteien gibt [4] **die Währung** das Geld, das in einem Staat benutzt wird, z.B. Euro, Dollar, ... [5] **kappen** unterbrechen, stoppen [6] **der Oberbefehlshaber** jemand, der wichtige Befehle erteilt [7] **Lebensmittel** Essen, z.B. Gemüse, Milch, ... [8] **der Brennstoff** man braucht ihn zum Heizen, damit es im Winter warm ist [9] **ein Ziel erreichen** die Konsequenz haben, die man geplant hat

(BRD) gegründet, die aus den drei westlichen Zonen Deutschlands und den drei westlichen Sektoren Berlins bestand. Die sowjetische Zone und der Sowjetsektor
45 Berlins wurden zur Deutschen Demokratischen Republik (DDR). Die Bundesrepublik hatte die „Soziale Marktwirtschaft" als wirtschaftliches Modell und stand nach wie vor unter dem Einfluss der USA, Großbritanniens und Frankreichs. In der DDR
50 bestimmte die Sowjetunion Politik und Wirtschaft und führte die Planwirtschaft ein.

Textabschnitt 5 Durch die Währungsreform, die Soziale Marktwirtschaft und die Aufnahme in den Marshallplan 1949 erholte sich die westdeutsche Wirtschaft schnell, sodass die
55 50er Jahre von wirtschaftlichem Wachstum und Wohlstand[10] geprägt waren. Im Osten hingegen war die Wirtschaft bei weitem nicht so erfolgreich.

Viele Menschen aus dem Osten zogen nach Westdeutschland, um am wirtschaftlichen Aufschwung
60 teilzuhaben.

Textabschnitt 6 Im Juni 1953 kam es in Ostberlin und anderen Orten der DDR zu Demonstrationen gegen die kommunistische Regierung und deren Wirtschaftspolitik. Der Aufstand[11] wurde am 17. Juni von sowjetischen Panzern und
65 Soldaten blutig niedergeschlagen[12].

Textabschnitt 7 Von 1949 bis 1961 flohen etwa 2,5 Millionen Menschen aus der DDR in die Bundesrepublik, vor allem von Ost- nach Westberlin, da die Staatsgrenzen zwischen den beiden deutschen Staaten geschlossen waren. Um
70 weitere DDR-Bürger von der Flucht in den Westen abzuhalten, baute die DDR in einer Nacht-und-Nebel-Aktion vom 12. auf den 13. August 1961 eine Mauer mitten durch Berlin. Die Berliner Mauer wurde zum Symbol für die geteilte Stadt und auch Präsident
75 John F. Kennedy besuchte sie 1963.

---

[10] **der Wohlstand** Reichtum [11] **der Aufstand** die Rebellion [12] **blutig niederschlagen** (die Rebellion) mit Gewalt und Blut beenden; brutal beenden

Textabschnitt 8	Schon vor dem Bau der Mauer hatte „Kalter Krieg" zwischen Ost und West geherrscht. Doch durch die Mauer wurden die Berliner von ihren Familien, Freunden und Kollegen getrennt. Für sie war es nun fast unmöglich, diese Menschen wiederzusehen, denn Reisen waren den DDR-Bürgern nur in andere kommunistische Länder im Osten erlaubt, z.B. nach Russland. Erst 1969, mit der Einleitung der Entspannungspolitik zwischen den beiden deutschen Staaten, konnten sich die Menschen aus der Bundesrepublik und der DDR leichter besuchen. Dies war vor allem ein Verdienst[13] des damaligen sozialdemokratischen Bundeskanzlers Willy Brandt. Allerdings waren es eher die Bundesbürger, die in den Osten reisen durften, als umgekehrt.
Textabschnitt 9	Im Mai 1989 öffnete Ungarn überraschend die Grenze zu Österreich und im Sommer flüchteten Hunderte von DDR-Urlaubern über die ungarische Grenze nach Österreich. Viele andere DDR-Bürger suchten in osteuropäischen Botschaften der Bundesrepublik Zuflucht[14], unter anderem in Budapest und Prag. Im September 1989 begannen DDR-Bürger in Leipzig mit regelmäßigen friedlichen[15] Montagsdemonstrationen für Reformen und Reisefreiheit, zu denen jede Woche mehr Menschen kamen. Im Oktober trat DDR-Staats- und Parteichef Erich Honecker zurück.
Textabschnitt 10	Schließlich öffnete die DDR im November 1989 nach 28 Jahren die Mauer.
Textabschnitt 11	Die durch freie Wahlen gebildete neue Regierung der DDR entschied sich am 3. Oktober 1990 für den Beitritt zur Bundesrepublik. Seitdem gibt es nur noch einen deutschen Staat, die Bundesrepublik Deutschland.

[13] **der Verdienst** eine besonders gute Handlung   [14] **Zuflucht suchen** an einem Ort Schutz und Hilfe suchen   [15] **friedlich** ohne Gewalt, ohne Brutalität

:: 4 :: SCHLÜSSELWÖRTER UND JAHRESZAHLEN ZUORDNEN

Ordnen Sie den Begriffen mit Hilfe von Pfeilen eine Jahreszahl bzw. einen Zeitabschnitt zu. Bilden Sie dann Sätze, in denen Sie die in Klammern angegebenen Verben benutzen.

Begriffe / Verben

a. der Volksaufstand (demonstrieren)

b. die Entspannungspolitik (sich besuchen)

c. die Luftbrücke, Rosinenbomber (versorgen)

d. der Bau der Mauer (bauen)

e. die Aufteilung Deutschlands (aufteilen)

f. das Wirtschaftswunder (beginnen)

g. die Berliner Blockade (blockieren)

h. Kalter Krieg (herrschen[1])

i. der Fall der Mauer (fallen)

j. die Wiedervereinigung (sich vereinigen)

Jahreszahlen / Zeitabschnitte

die 50er Jahre

1948–49

1945

Sommer 1948 – Frühjahr 1949

1990

1989

1961

1948–1969

1953

ab 1969

BEISPIEL: a. *1953 demonstrierten die DDR-Bürger in einem Volksaufstand gegen die Regierung.*

b. _____

c. _____

d. _____

e. _____

f. _____

g. _____

h. _____

i. _____

j. _____

[1]**herrschen** *hier:* sein

:: 5 :: SÁTZTEILE ZUORDNEN

Beenden Sie die Sätze auf der linken Seite, indem Sie ihnen den passenden Satzteil von der rechten Seite zuordnen.

a: _7_ , b: ___ , c: ___ , d: ___ , e: ___ , f: ___ ,
g: ___ , h: ___ , i: ___ , j: ___ , k: ___

a. Die Aufteilung Deutschlands war **der Prozess,**

b. Die Blockade Berlins war **die Phase,**

c. Als Berliner Luftbrücke bezeichnet man **die Phase,**

d. Die Gründung der Bundesrepublik und der DDR, markiert **den Zeitpunkt,**

e. Unter dem Wirtschaftswunder versteht man **die Zeit,**

f. Der Volksaufstand gegen das SED-Regime in Ostberlin ist **das Ereignis,**

g. Der Bau der Mauer bezeichnet **die Tage und Wochen,**

h. Mit Beginn der Verständigung zwischen Ost und West ist **der Zeitpunkt** gemeint,

i. Mit Wende meint man **den Zeitraum,**

j. Der Fall der Mauer bezeichnet **den Zeitpunkt,**

k. Als Wiedervereinigung bezeichnet man **den Zeitpunkt,**

1. … bei **dem** die DDR-Bürger gegen das Regime demonstrierten und das mit Gewalt beendet wurde.

2. … an **dem** die beiden deutschen Staaten offiziell wieder ein Staat wurden.

3. … während **der** die Sowjetunion Westberlin isolierte.

4. … an **dem** die DDR die Mauer öffnete.

5. … an **dem** die Beziehungen zwischen den beiden deutschen Staaten besser wurden.

6. … in **dem** politische Veränderungen stattfanden, die die Wiedervereinigung möglich machten.

7. … bei **dem** Deutschland und Berlin 1945 in vier Zonen bzw. Sektoren aufgeteilt wurden.

8. … während **der** Westberlin durch Flugzeugtransporte aus Westdeutschland versorgt wurde.

9. … an **dem** zwei deutsche Staaten entstanden.

10. … in **der** sich die westdeutsche Wirtschaft mit Hilfe des Marshallplans rasant erholte und boomte.

11. … in **denen** die DDR eine Grenze zwischen West- und Ostberlin baute.

:: 6 :: NOMEN UND VERBEN NOTIEREN

Tragen Sie die passenden Nomen beziehungsweise Verben in die Tabelle ein, schreiben Sie auch die Passiv-Formen dazu. Alle Partizip-Formen in dieser Aufgabe sind regelmäßig. Die Verben **wachsen** und **fallen** haben keine Passiv-Form.

Nomen	Verb im Infinitiv	Verb im Passiv
die Aufteilung	*aufteilen*	*wird … aufgeteilt*
die Blockade		
die Versorgung		
die Gründung		
	wachsen (Prät.: *wuchs*)	—
	demonstrieren	
der Bau		
	einleiten	
die Öffnung		
	fallen (Prät.: *fiel*)	—
	wiedervereinigen	

:: 7 :: ZEITLEISTE VERVOLLSTÄNDIGEN

Fassen Sie nun die Ereignisse zusammen, indem Sie die Zeitleiste vervollständigen, wo möglich und nötig im Passiv. Benutzen Sie die Verben aus der Tabelle in Aufgabe 6.

Übungsbuch
Einheit 8, Teil A

1945 _____ *wurde* _____ Deutschland in vier Zonen *aufgeteilt* _____ .

Von 1948–49 _____ *wurde* _____ Westberlin _____ .

Vom Sommer 1948 bis zum Frühjahr 1949 _____ .

1949 _____

Von 1949 an _____ .

1953 _____ .

1961 _____ .

1969 _____ .

Im Mai 1989 _____ .

Im November 1989 _____ .

1990 _____ .

:: 8 :: BILDER ERKLÄREN

Übungsbuch
Einheit 8, Teil A

Schreiben Sie die richtige Jahreszahl unter die Bilder. Die Bilder 4 und 5 gehören zusammen. Erklären Sie, was auf diesen Bildern passiert. Überlegen Sie zunächst mit Ihrem Partner/Ihrer Partnerin und dann im Plenum.

1989	1948/49	1953
1961	1953	1963

BILD 1: _____

BILD 2: _____

BILD 3: _____

BILD 4: _____

BILD 5: _____

BILD 6: _____

BRD und DDR: zwei unterschiedliche politische und wirtschaftliche Systeme

:: 1 :: VORWISSEN SAMMELN

Durch die Teilung Deutschlands für 40 Jahre waren zwei sehr unterschiedliche deutsche Staaten entstanden. Besprechen Sie mit Ihrem Partner/Ihrer Partnerin: Welche Unterschiede zwischen der Bundesrepublik und der DDR sind Ihnen bekannt? Sammeln Sie dann die Ergebnisse an der Tafel.

:: 2 :: WORTSCHATZ: BEGRIFFE SORTIEREN

Schreiben Sie die Begriffe im Kasten in die Tabelle.

Übungsbuch
Einheit 8, Teil A

---

garantierter Arbeitsplatz
die Demokratie
der volkseigene[1] Betrieb (VEB)
die SED (Sozialistische
   Einheitspartei Deutschlands)
die soziale Marktwirtschaft
kostenlose Krankenversicherung
die Konkurrenz um Arbeitsplätze
   und Wohnungen

der Sozialismus
die Reisefreiheit
die Abhängigkeit der Justiz von
   der Regierung
die Pressefreiheit
keine Meinungsfreiheit
die Planwirtschaft (der Staat gibt
   Arbeitspläne vor)
die Parteienvielfalt

der private Besitz
kostenlose Ausbildung
die Meinungsfreiheit
die Unabhängigkeit der Justiz
keine Pressefreiheit
die Reiseerlaubnis nur
   für die Ostblockländer
   (Ungarn, Russland, Polen,
   Tschechoslowakei, ...)

[1]**volkseigen** dem Staat bzw. den Staatsbürgern gehörend

BRD (Bundesrepublik Deutschland)	DDR (Deutsche Demokratische Republik)
Demokratie	*Sozialismus*

In diesem Abschnitt werden Sie anhand zweier Sequenzen aus dem Film *Good Bye, Lenin!* einen Einblick in das Alltagsleben der DDR bekommen und die unmittelbaren Konsequenzen des Mauerfalls für die Menschen in der DDR kennenlernen.

Einstimmung auf den Film

:: 1 :: VORWISSEN AKTIVIEREN

Was haben Sie schon über das Leben in der DDR gehört? Kennen Sie typische DDR-Produkte? Was waren Ihrer Meinung nach positive Aspekte für die Menschen in der DDR, was waren negative?

:: 2 :: INTERNETRECHERCHE

Wählen Sie ein DDR-Produkt und recherchieren Sie im Internet. Bereiten Sie ein etwa 5-minütiges Referat vor, in dem Sie das Produkt und die Geschichte des Produkts kurz darstellen. Was ist mit diesem Produkt nach der Wiedervereinigung passiert? Gibt es das Produkt noch? Warum (nicht)?

• das DDR-Ampelmännchen

Ullstein-Oed/The Granger Collection, NY

• der Plattenbau

Karl-Ludwig Lange/akg-images

• der „Trabi" (der Trabant), auch Rennpappe genannt

Ullstein-ddp/The Granger Collection, NY

:: 3 :: VERMUTUNGEN ÄUSSERN

Wie sahen die folgenden Dinge in der DDR wohl aus bzw. wie waren sie? Wie unterschieden sie sich von denen im Westen? Beschreiben Sie.

> **Redemittel**
>
> Ich vermute, dass ...
> Ich habe gehört, dass ...
> Wahrscheinlich ...
> Ich könnte mir vorstellen, dass ...

a. Zimmereinrichtung

b. Kleidung

c. Straßen und Häuser

d. Lebensmittel

e. Zeitungen

f. Fernsehsendungen

g. Nachrichtensendungen

h. DDR-Begriffe

i. Autos

j. Ampeln

k. Organisationen

l. Gebäude

m. politische Slogans

n. Lieder

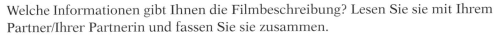

:: 4 :: FILMBESCHREIBUNG LESEN

Welche Informationen gibt Ihnen die Filmbeschreibung? Lesen Sie sie mit Ihrem Partner/Ihrer Partnerin und fassen Sie sie zusammen.

Übungsbuch
Einheit 8, Teil B

GOOD BYE, LENIN!, WOLFGANG BECKER BRD 2003

Der Film behandelt die fiktive Geschichte der DDR-Familie Kerner vor, während und nach der Zeit des Berliner Mauerfalls. Das Jahr 1989 steht im Mittelpunkt des Films, der die Gegenüberstellung der ost- und westdeutschen Kultur, ihrer Werte und Lebensauffassungen auf mehreren
5 Ebenen darstellt. Alex, der Sohn der Familie, reflektiert aus kritischer Distanz sein Leben als Kind und Jugendlicher in der DDR und zur Zeit der Wende. Alex' Mutter Christiane, die durch die Republikflucht[1] des Vaters zu einer enthusiastischen Sozialistin und Lehrerin geworden ist, erleidet einen Herzinfarkt, als sie zufällig in eine Demonstration gerät,
10 auf der Alex festgenommen wird. Sie erwacht acht Monate später aus dem Koma. In der Zwischenzeit ist die Mauer gefallen und die DDR-Alltagskultur verschwindet nach und nach. Alex und seine zwei Jahre ältere Schwester Ariane, die inzwischen mit einem neuen Freund aus dem Westen in der Wohnung der Familie Kerner lebt, bringen die Mutter
15 nach Hause. Um die Mutter vor Aufregungen zu schützen, entschließt sich Alex, für sie eine unveränderte DDR-Welt vorzutäuschen. Dabei setzt der vorher eher passiv und verträumt wirkende Junge all seine Tatkraft und Fantasie ein ...

[1]die **Republikflucht** Flucht aus der DDR in den Westen

© Archives du 7eme Art/Photo 12/The Image Works

Szene aus dem Film
Good Bye, Lenin!

Good Bye, Lenin!: Filmsequenz 1

:: 1 :: HANDLUNGEN ANTIZIPIEREN

Überlegen Sie mit einem Partner/einer Partnerin, was Alex tun wird, damit seine Mutter nichts von den politischen und historischen Veränderungen erfährt. Notieren Sie.

> **Redemittel**
>
> Alex muss unbedingt ...
> Alex wird wahrscheinlich ...
> Alex sollte auf jeden Fall ...

Filmsequenz
Sequenz: 1
Start: Alex im Supermarkt vor leeren Regalen
Stopp: Lara verlässt wütend die Geburtstagsfeier der Mutter Christiane
Länge: circa 20 Minuten (DVD Sequenzauswahl 10–13)

:: 2 :: FILMSZENE SEHEN

Lesen Sie die Sätze und sehen Sie sich dann die Filmszene an. Nach dem Sehen kreuzen Sie an, was Sie gesehen haben. Drei der Sätze entsprechen nicht der Handlung im Film. Vergleichen Sie anschließend im Plenum.

Übungsbuch
Einheit 8, Teil B

Was tut Alex, damit seine Mutter nichts von den politischen und historischen Veränderungen erfährt? Er ...

- ☐ sucht nach Ostprodukten in Geschäften.
- ☐ hängt Bilder von Che Guevara und Lenin im Schlafzimmer der Mutter auf.
- ☐ sagt seiner Mutter, sie solle das Schlafzimmer nicht verlassen.
- ☐ öffnet nie die Gardinen, damit seine Mutter nicht aus dem Fenster schauen kann.
- ☐ sucht nach Ostprodukten auf Flohmärkten.
- ☐ zieht typische Kleider aus DDR-Zeiten an und weist alle anderen Menschen an, die Kontakt mit seiner Mutter haben, das auch zu tun.
- ☐ überredet den ehemaligen Schulleiter der Schule, an der seine Mutter als Lehrerin gearbeitet hat, zur Geburtstagsfeier der Mutter zu kommen.
- ☐ schreibt einen Brief an die Nachbarn im Haus, um sie über den Zustand der Mutter zu informieren.
- ☐ sagt dem Freund seiner Schwester Ariane, der aus dem Westen kommt, welche Ausdrücke er benutzen soll und dass er sich als „Dispatcher" ausgeben soll, obwohl er eigentlich bei Burger King arbeitet.
- ☐ sucht nach dem Sparbuch der Mutter, da jetzt die Möglichkeit besteht das Ostgeld* in Westgeld umzutauschen.
- ☐ zeigt seiner Mutter, als sie fernsehen möchte, alte Videoaufzeichnungen von der DDR-Nachrichtensendung „Aktuelle Kamera" (AK) und tut so, als ob sie aktuell wären.
- ☐ gibt zwei Jungen 20,– DM, damit sie so wie in DDR-Zeiten als „Junge Pioniere" der Mutter das Lied „Unsere Heimat" zum Geburtstag vorsingen.
- ☐ backt nach einem alten DDR-Rezept eine Torte für die Mutter.
- ☐ versucht zu verhindern, dass seine Mutter eine Coca Cola-Werbung sieht.

---

*Am 1. Juli 1990 tritt der Staatsvertrag zur Währungsunion in Kraft; die Mark der DDR ist nicht mehr gültig. Für eine DDR-Mark bekommen die Menschen für begrenzte Zeit 0,5 DM (Deutsche Mark).

:: 3 :: WAHRHEIT ODER LÜGE?

Überprüfen Sie die Aussagen aus dem Film. Was entspricht der Wahrheit (W) und was ist eine Lüge bzw. Notlüge (L). Kreuzen Sie an.

W   L

☐ ☐   ARIANE: Fernsehgucken ist wohl noch zu anstrengend für dich.

☐ ☐   ALEX: Wir brauchen eine Bankvollmacht[1] für dein Konto.

☐ ☐   ALEX: Wir wollen unseren Trabant abholen.

☐ ☐   ALEX (auf die Frage seiner Mutter, ob Genosse Ganske Westfernsehen guckt): Hat sich verliebt beim Ungarnurlaub in eine Rentnerin aus München und seitdem hat seine Parteiliebe etwas gelitten.

☐ ☐   DIREKTOR KLAPPRATH: Liebe Christiane, ich möchte dir im Namen der Parteileitung alles Gute wünschen.

☐ ☐   RAINER: Ich bin Dispatcher.

☐ ☐   ALEX: Ja, Mama, wieder ist 'n Jahr rum und was hat sich verändert? Eigentlich nicht viel.

☐ ☐   ALEX: Paula hat ihre Zähne bekommen und 'n neuen Papa.

☐ ☐   ALEX: Wir können heute leider nicht rübergehen ins Café Moskau und auf dich anstoßen, aber wir sind ja alle zusammen, das ist die Hauptsache.

☐ ☐   ALEX (als seine Mutter die Coca-Cola-Werbung sieht): Wird schon seine Richtigkeit haben. Gibt für alles 'ne Erklärung.

:: 4 :: FILMSPRACHE DEUTEN

Wie gestaltet der Regisseur Wolfgang Becker diese Sequenz? Welche filmischen Mittel setzt er dabei ein und warum? Kreuzen Sie an und besprechen Sie mit einem Partner/einer Partnerin, was der Regisseur Ihrer Meinung nach durch diese Mittel ausdrücken möchte.

☐ Off-Kommentar
☐ Humor, Ernst, Spannung, Ironie
☐ chronologische Erzählstruktur
☐ lineare Handlung
☐ Gegenüberstellung Ost-West
☐ schnelle Schnitte
☐ Animation

---

[1] die Bankvollmacht die offizielle Erlaubnis, über das Bankkonto eines anderen zu verfügen

:: a :: Lesen Sie die Kommentare und ordnen Sie die fettgedruckten Begriffe in die Tabelle ein. Schreiben Sie dann Sätze mit den Begriffen.

DDR	BRD

- „Während **sich** die meisten Bürger **mit gewohnter Geduld** vor den Sparkassen der Republik **einreihten**, suchten wir fieberhaft nach Mutters Sparbuch."
- „Es leerten sich die Regale unserer **Kaufhallen** und aus dem Land jenseits der Mauer kam **echtes Geld**."
- „Von allen **ersehnt**, überflutete die **D-Mark** unsere **kleine Menschengemeinschaft**."
- „**Getauscht wurde 2:1**, Deutschland gewann 1:0."
- „Über Nacht hatte sich unsere **graue Kaufhalle** in ein **buntes Warenparadies** verwandelt und ich wurde als **Kunde zum König**."

:: b :: Besprechen Sie jetzt, was sich für die Menschen in der ehemaligen DDR nach der Wiedervereinigung verändert hat. Freut Alex sich Ihrer Meinung nach über die Veränderungen?

:: 6 :: FORTGANG DES FILMS

Wie wird der Film weitergehen? Erzählen Sie Ihrem Partner/Ihrer Partnerin „Ihre" Fortsetzung.

Good Bye, Lenin!: Filmsequenz 2

:: 1 :: HYPOTHESEN AUFSTELLEN

Eines Tages, Alex und seine Schwester sind nicht zu Hause, hält Christiane es in ihrem Zimmer nicht mehr aus. Sie geht auf die Straße. Welche Veränderungen wird die Mutter auf der Straße antreffen? Wie hat sich wohl das Straßenbild verändert? Vermuten Sie.

Übungsbuch
Einheit 8, Teil B

Filmsequenz

Sequenz: 2

Start: Die Mutter zieht
ihren Mantel an und
geht das erste Mal nach
acht Monaten auf die
Straße

Stopp: Die Mutter mit
Ariane und Alex im
Aufzug, sie sagt: „Was
ist eigentlich hier los?"

Länge: circa 4 Minuten

:: 2 :: SEHEN DER ZWEITEN SEQUENZ

Achten Sie beim Sehen der Sequenz besonders auf die Bildsprache. Notieren Sie Ihre Beobachtungen im Raster und überlegen Sie nach dem Sehen, was diese Bilder ausdrücken. Achten Sie auch auf die Plakate und Aufschriften. Vergleichen Sie dann im Plenum.

Bilder	Bedeutung
Farbiges IKEA-Plakat mit Aufschrift „Billy"	Möbelfirma aus dem kapitalistischen Westen, Möbel mit westlichem Design und Namen – Hinweis auf globalisierte Welt

:: 3 :: FILMSPRACHE DEUTEN

Konzentrieren Sie sich auf die Schlüsselszene des Films, die „Lenin-Szene". Welche Wirkung hat die computeranimierte Szene auf Sie? Was ist die Absicht des Regisseurs und welche filmischen Mittel setzt er ein? Benutzen Sie die Liste der filmischen Mittel auf Seite 262.

:: 4 :: ROLLENSPIEL

Bilden Sie 3er-Gruppen und spielen Sie die Szene weiter. Vermuten Sie, was Ariane und Alex auf die Frage der Mutter: „Was ist hier eigentlich los?" antworten werden. Überlegen Sie, ob es hier sinnvoller wäre, der Mutter die Wahrheit oder weitere Lügen zu erzählen.

Weiterführendes Thema

:: 5 :: EINE FIKTIVE FERNSEHNACHRICHT BEWERTEN

Alex und sein Freund Denis „produzieren" eine fiktive Fernsehnachricht, die der Mutter am Krankenbett vorgespielt wird. Damit wollen sie der Mutter „erklären", was sie auf der Straße gesehen hat.

:: a :: Lesen Sie die folgende Aussage, die von Denis, der einen Fernsehsprecher der ostdeutschen Fernsehsendung AK spielt, gelesen wird.

> „Auf einer heutigen Sitzung der SED[1]... hat der Genosse Erich Honecker in einer großen humanitären Geste der Einreise der seit zwei Monaten in den DDR-Botschaften von Prag und Budapest Zuflucht suchenden BRD-Bürger zugestimmt."
>
> ---
> [1]**SED** Sozialistische Einheitspartei Deutschlands, die kommunistische und einzige Partei der DDR

:: b :: Was entspricht hier nicht der Realität? Wie war das wirklich? Warum hat Alex sich wohl für diese Antwort auf die Frage der Mutter entschieden? Was sagt diese Szene über die Medien-Berichterstattung und die Frage von Wahrheit und Lüge im Kontext von Politik und Geschichte?

:: 6 :: SCHREIBEN

Charakterisieren Sie Alex.

Übungsbuch
Einheit 8, Teil B

:: a :: Kreuzen Sie vorerst zutreffende Eigenschaften an.

- ☐ aggressiv
- ☐ aktiv
- ☐ begeistert
- ☐ effizient
- ☐ egoistisch
- ☐ ehrgeizig
- ☐ emotional
- ☐ fröhlich
- ☐ hilfsbereit
- ☐ idealistisch
- ☐ kreativ
- ☐ kritisch
- ☐ mutig
- ☐ nostalgisch
- ☐ passiv
- ☐ zufrieden

:: b :: Schreiben Sie einen Aufsatz über Alex. Versuchen Sie Alex' Motivation zu beschreiben, seine Wünsche und Träume. Was ist Ihrer Meinung nach für ihn im Leben wichtig?

> **Schreibmittel – Vermutungen:**
>
> Es könnte sein, dass ...
> Es scheint, dass ...
> Meiner Meinung nach ...
> Es scheint, als ob ... (+ Konj. II)

Film: *Das Leben der Anderen* von Florian Henckel von Donnersmarck

In diesem Abschnitt werden Sie mit zwei Sequenzen aus dem Film *Das Leben der Anderen* (Deutschland 2006) arbeiten. Der Film erhielt 2007 den Oscar in der Kategorie „Bester nicht englischsprachiger Film".

Einstimmung auf den Film

:: 1 :: VORWISSEN AKTIVIEREN

Besprechen Sie mit einem Partner/einer Partnerin:

:: a :: Was haben Sie über den Film *Das Leben der Anderen* gehört? Haben Sie den Film gesehen? Worum geht es?

:: b :: Überlegen Sie, was die Abkürzung Stasi bedeuten könnte. Vielleicht haben Sie schon etwas über die Stasi gehört.

:: 2 :: INTERNETRECHERCHE

Suchen Sie im Internet nach Informationen über die Stasi. Finden Sie heraus, was die Aufgabe der Stasi war und wie sie arbeitete. Was ist nach der Wende mit den Stasi-Akten passiert? Berichten Sie in einem kurzen Referat.

:: 3 :: INFORMATIONEN ZUM INHALT DES FILMS

Übungsbuch
Einheit 8, Teil C

Lesen Sie den Text und notieren Sie Informationen zu folgenden Personen:

Gerd Wiesler: _____

Georg Dreymann: _____

Christa Maria Sieland: _____

Bruno Hempf: _____

DER FILM *DAS LEBEN DER ANDEREN*

Wir befinden uns in Ostberlin im Jahr 1984. Der Stasi-Hauptmann Gerd Wiesler soll Georg Dreymann und seine Lebensgefährtin Christa Maria Sieland bespitzeln[1]. Beide sind in der ostdeutschen Theaterszene bekannte Persönlichkeiten. Georg ist berühmter Dramaturg und
5 Christa gefeierte Schauspielerin. Gerd Wiesler, der ein überzeugter und ehrgeiziger Sozialist ist, bespitzelt die beiden Tag und Nacht, um verdächtige und systemwidrige Aktivitäten ans Licht zu bringen. Als Gerd Wiesler klar wird, dass der Kulturminister Bruno Hempf Christa erpresst, um eine Affäre mit ihr zu erzwingen, erkennt Gerd Wiesler,
10 dass man ihn zur Bespitzelung eingesetzt hat, um Christas Freund als Konkurrenten für den Kulturminister auszuschalten. Durch die regelmäßige Teilnahme Gerd Wieslers an dem Leben von Christa und Georg wird der Stasi-Hauptmann immer mehr in das Leben der Anderen verstrickt und bekommt einen immer größeren Einblick in die Welt der
15 Intellektuellen, der Literatur, der Musik und des Theaters. Dabei wird ihm die Trostlosigkeit seines eigenen Lebens zunehmend bewusst. Immer mehr toleriert er die systemwidrigen Handlungen der Menschen, die nun zu einem Teil seines eigenen Lebens geworden sind ...

---

[1]**bespitzeln** jemanden überwachen, alle Tätigkeiten, Gespräche von Personen beobachten, abhören und dokumentieren

Szene aus dem Film *Das Leben der Anderen*: Gerd Wiesler hört mit, was Georg und Christa sagen.

Das Leben der Anderen: **Filmsequenz 1**

Erstes Sehen • Erste Sequenz

Filmsequenz
Sequenz: 1
Start: Fußballspiel, Georg
  Dreyman mit Kindern
  vor seinem Haus
Stopp: Der Stasi-
  Hauptmann Gerd
  Wiesler sagt: „Schicken
  Sie Frau Meinecke
  ein Geschenk zur
  Anerkennung ihrer
  Verschwiegenheit." Ende
  des Gesprächs an der
  Tür von Frau Meinecke.
Länge: 0:18 – 0:23, circa 5
  Minuten

:: 1 :: GRUPPENARBEIT

Die Klasse wird in zwei Gruppen geteilt.

- Gruppe A bekommt die Redemittel im Kasten und verlässt das Klassenzimmer. Die Gruppe versucht mit Hilfe der Redemittel in Gruppenarbeit die Handlung der ersten Sequenz zu antizipieren.
- Gruppe B sieht sich die erste Sequenz an und beantwortet folgende Fragen:

  a. Was machen die Stasi-Mitarbeiter in Georgs und Christas Wohnung?

  b. Welche verdächtigen Gegenstände finden sie?

---

20 Minuten Zeit haben   Abhörmikrofone[1] installieren   am Tag   an der Tür läuten

auf der anderen Straßenseite stehen   aus dem Haus/ins Haus gehen   aus einem Auto steigen

beobachten   das Kabel legen   der Dachboden   *Der Spiegel*

Die Frankfurter Allgemeine Zeitung (FAZ)   drohen (+ Dativ.)   durch ein Guckloch in der Tür schauen

ein Schloss öffnen   Fußball spielen   hinter der Tür stehen   in der Nacht

in die Schubladen schauen   mit einem Team arbeiten   persönliche Gegenstände inspizieren

sich Notizen machen

[1] **das Abhörmikrofon** ein Mikrofon, durch das man hören kann, was andere Leute sagen

---

Nach dem ersten Sehen

 ### :: 2 :: ANTIZIPIERTE HANDLUNG ERZÄHLEN

Gruppe A kommt wieder ins Klassenzimmer. Jeder Student/jede Studentin aus Gruppe A erzählt einem Partner/einer Partnerin aus Gruppe B, welche Handlung er/sie antizipiert hat.

 ### :: 3 :: TATSÄCHLICHE HANDLUNG ERZÄHLEN

Der Partner/die Partnerin aus Gruppe B erzählt, was tatsächlich in der Sequenz passiert ist. Dazu werden auch die Redemittel benutzt.

Die Partner aus Gruppe A stellen Hypothesen zur Atmosphäre in der Sequenz auf: Musik, Kameraführung, Farben usw. Wie hat der Regisseur diese Sequenz wohl gestaltet? Die Partner aus Gruppe B kommentieren die Vermutungen.

Zweites Sehen • Erste Sequenz

:: 5 :: SEQUENZ IM PLENUM SEHEN

Sehen Sie sich nun alle die Sequenz an und beschreiben Sie nach dem Sehen gemeinsam mit Ihrem Partner/Ihrer Partnerin die Atmosphäre. Welches Gefühl soll Ihrer Meinung nach hervorgerufen werden und wie geht der Regisseur vor, um diese Atmosphäre zu vermitteln?

Übungsbuch
Einheit 8, Teil C

Das Leben der Anderen: Filmsequenz 2

Sehen • Zweite Sequenz

Filmsequenz
Sequenz: 2
Start: Gerd Wiesler sitzt mit Kopfhörern an der Schreibmaschine
Stopp: Freunde entkorken gemeinsam mit Georg Dreymann eine Flasche Sekt: „Auf gutes Gelingen", Wiesler mit Kopfhörern
Länge: 1:15 – 1:20, circa 5 Minuten

Gerd Wiesler geht seiner Abhör-Tätigkeit nach und tippt eifrig das, was er aus der verwanzten[1] Wohnung, in der Georg Dreymann und Christa Sieland wohnen, hört. Nach einer seiner Abhör-Aktionen dokumentiert er auf seiner Schreibmaschine: „Keine weiteren berichtenswerten Vorkommnisse." Darauf wird das folgende Gespräch eingeblendet.

:: 1 :: SEHEN DER ZWEITEN SEQUENZ

Sehen Sie sich den Filmausschnitt an, in dem Gerd Wiesler ein Gespräch abhört. Versuchen Sie danach, die Fragen zu beantworten. Falls es keine klare Antwort zu einer der Fragen gibt, stellen Sie vorerst eine Hypothese auf.

a. Wer ist Gregor Hessenstein?

b. Was möchte er von Georg Dreymann?

c. Was glauben Sie, worüber schreibt Georg Dreymann?

d. Schreiben Hauser und Dreymann tatsächlich an einem Theaterstück anlässlich des 40. Jahrestages der DDR? Begründen Sie Ihre Meinung.

e. Warum fragen sie Christa Sieland, ob sie lieber Lenin oder seine Mutter spielen möchte?

f. Warum bringt Hessenstein eine Schreibmaschine?

g. Welche Anweisungen bekommt Georg Dreymann?

h. Worauf stoßen sie am Ende an[2]?

---

[1] **verwanzt** mit Mikrofonen zum Abhören versehen   [2] **anstoßen** das Glas erheben; ein Glas Sekt, Wein usw. auf etwas trinken

Lesen Sie das Gespräch in Vierergruppen. Jeder Student/jede Studentin übernimmt eine Rolle: Gregor Hessenstein, Georg Dreymann, Paul Hauser und Christa Sieland. Überprüfen Sie im Anschluss, ob Sie die Fragen aus Aufgabe 1 richtig beantwortet haben.

HESSENSTEIN: ... gerade 67 ... aber warum 1977 für uns Westler am höchsten war, das müssen Sie schon erklären. Sie müssen doch die sozialen
5 Umstände deutlicher machen.

DREYMANN: Es soll ein literarischer Text bleiben und keine journalistische Hetzschrift.

HESSENSTEIN: Der Text ist großartig,
10 wie er ist. Ich will nur sicher stellen, dass er bei uns im Westen auch richtig verstanden wird.

HAUSER: Er wird Furore machen[1], so oder so.

15 **HESSENSTEIN:** Ich lasse Ihnen zukommen, was wir noch an Materialien haben. Zwei Wochen, können Sie das schaffen? Dann könnte ich Sie noch in die erste Märzausgabe
20 hineinbringen, vielleicht sogar als Titel.

(Christa Sieland kommt nach Hause.)

DREYMANN: Das ist Christa!

SIELAND: Georg!

DREYMANN: Das ist Gregor Hessenstein –
25 Christa Sieland.

HESSENSTEIN: Aber das weiß ich doch.

DREYMANN: Hauser und ich wollen ein Theaterstück zum 40. Jahrestag der Republik schreiben.

30 **SIELAND:** Ein Stück zu zweit?

DREYMANN: *Der Spiegel* will vielleicht darüber berichten.

SIELAND: Und wer spielt die Hauptrolle?

HAUSER: Wir wollten dich fragen.
35 Christa, wen würdest Du lieber spielen, Lenin oder seine liebe, alte Mutter?

SIELAND: Gut, ich sehe schon, ich bin hier nicht erwünscht. Ich gehe kurz schlafen.

40 **HESSENSTEIN:** Ich finde Ihre Vorsicht löblich. Je weniger Menschen von diesem Projekt etwas wissen, desto besser. Mit der Stasi ist nicht zu scherzen.

45 **HESSENSTEIN:** In dem Zusammenhang hab' ich Ihnen auch etwas mitgebracht.

DREYMANN: Eine ganze Torte wäre mir lieber gewesen. Ich habe schon eine Schreibmaschine.

50 **HESSENSTEIN:** ... deren Schriftbild schon längst von der Stasi erfasst ist.

HESSENSTEIN: Wenn dieser Text an der Grenze abgefangen wird, mit Ihrer Maschine geschrieben, dann sind Sie am
55 nächsten Tag in Hohenschönhausen* ... und dass das nicht viel Spaß macht, darüber kann Paul ein Lied singen. Leider habe ich in diesem Miniformat

---

[1]**Furore machen** sehr erfolgreich sein

*Name des Gefängnisses in Berlin, in dem Systemgegner inhaftiert wurden

nur ein rotes Farbband auftreiben
60 können. Macht es Ihnen etwas aus, den
Artikel in Rot zu schreiben?

DREYMANN: Daran soll's nicht scheitern.

HESSENSTEIN: Haben Sie einen Ort, wo
Sie diese Schreibmaschine verstecken
65 können nach jedem Gebrauch?

DREYMANN: Ja, mir wird sicher etwas
einfallen.

HESSENSTEIN: Nehmen Sie das nicht
auf die leichte Schulter. Ich will nicht
70 den nächsten Artikel darüber schreiben
müssen, dass niemand weiß, wo Georg

Dreymann abgeblieben ist. Keiner
außer uns dreien darf wissen, dass es
diese Maschine überhaupt gibt. Die
75 Wohnung ist wirklich sicher?

DREYMANN: Ja.

HAUSER: Diese Wohnung ist der letzte
Ort in der DDR, wo ich ungestraft sagen
kann, was ich will.

80 **HESSENSTEIN:** Gut, dann lassen Sie
uns darauf anstoßen. Auf dass Sie
Gesamtdeutschland das wahre Gesicht
der DDR zeigen. Zum Wohl, der ist
besser als russischer. Auf gutes Gelingen!

STRUKTUREN Konjunktiv I, indirekte Rede

Übungsbuch
Einheit 8, Teil C

Stasi Hauptmann Wiesler ist zunächst wütend auf Georg Dreymann.
Er plant seinem Vorgesetzten Folgendes über das Gespräch zu
berichten, das er gerade abgehört hat:

> Dreymann sagte, dass der Text ein literarischer Text bleiben
> **solle.** Der Redakteur Hessenstein hat geantwortet, dass der
> Text großartig **sei.** Er **wolle** nur sicher stellen, dass er im
> Westen auch richtig verstanden **werde.**

Diese Sätze sind in der indirekten Rede, das heißt, es wird etwas
wiedergegeben, das jemand gesagt hat. Im Deutschen wird dies durch
den Konjunktiv I oder Konjunktiv II ausgedrückt.

Verwendung des Konjunktivs I In der indirekten Rede wird meistens
der Konjunktiv I verwendet:

| Direkte Rede | Dreymann sagte: „Der Text <u>soll</u> ein literarischer Text bleiben." |
| Indirekte Rede | Dreymann sagte, der Text <u>solle</u> ein literarischer Text bleiben. |

Bildung des Konjunktivs I An den Infinitivstamm werden die gleichen
Endungen gehängt wie beim Konjunktiv II:

Infinitiv	Singular	Plural
1. Person	-e	-en
2. Person	-est	-et
3. Person	-e	-en

Das Verb **kommen** im Konjunktiv I (Infinitivstamm = **komm**):

	Singular	Plural
1. Person	komme	kommen
2. Person	kommest	kommet
3. Person	komme	kommen

Nur das Verb **sein** ist im Konjunktiv I unregelmäßig:

	Singular	Plural
1. Person	sei	seien
2. Person	sei(e)st	sei(e)t
3. Person	sei	seien

Verwendung des Konjunktivs II Meistens wird der Konjunktiv I für die indirekte Rede verwendet. Manchmal wird aber auch der Konjunktiv II benutzt:

- Ist die Konjunktiv I-Form mit dem Präsens Indikativ identisch, so wird die indirekte Rede meist mit der Präsensform des Konjunktivs II formuliert, damit man sie vom Indikativ unterscheiden kann.

KONJUNKTIV I		INDIKATIV PRÄSENS		KONJUNKTIV II
wir kommen	=	wir kommen	→	wir kämen

- Ist aber die Konjunktiv II-Form mit dem Präteritum identisch, so wird die indirekte Rede mit *würde* + Infinitiv formuliert, damit man sie vom Präteritum unterscheiden kann.

KONJUNKTIV II		PRÄTERITUM		*WÜRDE* + INFINITIV
ich machte	=	ich machte	→	ich würde ... machen

Zusammenfassung Es entstehen folgende Verbreihen. Die Formen der dritten Person sind die am häufigsten benötigten. Setzen Sie die fehlenden Formen ein.

	machen	kommen	arbeiten	haben	sein	werden
ich	würde machen		würde arbeiten	hätte	sei	würde
du	machest	kommest	würdest arbeiten	habest	sei(e)st	
er/sie/es		komme				werde
wir	würden machen		würden arbeiten	hätten	seien	
ihr	machet	kommet	würdet arbeiten	habet	sei(e)t	würdet
sie/Sie		kämen			hätten	würden

Übung Schreiben Sie weiter: Setzen Sie die direkte Rede in die indirekte Rede. Die Verben, die Sie in den Konjunktiv I setzen sollen, sind fett gedruckt. Das hätte Gerd Wiesler seinem Vorgesetzten in einem ersten Impuls beinahe gesagt:

BEISPIEL   Gregor Hessenstein sagte, der Text **werde** im Westen Furore machen ...

Hessenstein sagt: „Der Text **wird** im Westen Furore machen. ... Ich **lasse** Ihnen zukommen, was wir noch an Materialien haben. Dann **könnte** ich Sie noch in die erste Märzausgabe hineinbringen, vielleicht sogar als Titel. ... Ich **finde** Ihre Vorsicht löblich. Je weniger Menschen von diesem Projekt etwas **wissen**, desto besser. Mit der Stasi **ist** nicht zu scherzen. In dem Zusammenhang **habe** ich Ihnen auch etwas mitgebracht. ... Wenn dieser Text an der Grenze **abgefangen wird**, mit Ihrer Maschine geschrieben, dann **sind** Sie am nächsten Tag in Hohenschönhausen. Und, dass das nicht viel Spaß **macht**, darüber **kann** Paul ein Lied singen. Leider **habe** ich in dem Miniformat nur ein rotes Farbband auftreiben können."

Weiterführende Aufgaben

:: 1 :: REFERATE HALTEN

Wie geht der Film *Das Leben der Anderen* zu Ende? Recherchieren Sie. Fassen Sie das Ende des Films zusammen und berichten Sie dann in der Klasse.

:: 2 :: REAKTIONEN ZUM FILM: DAS LEBEN DER ANDEREN

:: a :: Lesen Sie die beiden Reaktionen zum Film auf Seite 274. Was wird als positiv oder negativ bewertet. Woran erkennen Sie das?

Übungsbuch
Einheit 8, Teil C

STASI-OPFER BIERMANN LOBT DEN FILM
DAS LEBEN DER ANDEREN

Nach anfänglicher Skepsis ist er begeistert: Der Liedermacher Wolf
Biermann, der am eigenen Leib erlebt hat, was es bedeutet, in einem
Überwachungsstaat[1] zu leben, lobt ... *Das Leben der Anderen*. Der 1976
aus der DDR ausgebürgerte Liedermacher Wolf Biermann hat den neuen
5 Stasi-Film *Das Leben der Anderen* von Florian Henckel von Donnersmarck
als „realistisches Sittenbild der DDR" gelobt. Er komme „aus dem
Staunen gar nicht raus[2]", dass „ein westlich gewachsener Regieneuling
wie Donnersmarck mit ein paar arrivierten Schauspielern in den
Hauptrollen" einen solchen Film gedreht habe. Viele Details sähen so aus,
10 „als wären sie aus meiner Geschichte zwischen dem totalen Verbot 1965
und der Ausbürgerung 1976 abgekupfert[3]", sagte Biermann. ... Der Film
des Debütanten bringe ihn jetzt auf den Verdacht, meinte der 69-jährige
Biermann, „dass die wirklich tiefere Aufarbeitung der zweiten Diktatur
in Deutschland erst beginnt". Womöglich machten es die jetzt besser, „die
15 all das Elend nicht selbst erlebt haben". DPA

Quelle: „Stasi-Opfer Biermann lobt den Film",
Stern, 23. März 2006, www.stern.de/unterhaltung/film/558174.html

---

[1]**der Überwachungsstaat** ein Staat, in dem die Menschen keine Freiheiten haben und in dem sie vom Staat
überwacht werden [2]**aus dem Staunen gar nicht (raus)kommen** nicht aufhören zu staunen; sich immer zu
wundern [3]**abgekupfert** kopiert

DAS LEBEN DER ANDEREN

Mit dieser Handlung fügt sich *Das Leben der Anderen* den klassischen
Gesetzen des Melodrams. Das bleibt immer spannend und ist oft
bewegend. Zwar ist auch dies nicht „die Wahrheit" über die DDR, wie
der Regisseur und manche Nachbeter jetzt behaupten, sondern nur
5 eine andere Wahrheit als jene, von der *Sonnenallee* und *Good Bye,
Lenin!* erzählten. Aber der Film gibt einem ein Gefühl für das, was
Überwachungsstaat bedeutet.

Quelle: Rüdiger Suchsland, „Ohne Leben",
www.artechock.de/film/text/kritik/l/ledean.htm

:: b :: Fassen Sie kurz in eigenen Worten zusammen, was in den beiden
Stellungnahmen zu der Darstellung der DDR gesagt wird. Entspricht die
Darstellung der DDR im „Leben der Anderen" der Wirklichkeit?

:: C :: Im Artikel aus dem *Stern* gibt es in einigen Sätzen Konjunktiv I-Formen. Unterstreichen Sie sie und erklären Sie, warum diese Formen benutzt werden. Notieren Sie in direkter Rede was Wolf Biermann gesagt hat.

> BEISPIEL: Wolf Biermann sagte: „Ich komme aus dem Staunen gar nicht raus. ..."

:: 3 :: MIT DEM INTERNET ARBEITEN

Suchen Sie im Internet Informationen zu den in den Filmen angesprochenen Themen.

> DDR-Alltagsleben
> Hohenschönhausen
> Geschichte der Berliner Mauer
> die Maueropfer
> Rock, Beat und Punk – Welche
>   Musik war verboten?
> Wolf Biermann
> informelle Mitarbeiter (IM)

akg-images

Junge Pioniere in der DDR

40-Jahr-Feier der DDR

Typisches Straßenbild in der DDR

Mauer mit Todesstreifen und Wachturm, Berlin 1978

Zitat aus Die Zeit *lesen*

:: 4 :: HYPOTHESEN AUFSTELLEN

Nachdem die Mauer gefallen war, wurden die Akten der Stasi offen gelegt, d.h.
jeder konnte die Akten lesen. Das hat viele Geheimnisse ans Tageslicht gebracht,
die auch manchmal großen Schock bei den Lesern auslösten. Können Sie sich
vorstellen, warum? Stellen Sie Hypothesen auf.

Lesen Sie den folgenden Abschnitt aus *Die Zeit*. Verifizieren Sie Ihre Hypothesen. Welche anderen Informationen bekommen Sie zu der Problematik der Stasi-Akten?

> „Die Stasi mit ihren Spitzeln hat viele ostdeutsche Lebensgeschichten entwertet[1]. Die Opfer mussten sich bei der Lektüre ihrer Akten bestürzt fragen, ob der Freund ein Feind war, der Liebende ein Liebender und die fürsorgliche Lehrerin eine fürsorgliche Lehrerin – oder ob sie alle in Wahrheit Feinde waren, Zuträger des Ministeriums für Staatssicherheit. Die Tatsache, dass der Alltag von IMs[2] durchsetzt war, konfrontiert viele Menschen mit der unheimlichen Frage: Was war an meinem Leben eigentlich echt?"
>
> Quelle: Bernd Ulrich, „Der 68er Komplex",
> *Die Zeit* Nr. 23, 28. Mai 2009

[1]**entwerten** kleiner machen, wertlos machen [2]**IM = informelle Mitarbeiter** Privatleute, die Informationen an die Stasi lieferten, oft über Familienmitglieder, Freunde, Arbeitskollegen usw.

Zusammenfassung des Themas

:: 1 :: EINDRÜCKE ÄUSSERN

Berichten Sie in einer kurzen Stellungnahme von den Eindrücken, die Sie in dieser Einheit bekommen haben.

Debatte

:: 2 :: DEBATTIEREN

Wählen Sie im Plenum ein Debatten-Thema aus. Bilden Sie eine Pro- und eine Kontra-Gruppe und sammeln Sie Argumente, die Sie bei der Debatte benutzen werden. Überlegen Sie, wer was sagen wird. Jeder soll zu Wort kommen. Die Themen lauten:

- Man hätte die Stasi-Akten niemals öffnen sollen.
- Man sollte die Aktivitäten von Menschen, die regimegetreu gehandelt haben, nicht offen legen, nachdem sich das Regime geändert hat.
- Die beiden deutschen Staaten waren zu unterschiedlich. Sie hätten nicht wiedervereinigt werden sollen.
- Am Sozialismus ist nicht alles schlecht. Wir könnten uns an einigen Dingen ein Beispiel nehmen.

Schreiben

Fassen Sie zusammen, was Sie in dieser Einheit über den Alltag im „anderen Deutschland" erfahren haben.

─── Grundwortschatz ───

:: VERBEN

abhören: er/sie/es hört ... ab, hörte ... ab, hat ... abgehört	to tap, secretly listen in on (e.g. a conversation or a telephone)
ausbürgern: er/sie/es bürgert ... aus, bürgerte ... aus, hat ... ausgebürgert	to deprive s.o. of citizenship
bespitzeln: er/sie/es bespitzelt, bespitzelte, hat ... bespitzelt	to spy on
sich entscheiden für: er/sie/es entscheidet sich, entschied sich, hat sich ... entschieden	to choose, decide in favor of
fallen (die Mauer): er/sie/es fällt, fiel, ist ... gefallen	to fall
scheitern: er/sie/es scheitert, scheiterte, ist ... gescheitert	to fail
teilen: er/sie/es teilt, teilte, hat ... geteilt	to share, divide
überwachen: er/sie/es überwacht, überwachte, hat ... überwacht	to watch, keep under surveillance
versorgen: er/sie/es versorgt, versorgte, hat ... versorgt	to supply, provide
vor•schlagen: er/sie/es schlägt ... vor, schlug ... vor, hat ... vorgeschlagen	to suggest, propose

:: NOMEN

das Ampelmännchen, -	(the little man depicted in WALK/DON'T WALK pedestrian lamps in the former East Germany)
die Bespitzelung	spying
der Einfluss, die Einflüsse	influence

der Plattenbau	the type of non-descript high-rise apartment building common in former East Germany
die SED (Sozialistische Einheitspartei Deutschlands)	the Socialist Unity Party (official name of the communist party in former East Germany)
der Sektor, -en	sector, zone
die Spannung, -en	tension, suspense
der Spitzel, -	informer
der Staat, -en	state, country as a political entity
die Stasi (Staatssicherheit)	the state security service of the former East Germany
die Teilung	division
der Trabi, -s (Trabant, -en)	model of car manufactured in former East Germany
der Überwachungsstaat	surveillance state
die Versorgung	supplying
die Währungsreform	currency reform
die Wende	turning point
die Wiedervereinigung	reunification
die Wirtschaft	economy
das Wirtschaftswunder	economic miracle, the rapid rebuilding and development of the West German economy after World War II

:: ADJEKTIVE UND ADVERBIEN

idealistisch	idealistic(ally)
sozialistisch	socialistic(ally)
staatlich	of the state, administered by the state
verwanzt	bugged, wire-tapped
wirtschaftlich	economic(ally)

:: ANDERE AUSDRÜCKE

Deutsche Demokratische Republik (DDR)	German Democratic Republic (GDR) (official name of the former East Germany)
die soziale Marktwirtschaft	social market economy
die Berliner Luftbrücke	Berlin Airlift
der Bau / Fall der Mauer	construction/fall of the Berlin Wall

Lola rennt

EIN FILM DER 90ER JAHRE

:: **ABSCHNITTE**

A Arbeit mit dem Film
B Reflexionen zum Film

:: **FILM**

- *Lola rennt* von Tom Tykwer, 1998

:: **TEXTE**

- Dialoge aus dem Film *Lola rennt* (Transkripte in Auszügen)
- Stimmen der Kritiker zum Film *Lola rennt* (Filmrezensionen in Auszügen)

:: **INTERNET-AKTIVITÄTEN**

- Informationen über Schauspieler und Filme recherchieren

:: **SPRACHLICHE STRUKTUREN**

- Satznegation
- Modalpartikeln
- Wiederholung: Konjunktiv II (Präsens und Vergangenheit)
- Komparativ
- Superlativ
- Orts- und Richtungsangaben (*Übungsbuch*)
- Wortfolge: temporal, kausal, modal, lokal (*Übungsbuch*)

:: **IN DIESER EINHEIT**

Der Film *Lola rennt* (Tom Tykwer, 1998) ist ein Klassiker des deutschen Kinos. In dieser Einheit sehen Sie den Film und erarbeiten umgangssprachliche Phänomene. Neben anderen grammatischen Strukturen wiederholen Sie besonders den Konjunktiv II, da die Frage „Was wäre gewesen, wenn …?" bei diesem Film im Vordergrund steht.

Bavaria Film International / Bavaria Media

Der Film *Lola rennt* (Deutschland 1998, Komödie) erhielt mehrere Preise.

Einstimmung auf das Thema
Der deutsche Kinofilm: ein kurzer Rückblick

Nach dem Zweiten Weltkrieg setzten sich Filme in Deutschland mit der nationalen Katastrophe auseinander. So befasste sich der deutsche Film der 60er bis 80er Jahre überwiegend mit gesellschaftskritischen Themen, die aus der 68er-Bewegung hervorgingen. Erst in den 90er Jahren änderten sich die Themen. Zu den erfolgreichsten deutschen Kinofilmen zählt Tom Tykwers existenzielles Drama *Lola rennt,* das 1998 in die Kinos kam und auch international zum Publikumserfolg wurde.

 :: 1 :: VORWISSEN SAMMELN

Unterhalten Sie sich in kleinen Gruppen von 3–4 Personen. Ein Student/eine Studentin moderiert das Gespräch. Stellen Sie einander die folgenden Fragen:

- Kennt ihr den Film?
- Wann habt ihr ihn gesehen? Wo?
- Wie habt ihr ihn gesehen?
  - im Original
  - im Original mit Untertiteln
  - in einer synchronisierten Version
- Wie hat euch der Film gefallen?
- Könnt ihr erzählen, worum es in dem Film geht?
- Kennt ihr einen ähnlichen amerikanischen Film?

:: 2 :: EINE UMFRAGE MACHEN

Fragen Sie fünf Leute an der Universität, ob sie *Lola rennt* kennen oder gesehen haben und wie ihnen der Film gefällt. Berichten Sie am nächsten Kurstag.

1. _____
2. _____
3. _____
4. _____
5. _____

Erste Sequenz: Das Telefongespräch

:: 1 :: DIE ERSTE SEQUENZ OHNE TON SEHEN

Lesen Sie den Wortschatz im Kasten. Sehen Sie sich dann die erste Sequenz des Films ohne Ton an. Schreiben Sie mit Ihrem Partner/Ihrer Partnerin auf, was Sie gesehen haben. Die Hauptfiguren heißen **Manni** und **Lola**. Besprechen Sie Ihre Ergebnisse im Plenum.

Filmsequenz
Sequenz: 1
Start: Beginn des Films
Stopp: Lola legt den Hörer auf.
Länge: circa 11 Minuten

BEISPIEL: *Lola und Manni telefonieren.*
Manni scheint verzweifelt[1] zu sein.

Wortschatz

die Telefonzelle	der Obdachlose[2]
das Moped	der Fahrkartenkontrolleur, -e
stehlen (hat … gestohlen)[1]	hinfallen (ist … hingefallen)
der Mercedes/Daimler	die Pistole
der Diamant, -en	ängstlich
die U-Bahn nehmen	

[1]**stehlen** etwas nehmen, das einer anderen Person gehört   [2]**der Obdachlose** Person, die auf der Straße lebt

[1]**verzweifelt** panisch

:: 2 :: WORTSCHATZ ERARBEITEN

Lesen Sie die Ausdrücke auf der linken Seite und die Erklärungen auf der rechten. Ordnen Sie dann jedem Ausdruck eine Erklärung zu.

1. klauen (*ugs.*[1]) __j__
2. Hast du 'nen Knall? (*ugs.*) ____
3. die Kippe, -n (*ugs.*) ____
4. verbocken (*ugs.*) ____
5. Hat dich die Polizei erwischt? (*ugs.*) ____
6. Halt die Klappe! (*ugs.*) ____
7. die Kontis (*Abk.*[2]) ____
8. der Penner (*ugs.*) ____
9. pünktlich ____
10. umbringen ____
11. Beweg' dich nicht vom Fleck! (*ugs.*) ____
12. Mir fällt was ein, ich schwör's! ____
13. Du spinnst! (*ugs.*) ____
14. abhauen (*ugs.*) ____
15. kriegen (*ugs.*) ____
16. Ich krieg' Schiss! (*ugs.*) ____
17. der Überfall ____
18. der Plastiktütenfreak (*ugs.*) ____
19. Ist doch egal! ____

a. einen großen Fehler machen
b. Sei still / ruhig!
c. der Obdachlose
d. Bleib, wo du bist!
e. Ich finde eine Lösung, ich verspreche es!
f. Du bist verrückt!
g. Bist du verrückt?
h. Ich bekomme Angst!
i. kriminelle Handlung, z.B. in der Bank
j. stehlen
k. töten
l. zur richtigen Zeit; nicht zu spät
m. bekommen
n. die Zigarette
o. weglaufen, wegfahren
p. der Obdachlose
q. die Kontrolleure (in Bus, U-Bahn, usw.)
r. Ist nicht wichtig!
s. Hat dich die Polizei bei der kriminellen Tat gesehen?

:: 3 :: DIE ERSTE SEQUENZ MIT TON SEHEN

Lesen Sie zuerst die Sätze unten. Sehen Sie sich dann die erste Sequenz mit Ton an. Bringen Sie die Geschichten von Lola und Manni in die richtige Reihenfolge, indem Sie die Sätze nummerieren.

:: a :: Lolas Geschichte

____ Sie hat ein Taxi genommen, um pünktlich zu ihrer Verabredung mit Manni zu kommen.

____ Das hat sie zu spät gemerkt, weil sie an ihr Moped gedacht hat.

---

[1] **ugs. = umgangssprachlich** so sprechen die Leute in inoffiziellen Situationen miteinander [2] **Abk. = Abkürzung** Kurzform

_____ Als sie endlich am Treffpunkt war, war Manni schon weg.

_____ Währenddessen hat jemand ihr Moped gestohlen.

_1_ Sie war in einem Geschäft und hat Zigaretten gekauft.

_____ Aber der Taxifahrer ist in den Osten gefahren, wo es auch eine Grunewaldstraße gibt.

:: b :: **Mannis Geschichte**

_____ Nachdem er ausgestiegen war, ist ihm eingefallen, dass er die Plastiktüte in der Bahn vergessen hat.

_____ Als Manni ihm helfen wollte, sind plötzlich Fahrscheinkontrolleure gekommen.

_____ Weil es in der Nähe keine Telefonzelle gab, hat er die U-Bahn genommen.

_1_ Manni hat ein illegales Geschäft mit teuren Autos gemacht.

_____ Er wollte wieder einsteigen, aber die Kontrolleure haben ihn festgehalten.

_____ Danach hat er auf Lola gewartet, aber sie war unpünktlich.

_____ Manni vermutet, dass der Obdachlose die Tüte jetzt hat.

_____ Aus diesem Grund ist Manni wie immer schnell ausgestiegen.

_____ Für die Autos hat er wie geplant eine Tüte mit Diamanten bekommen.

_____ Im Austausch gegen die Diamanten hat ihm ein anderer Mann sehr viel Geld gegeben, das er in eine Plastiktüte gelegt hat.

_____ Er hat an der nächsten U-Bahnstation angerufen, aber die Tasche mit dem Geld war schon weg.

_____ In der Bahn war ein Obdachloser, der hingefallen ist.

:: 4 :: FRAGEN ZUR ERSTEN SEQUENZ BEANTWORTEN

Schreiben Sie.

• Manni hat ein schwieriges Problem. Welches?

_____

_____

• Manni und Lola treffen eine Entscheidung. Was werden sie tun?

_____

_____

:: 5 :: ROLLENSPIEL

Suchen Sie sich einen Partner/eine Partnerin. Spielen Sie den Dialog zwischen Lola und Manni.

STRUKTUREN Satznegation

Wenn ein ganzer Satz negiert wird, spricht man von **Satznegation**. Das Wort **nicht** steht dann an einer bestimmten Stelle im Satz.

· *Nicht* steht **nach** dem konjugierten Verb.

BEISPIEL: Sie <u>war</u> nicht pünktlich.

· *Nicht* steht **nach** dem Objekt/den Objekten.

BEISPIEL: Er hat <u>seine Freundin</u> nicht angerufen.

· *Nicht* steht **nach** spezifischen Zeitangaben, wie z.B. *heute, morgen, gestern, nächste Woche, …*

BEISPIEL: Sie arbeitet <u>heute</u> nicht.

· *Nicht* steht **vor** einem Infinitiv, einem Partizip Perfekt und trennbaren Präfixen.

BEISPIEL: Er wollte mich nicht <u>anrufen</u>.
Er hat mich nicht <u>angerufen</u>.
Er ruft mich nicht <u>an</u>.

· *Nicht* steht **vor** Adjektiven/Adverbien.

BEISPIEL: Ich finde ihn nicht <u>freundlich</u>.
Ich arbeite nicht <u>gern</u> mit ihm zusammen.

· *Nicht* steht **vor** Präpositionalstrukturen.

BEISPIEL: Ich arbeite nicht <u>mit</u> ihm zusammen.

Negationswörter

+		−
ein-	→	kein-
jemand-, jed-	→	niemand-, kein-
etwas	→	nichts
immer	→	nie, niemals
irgendwo, überall	→	nirgendwo, nirgends

· Das Wort **kaum** hat folgende negierende Bedeutung:

Lola hat **fast keine** Zeit, das Geld zu besorgen. = Lola hat **kaum** Zeit, das Geld zu besorgen.

Weiterführende Aufgaben

:: 6 :: EINEN KLASSENSPAZIERGANG VORBEREITEN

Beantworten Sie die Fragen zunächst schriftlich mit dem Konjunktiv II (Konditionalform) und beachten Sie die Regeln für die Negation. Antworten Sie nicht nur „Ja" oder „Nein", sondern schreiben Sie komplette Sätze. Beachten Sie, dass „Ja" oder „Nein" auf Position 0 stehen, das heißt *vor* dem Hauptsatz.

a. Würden Sie Manni Geld leihen, wenn Sie mit ihm befreundet wären?

b. Wenn Sie Lola wären, würden Sie Manni helfen?

c. Wenn ja, wie?

d. Würden Sie auf Lola warten, wenn Sie Manni wären?

e. Oder würden Sie abhauen?

f. Hat Manni eine andere Möglichkeit?

g. Was würden Sie tun, wenn Lola Sie um Hilfe bitten würde?

h. Was würden Sie machen, wenn Sie obdachlos wären und in der Bahn eine Plastiktüte mit DM 100.000 (ca. € 50.000) finden würden? Würden Sie das Geld behalten?

:: 7 :: EINEN KLASSENSPAZIERGANG MACHEN

Übungsbuch
Einheit 9, Teil A

Lassen Sie Ihre Antworten von Ihrem Kursleiter/Ihrer Kursleiterin lesen und korrigieren. Gehen Sie dann in der Klasse „spazieren". Machen Sie ein Interview mit den Fragen aus Aufgabe 6 mit Kommilitonen/Kommilitoninnen, die auch fertig sind. Formulieren Sie die Fragen mit **du**. Notieren Sie die Antworten. Berichten Sie dann.

BEISPIEL: Würdest du Manni Geld leihen, wenn du mit ihm befreundet wärst?

Zweite Sequenz: Handlungsvariante 1
Wortschatz

Filmsequenz
Sequenz :2
Start: Lola legt den Hörer
  auf.
Stopp: Ende der Szene, in der
  Lola auf der Straße liegt
Länge: circa 21 Minuten

:: 1 :: DIALOGE SPIELEN

Lesen Sie die Ausdrücke und die Erklärungen. Üben Sie die Wörter, indem Sie mit Ihrem Partner/Ihrer Partnerin kurze Dialoge mit jedem Wort bzw. Ausdruck spielen. Spielen Sie zu jedem Ausdruck einen Dialog im Plenum vor.

BEISPIEL: schwanger
— Wie geht es eigentlich deiner Schwester?
— Sie hat letztes Jahr geheiratet und jetzt ist sie schwanger. In zwei Monaten bekommt sie ihr Baby, es ist ein Junge.

schwanger: eine Frau, die ein Kind erwartet, ist schwanger

er stirbt: 3. Person Singular von **sterben**

mein Freund: mein Partner

der Witz: etwas ist komisch, lustig; einen Witz erzählen

verlassen: weggehen und jemanden allein lassen

meckern (*ugs.*): kritisieren

immer schön Papas Kohle absahnen (*ugs.*): das Geld ausgeben, das der Vater verdient hat

das Kuckucksei *hier:* ein Kind, das von einem Mann gezeugt wurde und von einem anderen großgezogen wird

rausschmeißen (*ugs.*): (aus einem Haus) hinauswerfen

abknallen (*ugs.*): erschießen

sich beeilen: schnell machen

die Bullen (*Pl., ugs.*) *hier:* die Polizei

:: 2 :: SEHAUFTRÄGE VORBEREITEN

Lesen Sie die Wörter im Kasten auf Seite 289 und ordnen Sie sie in die drei Kategorien ein.

Personen	Orte/Dinge/Ereignisse	Eigenschaften

Sehen

:: 3 :: DIE ZWEITE SEQUENZ MIT TON SEHEN

In dieser Sequenz läuft Lola an vielen Leuten vorbei. Machen Sie sich während des Sehens in der Tabelle Notizen zu fünf dieser Personen.

Übungsbuch
Einheit 9, Teil A

Wer? Wie?	Wo?
a. *ihre Mutter, betrunken*	*Wohnzimmer*
b.	
c.	
d.	
e.	
f.	

:: 4 :: PERSONEN BESCHREIBEN

Beschreiben Sie die fünf Personen nun schriftlich so genau wie möglich und tragen Sie Ihre Ergebnisse anschließend im Plenum zusammen. Benutzen Sie folgende Verben:

treffen: Lola trifft einen Jungen.

begegnen (+ *Dativ*):   Lola begegnet einem Jungen.

---

[1]**staunend** überrascht   [2]**motzig** schlecht gelaunt, unfreundlich   [3]**der Wachmann** Person, die für die Sicherheit zuständig ist (z.B. in einer Bank)   [4]**frech** nicht nett   [5]**verwirrt** wenn man nicht versteht, was gerade passiert   [6]**der Bürgersteig** der Gehweg; dort gehen die Leute; Autos dürfen dort nicht fahren oder parken

sehen: Lola sieht ein<u>en</u> Jungen.

vorbeilaufen an (+ *Dativ*): Lola läuft <u>an</u> ein<u>em</u> Jungen vorbei.

a. *Lola läuft an ihrer betrunkenen Mutter vorbei, die im Wohnzimmer sitzt und telefoniert.*

b. _____

c. _____

d. _____

e. _____

f. _____

Übungsbuch
Einheit 9, Teil A

:: 5 :: FRAGEN ZUR ZWEITEN SEQUENZ BEANTWORTEN

Beantworten Sie die folgenden Fragen.

- Wer ist die Frau im Büro von Lolas Vater?
- Worüber unterhält sich Lolas Vater mit der Frau?
- Was weiß Lolas Vater über Manni?
- Wie reagiert er auf Lolas Wunsch?
- Kommt Lola pünktlich zu Manni?
- Was macht Manni um Punkt zwölf Uhr?
- Wie endet die Szene?

Übungsbuch
Einheit 9, Teil A

STRUKTUREN Modalpartikeln

In der Umgangssprache benutzen die Leute immer wieder Wörter wie **denn, doch, mal, eigentlich** oder **ja**. Man nennt diese Wörter Modalpartikeln. Lesen Sie einige Sätze aus der Filmsequenz, die Sie gerade gesehen haben und unterstreichen Sie alle Modalpartikeln. Vervollständigen Sie dann die Regeln.

1. Manni steht in der Telefonzelle und bittet Freunde um Geld. Er sagt: „Ich kann doch auch nichts dafür, dass es so viel ist!"

2. Lolas Vater und seine Geliebte sprechen über ihre Beziehung. Frau Hansen sagt: „Und dann frag' ich mich: Was mach' ich hier eigentlich? Soll ich alt werden und schlaflose Nächte haben, wegen einem Mann, der nicht zu mir stehen will?"

3. Frau Hansen fragt: „Liebst du mich?" und Lolas Vater antwortet: „Warum fragst'n[1] das jetzt?"

4. Der Wachmann fragt Lola: „Warum denn so eilig?"

5. Lola entschuldigt sich, als sie ins Büro ihres Vaters kommt und sagt: „Ich glaub' ich muss mal kurz stören, is' ganz dringend, 'tschuldigung."

6. Frau Hansen antwortet: „Macht nichts, ich wollt' sowieso mal kurz …"

7. Lolas Vater fragt: „Was machst du denn hier?" und Lola sagt: „Was macht ihr denn hier?"

8. Lolas Vater sieht Lola an und sagt: „Siehst ja furchtbar aus!"

9. Lola bittet ihren Vater um Geld und fragt nach ihrer Lebensversicherung. Der Vater sagt: „Die ist doch keine 100.000 wert."

10. Lolas Vater versteht nicht, warum Manni stirbt, wenn Lola das Geld nicht bekommt. Lola schreit: „Ist doch egal!!!"

11. Manni ist immer noch in der Telefonzelle und sagt: „Na, lass mal, is' okay."

12. Im Supermarkt sagt Manni: „Lola, wo warst du denn?"

13. Lola fragt: „Können wir nicht schnell abhauen?" und Manni antwortet: „Jetzt nicht mehr, du siehst ja die Scheiße hier!"

Regeln:

a. _____ *Denn* _____ benutzt man in Fragesätzen, wenn man sich nach etwas erkundigt, überrascht oder erstaunt ist oder wenn man genervt oder ungeduldig ist.

b. _____ benutzt man, um eine Aussage oder Frage freundlicher zu machen oder um auszudrücken, dass etwas nur für einen kurzen Moment ist.

c. _____ benutzt man, um die Offensichtlichkeit[2] einer Tatsache zu unterstreichen oder die eigene Überraschung auszudrücken.

d. _____ benutzt man in Fragen oder Aussagen, um sie freundlicher zu machen oder um auszudrücken, dass man über etwas nachdenkt, die Antwort aber noch nicht gefunden hat.

e. _____ benutzt man in Aussagen, um die eigene abweichende[3] Meinung zu betonen oder um Überraschung, Ungläubigkeit, Ungeduld[4] oder Dringlichkeit[5] auszudrücken. In Imperativ-Sätzen wird diese Modalpartikel häufig zusammen mit **mal** benutzt.

---

[1] fragst'n = fragst du denn   [2] **die Offensichtlichkeit** Klarheit   [3] **abweichend** anders   [4] **die Ungeduld** wenn man nicht warten kann oder will, ist man ungeduldig   [5] **die Dringlichkeit** wenn etwas sehr wichtig ist

Die Polizei ermittelt. Lesen Sie die Berichte von Manni, Lolas Vater, Frau Hansen, Lolas Mutter, einem Kunden im Supermarkt und dem Wachmann und geben Sie an, von wem die Äußerung ist. Schreiben Sie auch passende Modalpartikeln (**denn, doch, mal, eigentlich, ja**) in die Lücken.

BEISPIEL:

Lolas Mutter : „Alles, was ich weiß, ist, dass Lola heute Mittag sehr schnell aus der Wohnung gerannt ist. Warum, weiß ich _____doch_____ nicht, sie erzählt mir nicht sehr viel. Ich habe sie noch gebeten, mir Shampoo mitzubringen, aber ich glaube, sie hat es gar nicht gehört."

a. _____ : „Heute Mittag ist Lola in mein Büro gekommen und hat von mir verlangt, dass ich ihr 100.000 Mark gebe. Sie hat gesagt, dass irgendjemand stirbt, wenn ich es nicht tue. Natürlich habe ich ihr das Geld nicht gegeben, sondern habe sie rausschmeißen lassen. Allerdings habe ich ihr aus Wut noch erzählt, dass sie gar nicht meine Tochter, sondern ein Kuckucksei ist. Das hätte ich vielleicht nicht tun sollen, auf jeden Fall nicht heute. Erklären Sie mir _____ bitte _____, was hier _____ los ist!"

b. _____ : „Ich habe Lola heute zum ersten Mal gesehen. Sie ist ins Büro gekommen ohne anzuklopfen und schien ein wichtiges Problem zu haben. Ich bin dann _____ kurz zur Toilette gegangen, um nicht zu stören. Als ich wiedergekommen bin, hat sie so laut geschrien, dass die Glasuhr an der Wand zerplatzt ist. Was ist _____ mit ihr los?"

c. _____ : „Ich bin Lolas Freund, wir sind – ich meine wir waren – seit fast einem Jahr zusammen. Heute habe ich dringend 100.000 Mark gebraucht. Lola hat versprochen, das Geld zu besorgen. Wir hatten verabredet, dass wir uns um 12 Uhr am Supermarkt Bolle treffen, aber sie war nicht pünktlich, deshalb habe ich _____ den Supermarkt überfallen, um das Geld zu besorgen. Lola hat mir geholfen, als sie endlich da war. Wir sind dann zusammen weggelaufen und dann sind die Bullen gekommen und Lola wurde erschossen, aber das wissen Sie _____."

d. _____: „Ja, Lola war heute hier. Sie wollte zu ihrem Vater. Sie hatte es eilig und sie hat schrecklich ausgesehen, war wohl nicht ihr Tag. Irgendwas hat ihren Vater sehr wütend gemacht, denn er hat sie von mir rauswerfen lassen. Mehr weiß ich nicht. Was ist _____ los?“

e. _____: „Ein junger Mann mit einer Pistole ist plötzlich in den Supermarkt gekommen, er hat gesagt „Hände über den Kopf und die Klappe halten. Wer mich nervt, den knall' ich ab!“ Dann ist eine rothaarige Frau gekommen und hat ihm geholfen, sie hat gesagt „Beeil dich, bevor die Bullen kommen.“ Sie hatte Angst, dass sie erwischt werden. Und dann sind sie abgehauen. Haben Sie sie _____ schon erwischt?“

Weiterführende Aufgabe

:: **7** :: HYPOTHESEN ZUR FORM DES FILMS AUFSTELLEN

Diskutieren Sie die Fragen zunächst mit Ihrem Partner/Ihrer Partnerin und anschließend im Plenum.

a. Lola rennt an verschiedenen Personen vorbei. Der Regisseur zeigt uns schnelle Fotoserien zu drei dieser Personen: Doris (die Frau mit dem Kinderwagen), Mike (der Radfahrer) und Frau Jäger (die Sekretärin in der Bank). Warum? Vermuten Sie. Was zeigen diese Bilder? Fassen Sie die Ereignisse in den Fotoserien kurz zusammen.

b. Welche Elemente kommen immer wieder vor? Was könnten sie bedeuten?

c. Warum rennt Lola eigentlich? Würden Sie auch rennen?

d. Es ist unwahrscheinlich, dass der Film nach nur 30 Minuten zu Ende ist. Wie könnte der Film weitergehen?

Dritte Sequenz: Das Beziehungsgespräch 1

:: Der vollständige
Dialog befindet
sich im Anhang des
Buches.

:: 1 :: LESEN: DIALOG ERGÄNZEN

Lesen Sie das Gespräch zwischen Manni und Lola und setzen Sie **nicht, nichts**
oder **nie** ein.

BEZIEHUNGSGESPRÄCH 1

LOLA: Manni?

MANNI: Mmh …

LOLA: Liebst du mich?

MANNI: Ja, sicher.

5 **LOLA:** Wie kannst du sicher sein?

MANNI: Weiß ich _____ .
Bin's halt.

LOLA: Aber ich könnt' auch irgend'ne
andere sein.

10 **MANNI:** Nee nee.

LOLA: Wieso nicht?

MANNI: Weil du die Beste bist.

LOLA: Die beste was?

MANNI: Na, die beste Frau.

15 **LOLA:** Von allen, allen Frauen?

MANNI: Na klar!

LOLA: Woher willst du das wissen?

MANNI: Das weiß ich halt.

LOLA: Du glaubst es.

20 **MANNI:** Gut, ich glaub's.

LOLA: Siehst du.

MANNI: Was?

LOLA: Du bist dir _____ sicher.

MANNI: Na, spinnst du jetzt oder was?

25 **LOLA:** Und wenn du mich _____
getroffen hättest?

MANNI: Wie, was wär' dann?

LOLA: Dann würdest du jetzt dasselbe
'ner anderen erzählen.

30 **MANNI:** Ich brauch's ja _____ zu
sagen, wenn du's _____ hören
willst.

LOLA: Ich will überhaupt _____
hören, ich will wissen, was du fühlst.

35 **MANNI:** Ok, ich fühle, … dass du die
Beste bist.

LOLA: Dein Gefühl, wer ist denn das,
dein Gefühl?

MANNI: Na ich, mein Herz.

40 **LOLA:** Dein Herz sagt: „Guten Tag Manni,
die da, die is' es.“?

MANNI: Genau.

LOLA: Und du sagst: „Ah ja, danke für
diese Information. Auf Wiederhören
45 bis zum nächsten Mal.“?

MANNI: Genau.

LOLA: Und du machst alles, was dein
Herz dir sagt?

MANNI: Na, das sagt ja _____ , also,
50 ja was weiß ich, das, … es fühlt halt.

LOLA: Und was fühlt es jetzt?

MANNI: Es fühlt, dass da gerade jemand
ziemlich blöde Fragen stellt.

LOLA: Mann, du nimmst mich überhaupt
55 _____ ernst.

MANNI: Lola, was is' denn los? Willst du
irgendwie weg von mir?

LOLA: Ich weiß _____ , ich muss
mich halt entscheiden, glaub ich.

Filmsequenz
Sequenz: 3
Start: Ende der Szene,
 in der Lola auf der
 Straße liegt
Stopp: Ende des Gesprächs
 im Bett
Länge: circa 3 Minuten

:: 2 :: DIE DRITTE SEQUENZ MIT TON SEHEN

Sehen Sie sich das Gespräch zwischen Manni und Lola an.

- Konzentrieren Sie sich auf den Wortlaut und überprüfen Sie, was Sie in Aufgabe 1 geschrieben haben. Machen Sie eventuelle Korrekturen.
- Notieren Sie danach Adjektive, die Lola in diesem Gespräch beschreiben: Lola ist _____ .

:: 3 :: FRAGEN ZUM GESPRÄCH BEANTWORTEN

Besprechen Sie zuerst mit einem Partner/einer Partnerin die Fragen, dann im Plenum.

- Warum stellt Lola diese Fragen?
- Liebt Lola Manni?
- Liebt Manni Lola?
- Wie stellt Tom Tykwer diese Sequenz dar? Mit welchen Farben arbeitet er und warum?

Vierte Sequenz: Handlungsvariante 2

:: 1 :: HYPOTHESEN AUFSTELLEN

Manchmal entscheiden Sekunden über den Verlauf unseres Lebens. Stellen Sie sich vor, Lola wäre auf dem Weg zu ihrem Vater die Treppe ihres Hauses hinuntergefallen und hätte sich verletzt. Dann wäre sie vielleicht langsamer gerannt. Vielleicht wäre dann alles ganz anders gekommen.

Filmsequenz
Sequenz: 4
Start: Ende des Gesprächs
 im Bett
Stopp: Ende der Szene, in
 der Manni auf der Straße
 liegt
Länge: circa 18 Minuten

STRUKTUREN Wiederholung: Konjunktiv II der Vergangenheit

Was wäre gewesen, wenn … Schreiben Sie fünf Sätze im Konjunktiv II der Vergangenheit. Lassen Sie Ihrer Fantasie freien Lauf!

BEISPIEL: *Wenn Lola langsamer gelaufen wäre, (dann) hätte der Mann im Auto vielleicht keinen Unfall gehabt.*

1. _____
2. _____
3. _____
4. _____
5. _____

:: 2 :: DIE VIERTE SEQUENZ MIT TON SEHEN

Achten Sie beim Sehen der vierten Filmsequenz wieder auf die Fotoserien. Machen Sie sich Notizen zu den Schicksalen von Doris, Mike und Frau Jäger.

:: 3 :: FOTOSERIEN DEUTEN

Was zeigen die Fotoserien zu Doris, Mike und Frau Jäger? Warum ist ihr Schicksal anders als in der ersten Handlungsvariante?

:: 4 :: DOMINO: DIE VIERTE SEQUENZ ZUSAMMENFASSEN

Das Domino befindet sich auf der Anders gedacht Instructor's Companion Website.

Arbeiten Sie in einer Kleingruppe. Ihr Kursleiter/Ihre Kursleiterin wird Ihnen zerschnittene Karten geben. Auf dem oberen Teil steht eine Frage und unten eine Antwort. Spielen Sie Domino: Beginnen Sie mit der Karte, auf der **Anfang** steht. Lesen Sie die Frage laut vor. Derjenige/diejenige, der/die die richtige Antwort hat, liest die Antwort vor und stellt die nächste Frage.

Weiterführende Aufgaben

:: 5 :: HANDLUNGSVARIANTEN 1 UND 2 VERGLEICHEN

Übungsbuch Einheit 9, Teil A

Schreiben Sie alle Unterschiede zwischen den Handlungsvarianten 1 und 2 in die Tabelle. Im Kasten finden Sie noch einmal den wichtigsten Wortschatz zur zweiten Handlungsvariante. Sie können im Präsens oder im Perfekt schreiben.

> ### Wortschatz
>
> jemandem (*Dativ*) ein Bein stellen (hat ... gestellt)
> Streit haben, sich streiten (haben ... sich gestritten)
> jemanden mit etwas bewerfen (hat ... beworfen)
> jemanden als Geisel nehmen
> etwas verlangen[1] (hat ... verlangt)
> etwas wegwerfen (hat ... weggeworfen)
> bewaffnete[2] Polizisten
> pünktlich (auf die Sekunde)
> überfahren werden (ist ... überfahren worden)
>
> ---
> [1]**verlangen** wollen [2]**bewaffnet** wenn jemand eine Waffe (z.B. Pistole, Revolver) hat, ist er bewaffnet

HANDLUNGSVARIANTE 1	HANDLUNGSVARIANTE 2
Im Treppenhaus ist Lola an dem Jungen mit dem Hund vorbeigerannt.	*Der Junge im Treppenhaus hat Lola ein Bein gestellt und sie ist die Treppe hinuntergefallen.*

STRUKTUREN Komparativ

Lesen Sie die Beispielsätze und auch die Fragen.

Übungsbuch
Einheit 9, Teil A

BEISPIEL: Welches Szenario hat dir besser gefallen, das erste oder das zweite?

→ Version 1 finde ich bes**ser als** Version 2.

→ Ich finde die erste Version **genauso** traurig **wie** die zweite Version.

→ Die erste Version ist **die** bess**ere** (Version).

- Welches Szenario findest du realistisch**er**?
- Welche Version ist deiner Meinung nach die lustig**ere**?
- Und welche ist die traurig**ere** Version?
- Welches Szenario findest du spannend**er**?
- Welches ist für dich das interessant**ere** Szenario?

:: → :: REGELN FORMULIEREN

Formulieren Sie jetzt mit Ihrem Partner/Ihrer Partnerin vier Regeln zum Komparativ.

Regel 1: Den Komparativ bildet man, indem man _____

_____

Regel 2: „Als" benutzt man, wenn _____

_____

Regel 3: „Wie" benutzt man, wenn _____

_____

Regel 4: Man kann die Komparativ-Form als Adjektiv benutzen. Dazu muss man _____

_____

Machen Sie ein Partner-Interview mit den Fragen aus **Strukturen** und berichten Sie darüber im Plenum.

Fünfte Sequenz: Das Beziehungsgespräch 2

 :: **1** :: LESEN: TEXTANTIZIPATION

Lesen Sie das Transkript des Beziehungsgesprächs. Arbeiten Sie mit Ihrem Partner/Ihrer Partnerin und antizipieren Sie die Teile, die im Text fehlen.

:: Der vollständige Dialog befindet sich im Anhang des Buches.

BEZIEHUNGSGESPRÄCH 2

MANNI: Lola?

LOLA: Mmh…

MANNI: Wenn ich jetzt sterben würde, was würdest du _____?

5 **LOLA:** Ich würde dich nicht _____.

MANNI: Na ja, wenn ich todkrank wäre und es gibt keine Rettungsmöglichkeit.

LOLA: Ich würde _____.

10 **MANNI:** Jetzt sag doch mal … Ich lieg' jetzt im Koma und der Arzt sagt: „Einen Tag noch."

LOLA: Ich würde mit dir _____ und dich ins Wasser schmeißen.

15 Schocktherapie.

MANNI: Na gut, und wenn ich dann trotzdem tot wär'?

LOLA: Was willst du denn jetzt hören?

MANNI: Jetzt sag doch mal.

20 **LOLA:** Ich würde nach Rügen fahren und deine Asche _____.

MANNI: Und dann?

LOLA: Was weiß ich, so 'ne blöde Frage.

MANNI: Ich weiß es, du würdest

25 _____.

LOLA: Nee.

MANNI: Doch, doch, klar, sonst könntest du ja gar nicht weiterleben. Ich mein', klar würdest du trauern[1] die

30 ersten Wochen, bestimmt, ist ja auch nicht schlecht. Alle total mitfühlend und echt betroffen[2] und alles ist so unendlich traurig und du kannst einem einfach nur tierisch leid tun.

35 Dann kannst du allen zeigen, wie _____ du eigentlich bist, „_____" werden die dann alle sagen, „die reißt sich echt am Riemen[3], ist nicht hysterisch und

40 heult[4] den ganzen Tag 'rum" oder so.

---

[1]**trauern** traurig sein, weil jemand gestorben ist   [2]**betroffen** mitfühlend, hilfsbereit, sensibel   [3]**sich am Riemen reißen** stark sein, die eigenen Emotionen kontrollieren   [4]**heulen** weinen

Und dann kommt auf einmal
_____ mit den _____
und der ist so _____, hört dir
den ganzen Tag zu und lässt sich so
45 richtig schön von dir volllabern[5].
Und dem kannst du dann erzählen,
wie schwer du es gerade hast und
dass du dich jetzt echt erst mal um
dich selbst kümmern musst und dass

50 du nicht weißt, wie es weitergehen
wird und bä, bä, bä … dann hockst[6]
du plötzlich bei ihm _____
und ich bin _____. So läuft
das nämlich.

55 **LOLA:** Manni?

MANNI: Was?

LOLA: Du bist aber nicht gestorben.

---

[5]**jemanden volllabern** so viel reden, dass der andere gar nicht
zu Wort kommt

[6]**hocken** sitzen

:: 2 :: DIE FÜNFTE SEQUENZ MIT TON SEHEN

Sehen Sie sich das Gespräch mit Ton an und vervollständigen Sie den Dialog
im Buch. Wenn Sie Schwierigkeiten hatten, alles zu verstehen, schauen Sie im
Anhang nach. Dort ist das Gespräch abgedruckt.

Vergleichen Sie das tatsächliche Gespräch mit dem, was Sie in Aufgabe 1
antizipiert haben.

Welche Unterschiede oder Ähnlichkeiten sehen Sie im Vergleich zu dem ersten
Beziehungsgespräch?

Filmsequenz
Sequenz: 5
Start: Ende der Szene,
   in der Manni auf der
   Straße liegt
Stopp: Ende des Gesprächs
   zwischen Manni und Lola
   im Bett
Länge: circa 3 Minuten

Sechste Sequenz: Handlungsvariante 3

:: 1 :: HYPOTHESEN AUFSTELLEN

Sie sehen gleich noch eine dritte Handlungsvariante. Die Geschichte endet
diesmal so:

Lola und Manni treffen sich vor dem Supermarkt, beide sind glücklich:
Manni hat das Geld gerade Ronnie gegeben und Lola hat eine Plastiktüte
mit 100.000 Mark dabei.

Aufgabe: Erzählen Sie mit Ihrem Partner/Ihrer Partnerin eine kleine Geschichte,
in der Sie erklären, wie es dazu gekommen ist. Wer möchte, erzählt die
Geschichte im Plenum.

Filmsequenz
Sequenz: 6
Start: Ende des zweiten
Beziehungsgesprächs
Stopp: Ende des Films
Länge: circa 25 Minuten

:: 2 :: DIE SECHSTE SEQUENZ MIT TON SEHEN

Sehen Sie sich jetzt die Handlungsvariante 3 an und vergleichen Sie sie mit Ihrer eigenen Version. Was ist gleich, was ist anders? Achten Sie auch wieder auf die Fotoserien.

:: 3 :: SCHREIBEN: DIE SECHSTE SEQUENZ ZUSAMMENFASSEN

Übungsbuch
Einheit 9, Teil A

Manni und Lola erzählen sich gegenseitig, wie sie das Geld besorgt haben. Fassen Sie die dritte Version schriftlich im Perfekt in 5 bis 10 Sätzen zusammen. Schreiben Sie aus Lolas oder aus Mannis Perspektive, d.h. in der *Ich*-Form. Unten finden Sie Wortschatz, der Ihnen helfen kann.

BEISPIEL: *Lola: „Ich bin losgerannt, um dir zu helfen. …"*

Wortschatz Lola	Wortschatz Manni
abgeholt werden	jemanden (*Akkusativ*) verfolgen
ins (Spiel)Kasino gehen	jemandem (*Dativ*) hinterherlaufen
Roulette spielen	das Geld abnehmen
auf die richtige Zahl setzen	das Geld abliefern/abgeben
Geld gewinnen	

Arte / Bavaria / WDR / The Kobal Collection / Spauke, Bernd

Warum lässt Tom Tykwer seine Hauptfigur an Nonnen vorbeilaufen?

Struktur des Films

:: 1 :: ELEMENTE DES FILMS ERFASSEN

Arbeiten Sie in kleinen Gruppen. Welche der folgenden Elemente, Personen und Konzepte verwendet Tom Tykwer im Film *Lola rennt?* Kreuzen Sie an.

- ☐ das Footage
- ☐ die Technomusik
- ☐ die Zeichentrickanimation
- ☐ das Geräusch
- ☐ die Geschichte in drei Varianten
- ☐ Beziehungsgespräche als Verbindung zwischen den drei Handlungsvarianten
- ☐ die lineare Handlung
- ☐ der Slang
- ☐ das Hochdeutsch
- ☐ der Sprecher
- ☐ das Happy End
- ☐ das offene Ende
- ☐ die Fotoserie

- ☐ die Polizei
- ☐ die Glasscheibe
- ☐ die alte Frau
- ☐ die Nonne
- ☐ die Stadt Berlin
- ☐ der Rettungswagen
- ☐ die Kinder
- ☐ die alten Menschen
- ☐ die Beziehung zwischen den Generationen
- ☐ der Zeichentrickfilm
- ☐ das Fußballspiel
- ☐ der Penner
- ☐ die kriminelle Bande
- ☐ das Laufen

:: 2 :: DEN ELEMENTEN EINE FUNKTION ZUORDNEN

Erklären Sie jetzt, wie der Regisseur Tom Tykwer seine Elemente einsetzt. Welche Funktionen haben sie? Was beabsichtigt der Regisseur wohl damit? Diskutieren Sie in Ihrer Gruppe. Ein Gruppensprecher/eine Gruppensprecherin stellt die Ergebnisse im Plenum vor.

BEISPIEL: Die Fotoserien zeigen alternative Schicksale.

Symbole im Film

 :: → :: SYMBOLE ERKLÄREN

Arbeiten Sie wieder in Ihrer Gruppe und überlegen Sie gemeinsam, was die folgenden Symbole im Film ausdrücken. Sie können die Liste der Symbole weiter fortsetzen.

Symbol	Bedeutung
die Farbe Rot	
das Glas	
die Uhr	
das Schreien	
die Dominosteine	
die Spirale	
...	...

Inhalt des Films

Übungsbuch
Einheit 9, Teil B

STRUKTUREN Superlativ

:: a :: Lesen Sie zuerst die Fragen und formulieren Sie mit Ihrem Partner/ Ihrer Partnerin die Regeln zum Superlativ.

- Welche der drei Möglichkeiten hat Ihnen **am besten** gefallen? Begründen Sie Ihre Meinung.
- Welche hat Ihnen **am wenigsten** gefallen? Warum?
- Welche der drei Möglichkeiten finden Sie **am realistischsten**? Warum?
- Welche ist Ihrer Meinung nach die interessante**ste** Version?
- Welches ist das lustig**ste** Szenario?

Regel 1: *Den Superlativ bildet man, indem man*

Regel 2: *Man kann die Superlativ-Form als Adjektiv benutzen. Dazu muss man*

:: b :: Beantworten Sie dann die Fragen und berichten Sie.

:: 1 :: MÜNDLICH STELLUNG NEHMEN

Bereiten Sie eine kurze mündliche Stellungnahme vor: Was ist für Sie die Hauptbotschaft des Films?

:: 2 :: DEBATTE

Erinnern Sie sich an die drei Handlungsvarianten und wie sich die Ereignisse voneinander unterscheiden.

:: a :: **Debatte vorbereiten** Nehmen Sie sich ein paar Minuten Zeit und überlegen Sie: Was bestimmt Ihrer Meinung nach unser Leben – Glück, eigenes Handeln, Schicksal oder Zufall? Machen Sie sich Notizen.

:: b :: **Gruppen bilden und debattieren** Bilden Sie zwei Gruppen. Die eine Gruppe sammelt Pro-, die andere Gruppe sammelt Kontra-Argumente. Debattieren Sie dann im Plenum die folgende Aussage: *Der Zufall bestimmt unser Leben*.

:: 3 :: DEN INHALT INTERPRETIEREN

Mit den folgenden Zitaten beginnt der Film. Versuchen Sie zu erklären, was T.S. Eliot und S. Herberger sagen. Was haben diese Aussagen mit dem Film zu tun? Fallen Ihnen Situationen ein, auf die diese Aussagen zutreffen?

> „Wir lassen nie vom Suchen ab,
> und doch, am Ende allen unseres Suchens,
> sind wir am Ausgangspunkt zurück
> und werden diesen Ort zum ersten Mal erfassen."
>
> —T.S. Eliot

> „Nach dem Spiel
> ist vor dem Spiel."
>
> —S. Herberger

Hintergrund zum Film
Recherchieren und präsentieren

 :: 1 :: MIT DEM INTERNET ARBEITEN

Suchen Sie im Internet Informationen zu den Hollywood-Filmen *Blow* und *Die Bourne Identität* mit Franka Potente. Notieren Sie die Informationen in der Tabelle. Vielleicht haben Sie einen dieser Filme zu Hause, dann können Sie im Unterricht einen kurzen Ausschnitt zeigen.

Blow	*Die Bourne Identität*
Titel: _____	Titel: _____
Regie: _____	Regie: _____
Entstehungsjahr: _____	Entstehungsjahr: _____
Hauptrollen: _____	Hauptrollen: _____
_____	_____
Nebenrollen: _____	Nebenrollen: _____
_____	_____
Drehbuch: _____	Drehbuch: _____
Kamera: _____	Kamera: _____
Schnitt: _____	Schnitt: _____
Musik: _____	Musik: _____
Produktion: _____	Produktion: _____

Übungsbuch
Einheit 9, Teil B

:: 2 :: INFORMATIONEN VERBALISIEREN

Berichten Sie in ganzen Sätzen, was Sie in Aufgabe 1 herausgefunden haben. Den folgenden Wortschatz werden Sie brauchen.

Redemittel / Wortschatz

Regie führen	der Drehbuchautor, -en /
der Regisseur, -e / die Regisseurin, -nen	die Drehbuchautorin, -nen
einen Film drehen	der Kameramann / die Kamerafrau
der Schauspieler, - /	für den Schnitt verantwortlich sein
die Schauspielerin, -nen	einen Film schneiden
der (männliche) Hauptdarsteller, - / die	Filmmusik komponieren
(weibliche) Hauptdarstellerin, -nen	der Produzent, -en / die Produzentin, -nen
das Drehbuch schreiben	einen Film produzieren

:: 3 :: REFERATE HALTEN

Halten Sie ein Referat über einen der beiden Hauptdarsteller Franka Potente oder Moritz Bleibtreu. Denken Sie wie immer an Visualisierungen! Gehen Sie auf folgende Punkte ein:

- Biografie
- Interessen, Hobbys usw.
- andere Filme
- andere Tätigkeiten
- interessante Geschichten aus ihrem Privatleben (z.B. war Franka Potente kurz mit *Herr der Ringe*-Darsteller Elijah Wood zusammen)
- …

Lesen • Globalverständnis

:: 4 :: FILMKRITIKEN LESEN

Finden Sie beim Lesen heraus, ob die Kritiken zum Film auf Seite 306 positiv oder negativ sind. An welchen Wörtern können Sie das erkennen? Tragen Sie Ihre Ergebnisse in die Tabelle ein.

POSITIV (+); NEGATIV (−)	WÖRTER UND AUSDRÜCKE, DIE DARAUF HINWEISEN
1.	
2.	

Bewegende, furios bewegte Bilder, atemlose Schnitte, irrwitziges[1] Tempo, schräg bewegte Zeichentricksequenzen, eingängiger Soundtrack, Fantasie statt Monotonie – ein deutscher Film von Weltformat. Geschaffen hat ihn Autor-Regisseur Tom Tykwer, der schon mit *Die tödliche Maria* und *Winterschläfer* nachhaltig auf sich aufmerksam machte. Mit den Jung-Stars Franka Potente und Moritz Bleibtreu in den Hauptrollen ideal besetzt, verbindet dieses erfolgreichste deutsche Werk des letzten Jahres beste Unterhaltung mit Anspruch. Im Kino sahen über zwei Millionen Zuschauer Lola rennen.

– Video Woche

1

Lola, bleib' lieber stehen! Leider ging der Film gründlich daneben. Schade eigentlich, denn aus dieser Thematik, der an sich originellen und unverbrauchten Idee, hätte man mehr machen können. Es ist wirklich mal was Neues, ein und dieselbe Handlung dreimal hintereinander leicht abgewandelt zu erzählen. Lola rennt nämlich aus ihrer Wohnung und trifft auf einen Nachbarn und dessen Hund. Je nachdem, wie sie an ihm vorbeikommt, ändert[2] sich der nachfolgende Verlauf der Geschichte völlig. Nach dem Prinzip „Wenn ein Schmetterling in China mit den Flügeln schlägt, gibt es in Amerika einen Wirbelsturm" wird dann die Geschichte dreimal erzählt. Es ändern sich vordergründig nur Kleinigkeiten, der weitere Lebenslauf bestimmter Personen aber gewaltig. Man sieht also, dass dieser Film mit Sicherheit kein „Mainstream-Film" ist, aufgrund der originellen Idee aber durchaus viel-versprechend[3]. Leider ist die Umsetzung[4] dieses Themas alles andere als gut gelungen[5]. Von der ersten Minute an fragt man sich: „Bin ich im Kino oder schaue ich mir ein Musikvideo an?". Viel zu rasante Schnitte, wirre[6] Kamerafahrten und viel zu viele und dazu noch deplaziert wirkende[7] Effekte verderben einem den Spaß an diesem Film. Kurz gesagt: Eine vielversprechende Thematik und Idee wurde schlecht umgesetzt, weshalb der Film bestenfalls als mittelmäßig[8] zu betrachten ist.

– JK

2

---

[1] **irrwitzig** *hier:* sehr sehr schnell [2] **sich ändern** es wird anders [3] **vielversprechend** man kann viel Gutes erwarten [4] **die Umsetzung** die Realisation [5] **gelingen** Erfolg haben [6] **wirr** konfus; es ergibt keinen Sinn [7] **es wirkt deplaziert** es passt nicht dazu [8] **mittelmäßig** nicht schlecht, aber auch nicht gut

:: 5 :: EINE FILMKRITIK SCHREIBEN

Schreiben Sie selbst eine kurze Filmkritik zu *Lola rennt*. Gehen Sie dabei auf mindestens fünf der folgenden Punkte ein: Inhalt, Handlung, Thema, Struktur des Films, Symbole, Bedeutung, Kameraführung, Musik, Schauspieler, technische Aspekte, Schnitt, Drehbuch.

Grundwortschatz

:: VERBEN

ab•hauen (*ugs.*): er/sie/es haut ... ab,
    haute ... ab, ist ... abgehauen   to scram, beat it, split

sich beeilen: er/sie/es beeilt sich,
    beeilte sich, hat sich ... beeilt   to hurry

hin•fallen: er/sie/es fällt ... hin,
    fiel ... hin, ist ... hingefallen   to fall down

klauen (*ugs.*): er/sie/es klaut, klaute,
    hat ... geklaut   to swipe, steal

stehlen: er/sie/es stiehlt, stahl,
    hat ... gestohlen   to steal

überfahren: er/sie/es überfährt,
    überfuhr, hat ... überfahren   to run over, hit with a vehicle

überfallen: er/sie/es überfällt,
    überfiel, hat ... überfallen   to hold up, threaten with a weapon

um•bringen: er/sie/es bringt ... um,
    brachte ... um, hat ... umgebracht   to kill

verlangen: er/sie/es verlangt,
    verlangte, hat ... verlangt   to demand

:: NOMEN

der Autodiebstahl,
    die Autodiebstähle   automobile theft

der/die Bankangestellte, -n   bank employee

der Banküberfall,
    die Banküberfälle   bank robbery

der Bürgersteig, -e   sidewalk

das Drehbuch, die Drehbücher   screenplay

die Einfahrt, -en   driveway, entrance

der/die Geliebte, -n   lover; person with whom one has
       an extramarital affair

die Glasscheibe, -n   pane of glass

der (männliche) Hauptdarsteller, -
/ die (weibliche)
    Hauptdarstellerin, -nen   leading man/lady, main actor/actress in
       a film or play

die Hauptrolle, -n   leading role, main role (in a film or play)

die Nebenrolle, -n	supporting role (in a film or play)
der/die Obdachlose, -n	homeless person
der Penner, - /	
die Pennerin, -nen (*ugs.*)	bum, tramp, hobo
die Pistole, -n	pistol
die Regie	direction (of a film or play)
der Regisseur, -e /	
die Regisseurin, -nen	director (of a film or play)
der Schauspieler, - /	
die Schauspielerin, -nen	actor/actress
die Telefonzelle, -n	telephone booth
das Treppenhaus	stairwell, staircase
der Wachmann, die Wachmänner	security guard

:: ADJEKTIVE UND ADVERBIEN

betrunken	drunk, inebriated
bewaffnet	armed
obdachlos	homeless
pünktlich	punctual(ly)
schwanger	pregnant
ungewöhnlich	unusual(ly)

:: ANDERE AUSDRÜCKE

einen Film drehen	to shoot a film
einen Film im Original sehen	to see a film in the original language
einen Film schneiden	to edit a film
eine Entscheidung treffen	to make a decision
die synchronisierte Version	the version dubbed (in another language)
im Original mit Untertiteln	in the original language with subtitles in the language of the audience
Regie führen	to direct (a film or play)
überfahren werden	to be run over; be hit by a vehicle

ANHANG

EINHEIT 1

WANDERSCHAFT
von Wilhelm Müller

Das Wandern ist des Müllers Lust,
Das Wandern!
Das muss ein schlechter Müller sein,
Dem niemals fiel das Wandern ein,
Das Wandern.

Vom Wasser haben wir's gelernt,
Vom Wasser!
Das hat nicht Rast bei Tag und Nacht,
Ist stets auf Wanderschaft bedacht,
Das Wasser.

Das sehn wir auch den Rädern ab,
Den Rädern!
Die gar nicht gerne stille stehn,
Die sich bei Tag nicht müde drehn,
Die Räder.

Die Steine selbst, so schwer sie sind,
Die Steine!
Sie tanzen mit den muntern Reihn
Und wollen gar noch schneller sein,
Die Steine.

O Wandern, Wandern, meine Lust,
O Wandern!
Herr Meister und Frau Meisterin,
Lasst mich in Frieden weiterziehn
Und wandern.

WANDRERS NACHTLIED
von Johann Wolfgang von Goethe

Über allen Gipfeln
Ist Ruh,
In allen Wipfeln
Spürest du

Kaum einen Hauch;
Die Vöglein schweigen im Walde.
Warte nur, balde
Ruhest du auch.

ABENDLIED
von Matthias Claudius

Der Mond ist aufgegangen,
Die goldnen Sternlein prangen
Am Himmel hell und klar;
Der Wald steht schwarz und schweiget,
Und aus den Wiesen steiget
Der weiße Nebel wunderbar.

Wie ist die Welt so stille,
Und in der Dämmrung Hülle
So traulich und so hold!
Als eine stille Kammer,
Wo ihr des Tages Jammer
Verschlafen und vergessen sollt.

Seht ihr den Mond dort stehen? –
Er ist nur halb zu sehen
Und ist doch rund und schön.
So sind wohl manche Sachen,
Die wir getrost belachen,
Weil unsre Augen sie nicht sehn.

Wir stolze Menschenkinder
Sind eitel arme Sünder
Und wissen gar nicht viel;
Wir spinnen Luftgespinste
Und suchen viele Künste
Und kommen weiter von dem Ziel.

So legt euch denn, ihr Brüder,
In Gottes Namen nieder,
Kalt ist der Abendhauch;
Verschon uns Gott mit Strafen
Und laß uns ruhig schlafen
Und unsern kranken Nachbarn auch.

EINHEIT 3

ES IST ZEIT
von Aziza-A

Ich habe braune Augen, habe schwarzes
   Haar.
Und komm aus einem Land wo der Mann
   über der Frau steht
und dort nicht wie hier ein ganz anderer
   Wind weht!
In den zwei Kulturen, in denen ich
   aufgewachsen bin,
ziehen meine lieben Schwestern meist den
   kürzeren
weil nicht nur die zwei Kulturen
   aufeinander krachen,
weil auch Väter über ihre Töchter wachen:
„Du bist die Ehre der Familie, klar,
   gehorsam, schweigsam,
wie deine Mutter auch mal war."

So ein Mist, du hast Angst, kein Ast,
an dem du dich festhalten kannst, ist
   in Sicht …
Du überlegst: ist es meine Pflicht,
das Leben meiner Eltern so zu leben, wie
   sie es bestreben?
Mit Autorität mir meinen Mund zukleben!

Ja, ja, nun ich nehme mir die Freiheit!
AZIZA-A tut das was sie für richtig hält,
auch wenn sie aus den Augen der ganzen
   Sippe fällt
und niemand sie zu den gehorsamen
   Frauen zählt!
Ist es mir egal, ich muß sagen was ich denk,
und zwar …

Frau, Mutter, Mädchen oder Kind,
egal aus welchem Land sie kamen: jeder
   ein Mensch,
der selbständig denken kann, verstehst
   du Mann!

Sah und sehe, was geschieht: nämlich
   nichts, kein Unterschied!
Es ist Zeit, steht auf! Angesicht zu
   Angesicht,
erkennt: wir haben das Gewicht!

Mit HipHop vermischt,
erwischt meine Stimme auch die Ohren
   derer,
die ihre dicken Finger in ihre Ohren bohren.
Nichts sehen, nicht hören wollen, wie die
   drei Affen,
nur mit einem Unterschied:
sie reden, ohne zu wissen, was in uns
   geschieht!!!

Refrain
Daracik, Daracik sokaklar kizlar misket
   yuvarlar

EIN INTERVIEW MIT WLADIMIR KAMINER

*Das folgende Interview mit Wladimer Kaminer
wurde von den Autorinnen am 14. August 2004
während der Russendisko im Kaffee Burger in
Berlin aufgenommen. Da die Musik in der Disko
zu laut für eine gute Aufnahme war, wurde das
Interview auf der Straße durchgeführt.*

Autorinnen Im Kurs haben wir uns mit
dem Thema „Ausländer in Deutschland"
beschäftigt. Die erste Frage ist: Warum sind
Sie nach Deutschland immigriert?

Kaminer Na, zuerst 1990 aus Neugier, und
weil das am einfachsten war, ausgerechnet
nach Deutschland zu fahren und nicht
nach Amerika oder andere europäische
Länder. Und eigentlich wollte ich ja
sofort weiterfahren, ich wollte nicht in
Deutschland bleiben. Ich bin als Tourist
hierher gekommen und bin dann geblieben
aus verschiedenen Gründen, weil sich
plötzlich dann ein neues Leben hier

aufgebaut hat, unglaublich schnell. Das kann man schwer heute sich vorstellen oder auch erklären, aber damals 1991 in Berlin – das war eine besondere Zeit. Es war der Zauber der Wende, nennt man das. Vieles war möglich, was man sich gar nicht vorstellen konnte in der Sowjetunion oder auch heute im heutigen Deutschland. Ich habe sehr schnell dann Freunde, tollen Job, super Wohnung, gute Elektronik und supertolle Frau gefunden – alles auf einmal und innerhalb der kürzesten Zeit. Da will man natürlich nicht wegfahren.

Autorinnen Wohin wollten Sie eigentlich?

Kaminer Komischerweise wollte ich nach Dänemark, weil ich dort viele Freunde hatte. Davor gab es eine Jugendbewegung. Dänische Jugendliche waren in Moskau und St. Petersburg und haben sehr viele von meinen Freunden und Kollegen von damals mitgenommen nach Dänemark. „Next stop" hieß diese Bewegung, deswegen wollte ich auch nach Dänemark, also denen hinterher.

Autorinnen Im Unterricht haben wir einen Auszug aus *Russendisko* gelesen, das Kapitel „Sprachtest". Dort werden drei Fragen aus dem Sprachtest für Ausländer zitiert. Was sind Ihrer Meinung nach die richtigen Antworten auf diese drei Fragen? Frage Nummer 1 ist: „Ihr Nachbar lässt immer wieder spätabends Musik laufen. Sie können nicht schlafen. Was machen Sie?"

Kaminer Wahrscheinlich war die Aufgabe dieses Sprachtestes herauszufinden, wie integrationsfähig die Russen sind. Ob sie zu den …, na, was würde ein Deutscher machen? Der würde bestimmt Polizei rufen. Ein Russe würde entweder ihm die Schnauze polieren oder selbst zu dieser

Musik dann – zusammen mit dem Nachbarn – tanzen. Aber er würde bestimmt keine Polizei rufen, das kommt von der alten sowjetischen Tradition. Man hatte eben Misstrauen an die Organe des Staates und Vertrauen an sich selbst.

Autorinnen Und was hätten Sie auf diese Frage geantwortet?

Kaminer Also mein Vater würde auf jeden Fall keine Polizei rufen, der würde bestimmt sich selbst vertrauen und mit dem Nachbarn das klären.

Autorinnen Die zweite Frage war: „Was kaufen die Deutschen im Sommerschlussverkauf oder im Winterschlussverkauf und warum?"

Kaminer Das ist eine andere Mentalitätsebene hier, diese so genannte „Schnäppchenjagd", dass die Leute immer die falschen Sachen kaufen, also im Sommer die Wintersachen und im Winter die Sommersachen. Da sind die Russen eigentlich auch so. Und dann haben sie das Gefühl dabei, dass sie so total gut abgeschnitten haben, super Schnäppchen, alles zu super Preis gemacht haben. Aber das ist – ich glaube nicht, dass das eine typisch deutsche oder typisch russische Mentalität ist. Ich glaube, das gehört zu sehr weit verbreiteten Fallen des Kapitalismus. Das war ja in Amerika eigentlich viel viel skurriler, als wir da gesehen haben, dass da eine Tablette Aspirin viel teurer ist als tausend von diesen Tabletten oder wenn jemand bereit ist, zum Beispiel 10-Kilo-Packung Orangensaft zu kaufen, der wird auch viel besser abschneiden. Hier in Deutschland gibt's 10-Liter-Packung Orangensaft gar nicht. 10-Liter-Packung! Das muss man sich vorstellen!

Autorinnen Die letzte Frage war: „Schwimmen Sie gern? Haben Sie Gesundheitsprobleme? Was essen Sie zum Frühstück?" Was ist die richtige Antwort, Ihrer Meinung nach?

Kaminer Ich habe vermutet, dass diese Frage extra in Sprachtest aufgenommen wurde, um so hinterhältig zu erfahren, wie die gesundheitlichen Zustände derjenigen sind, ob er nun gesund ist und irgendwie nützlich fürs Deutschland oder vielleicht ein kranker Invalide.

Autorinnen Und warum, denken Sie, ist die Frage über den Winterschlussverkauf oder Sommerschlussverkauf in dem Test?

Kaminer Gut, hätte mein Vater geantwortet: „Ach, ich weiß überhaupt nicht, was diese Deutschen kaufen, interessiert mich auch nicht, ich bin sowieso keine große Kaufkraft", dann wäre das wahrscheinlich die falsche Antwort gewesen. Die suchen nach der richtigen Kaufkraft. Das gehört ja auch zu dem Programm, das hier durchgeführt wird, von der Regierung, ach, von allen Regierungen.

Autorinnen Und hat Ihr Vater mittlerweile den Sprachtest bestanden und die deutsche Staatsbürgerschaft bekommen?

Kaminer Nein.

Autorinnen Warum nicht? Er wollte doch den Test machen.

Kaminer Ja, er versucht's immer wieder, aber er schafft's nicht, ich glaube er ist zu unschlüssig, er ist zu unschlüssig. Er schafft's nicht zu Ende. Das ist auch … deutsche Bürokratie, braucht einen bestimmten Umgang. Man muss Geduld haben. Man darf überhaupt alles nicht zu nah an sich zehren lassen. Man muss es wie ein Spiel betrachten und das kann er nicht, ich weiß nicht, warum. Also, ich kann viele Gründe vermuten.

Autorinnen Haben Sie die deutsche Staatsbürgerschaft?

Kaminer Ich ja, wir sind gerade dabei, jetzt für die Kinder die Staatsangehörigkeit zu beantragen und auch zu bekommen, ich stehe im aktiven Briefwechsel mit dem Bürgeramt für Staatsangehörigkeitsangelegenheiten.

Autorinnen Was ist für Sie gut und was ist schlecht an Deutschland?

Kaminer Na, diese Eigenart, diese Eigenart, zum Beispiel bei der Sprache, diese zusammengeklappten Worte, die man ins Unendliche ziehen kann. Diese Eigenart hat so Vorteile und Nachteile, obwohl fast sind die Vorteile und Nachteile ja gleich. Zum einen kann man alles mit einem Wort sagen, was man will. Zum anderen – man lernt als Ausländer eigentlich nie aus.

Autorinnen Sind die Deutschen Ihrer Meinung nach ausländerfreundlich?

Kaminer Die Deutschen? Ist das jetzt eine provokative Frage?

Autorinnen Nein, ich frage nach Ihren Erfahrungen.

Kaminer Wer ist schon ausländerfreundlich? Es gibt keine ausländerfreundlichen Völker, das ist absurd. Alle Völker sind ausländerfeindlich.

Autorinnen Warum sagen Sie das? Haben Sie schlechte Erfahrungen?

Kaminer Nein, weil das normal ist. Ich meine, es betrifft nicht jeden, aber die meisten Leute, die Leute haben normalerweise Angst. Angst ist die Triebkraft für unsere Gesellschaft und Angst braucht eben immer Projektionen. Man muss irgend so eine Projektionsfläche für eigene Angst finden, sei es nun Arbeitslosigkeit oder gesundheitliche Probleme oder sonst was. Dann sind das eben … die Angst vor dem Fremden.

Autorinnen Was halten Sie vom Stichwort „Integration"?

Kaminer Ja, Integration ist auch ein Hirngespinst im Grunde genommen, weil man sich ins Leben gar nicht, schon gar nicht mit staatlichen Mitteln, integrieren kann. Das Leben verändert sich ständig. Integration ist ein Prozess, eigentlich bedarf jede Bevölkerungsschicht einer Integration, auch die Deutschen, die Ostdeutschen, die Westdeutschen. Jetzt ist dieses neue EU noch ein Grund für eine allgemeine Integration. Jeder Mensch … außerdem wird jeder älter und muss integriert werden in seine neue Altersphase. Integration ist etwas, was mit Ausländern wenig zu tun hat. Deswegen ist … die Integration als Lebensprozess ist im Grunde genommen ein halbes Leben, wenn nicht noch mehr. Integration jetzt als irgendwelches staatliches Förderprogramm ist Quatsch! Ich kenne jede Menge Leute, die hier ohne jegliche Integration leben und es geht ihnen gut.

Autorinnen Können Sie zum Schluss noch ein bisschen von der Russendisko erzählen?

Kaminer Russendisko ist eine Tanzver-anstaltung, wo nur russische Musik aufgelegt wird, aber nur gute, also kein billiger Pop, Trash oder nicht das, was in den russischen Dörfern aus dem Radio kommt, sondern Musik, die wir mit großer Mühe überall suchen, in allen ehemaligen Republiken der Sowjetunion oder auch in anderen Ländern, wo russische Musiker leben und arbeiten, sei es nun Kalifornien, Australien oder Holland. Inzwischen sind ja russische Musiker überall. In Frankreich gibt's eine sehr gute Band. Diese Musik legen wir hier auf, die Veranstaltung hat im November Jubiläum, wir werden fünf Jahre alt. Wir waren mit Russendisko mit unterschiedlichem aber immer großem Erfolg in sehr unterschiedlichen Ländern überall in Europa, in Israel, in Amerika, in Russland, fahren jeden Monat … machen wir diese Auslandseinsätze und zweimal im Monat hier im Kaffee Burger, in unserem Domizil. Kaffee Burger wird im November auch fünf Jahre alt sein. Wir feiern zusammen ein gemeinsames Jubiläum.

Autorinnen Und können die Deutschen tanzen?

Kaminer Ja, zu unserer Musik können alle tanzen.

Autorinnen Vielen Dank.

EINHEIT 4

VERONIKA

Veronika, der Lenz ist da,
die Mädchen singen tralala,
die ganze Welt ist wie verhext,
Veronika, der Spargel wächst,
ach du Veronika, die Welt ist grün,
drum lass uns in die Wälder ziehn.

Sogar der Großpapa sagt zu der Großmama:
Veronika, der Lenz ist da.

Mädchen lacht, Jüngling spricht,
Fräulein woll'n Sie oder nicht,
draußen ist Frühling,
der Poet Otto Licht
hält es jetzt für seine Pflicht,
er schreibt dieses Gedicht: …

AUF WIEDERSEHN

Gib mir den letzten Abschiedskuss,
weil ich dich heut' verlassen muss,
und sage mir auf Wiedersehn,
auf Wiedersehn, leb wohl.

Wir haben uns so heiß geliebt,
und unser Glück war nie getrübt,
drum sag' ich dir auf Wiedersehn
auf Wiedersehn, leb wohl.

Ob du mir treu sein wirst,
sollst du mir nicht sagen,
wenn man sich wirklich liebt,
stellt man nicht solche dummen Fragen.

Gib mir den letzten Abschiedskuss,
weil ich dich heut' verlassen muss,
ich freu' mich auf ein Wiedersehn,
auf Wiedersehn, leb wohl.

Wir haben uns gefunden,
geliebt und heiß geküsst.
Es waren schöne Stunden,
die man nicht mehr vergisst.

Ein Märchen geht zu Ende,
drum reich' mir deine kleinen Hände.
Gib mir den letzten Abschiedskuss,
weil ich dich heut' verlassen muss.

Und sage mir auf Wiedersehn,
auf Wiedersehn, leb' wohl.
Wir haben uns so heiß geliebt.
Und unser Glück war nie getrübt.

Drum sag' ich dir auf Wiedersehn
auf Wiedersehn, leb' wohl.
Ob du mir treu sein wirst,
sollst du mir nicht sagen.

Wenn man sich wirklich liebt,
stellt man nicht solche dummen Fragen.
Gib mir den letzten Abschiedskuss,
weil ich dich heut' verlassen muss.

Ich freu' mich auf ein Wiedersehn,
auf Wiedersehn, leb' wohl.

EINHEIT 5

FRAUENERFOLGE: GESTERN – HEUTE – MORGEN

(Auszug: Rede der Politikerin Micheline Calmy-Rey am 14. Juni 2003)

Frauen Regierungsrätinnen, Frau Ständerätin, Frauen Nationalrätinnen, liebe Frauen, der 14. Juni ist für uns Frauen in der Schweiz ein ganz besonderer Tag. Am 14. Juni 1991, haben wir uns etwas ganz Unerhörtes erlaubt. Wir haben gestreikt. Wir haben gestreikt in einem Land, in dem Arbeitsfriede herrscht und Streik ein verpöntes Mittel ist. Wir haben für unsere Gleichstellung gestreikt, und wir haben gefordert, dass wir Frauen die gleichen Rechte erhalten wie die Männer. Dies war umso erstaunlicher, als wir Schweizerinnen in Sachen Gleichstellung für unsere Bescheidenheit und Engelsgeduld bekannt waren.

Am 14. Juni 1991 war unsere Geduld zu Ende. Wir forderten klar und deutlich, was uns zustand. „20 Jahre Frauenstimmrecht, 10 Jahre Gleichstellung in der Verfassung, 0 Jahre Gleichstellung." So lautete 1991 unsere Bilanz. Nun wollten wir endlich

Gleichstellung. Nicht nur auf dem Papier, sondern in Taten, und zwar sofort.

Eine halbe Million Frauen haben sich öffentlich und fantasievoll ausgedrückt. Transparente wie „Die Frau lebt nicht vom Lob allein" oder „Wir helfen immer den andern – ab jetzt helfen wir uns selbst" geben einen Eindruck der Gefühlslage von vielen Frauen. Denn viele hatten sich in traditionelle Rollenmuster eingefügt, und plötzlich haben sie die Einseitigkeit dieses sozialen Vertrages erkennen müssen. Unter dem Motto „Wenn Frau will, steht alles still" hat eine halbe Million Frauen deutlich gemacht, dass sie zwar einen unentbehrlichen Beitrag zur Gesellschaft leisten, dieser Beitrag jedoch von der Gesellschaft nicht honoriert wird.

Wir wollten endlich die Verwirklichung der in der Verfassung versprochenen Lohngleichheit, und wir wollten Rahmenbedingungen, welche Frauen nicht à priori benachteiligen im Erwerbsleben. Mehr Kinderkrippen etwa und kürzere Arbeitszeiten. Oder Teilzeitstellen sowohl für Männer wie für Frauen. Wir wollten, dass die Männer sich an der Hausarbeit beteiligen. Und wir wollten endlich Maßnahmen für die berufliche Besserstellung der Frauen, nämlich Maßnahmen, die verhindern, dass Frauen vor allem in schlecht bezahlten Berufen anzutreffen sind.

Sie werden sich nun fragen: Hat dieser Frauenstreik von 1991 uns tatsächlich die Gleichstellung gebracht? … Liebe Frauen, wie wir sehen, gibt es noch immer Unterschiede in der Stellung von Frauen und Männern. Mit Gesetzen allein lassen sich diese nicht beseitigen. …

SCHWARZER PETER
von Peter Henisch

Romanauszug Teil V: Was Mutter erzählt

Meine Mutter hat selten von ihm erzählt. Nur manchmal, in adventlichen Abendstunden, die von meiner Erinnerung wegen ihrer nicht nur von unserem alten Kanonenofen ausgehenden Wärme besonders gern reproduziert werden, hat sich ihre Zunge gelöst. Draußen, vor dem Küchenfenster, schneit es in langsam sinkenden Flocken, meine liebe Mamma steht am Tisch, der mit einem großen, mehlbestaubten Leintuch bedeckt ist, und walkt Teig. Ich darf allerlei hübsche Formen–Blumen, Tiere, Sterne, Kartenspielsymbole–aus dem Teig ausstechen, während sie, hinter meinem Rücken ab und zu einen Schluck aus der Rumflasche nehmend, aus der sie zuvor einige Tropfen in den Teig gemischt hat, ungefähr Folgendes preisgibt:

Dass er ein netter, freundlicher, höflicher Mensch gewesen sei, der ihr nicht nur Zigaretten und Nylonstrümpfe, sondern auch weißen Flieder und rote Rosen geschenkt habe. Dass er nicht nur gut Boogie gespielt, sondern auch leidlich Walzer getanzt und auf dem Piano nicht nur *Ol' Man River*, sondern auch den Klavierauszug von Schuberts *Forellenquintett* gespielt habe, zur Besänftigung meiner Oma. Bei dieser Gelegenheit fiel meiner Mutter ein, wie schön seine Hände gewesen seien, mit ihren langen, schlanken, dunkelbraunen Fingern, an denen die hellen, gepflegten Nägel mit den fast rosigen Monden umso mehr auffielen. *Meine* Patschhände hatten noch nicht ganz diesen Appeal, aber was nicht war, konnte ja noch werden.

EINHEIT 6

DEUTSCHLAND
von Bertolt Brecht

*Mögen andere von ihrer Schande sprechen, ich
spreche von der meinen.*

O Deutschland, bleiche Mutter!
Wie sitzest du besudelt
Unter den Völkern.
Unter den Befleckten
Fällst du auf.

Von deinen Söhnen der ärmste
Liegt erschlagen.
Als sein Hunger groß war
Haben deine anderen Söhne
Die Hand gegen ihn erhoben.
Das ist ruchbar geworden.

Mit ihren so erhobenen Händen
Erhoben gegen ihren Bruder
Gehen sie jetzt frech vor dir herum
Und lachen in dein Gesicht.
Das weiß man.

In deinem Hause
Wird laut gebrüllt, was Lüge ist
Aber die Wahrheit
Muß schweigen.
Ist es so?

Warum preisen dich ringsum die
   Unterdrücker, aber
Die Unterdrückten beschuldigen dich?
Die Ausgebeuteten
Zeigen mit Fingern auf dich, aber
Die Ausbeuter loben das System
Das in deinem Hause ersonnen wurde!

Und dabei sehen dich alle
Den Zipfel deines Rockes verbergen,
   der blutig ist

Vom Blut deines
Besten Sohnes.

Hörend die Reden, die aus deinem Hause
   dringen, lacht man.
Aber wer dich sieht, der greift nach dem
   Messer
Wie beim Anblick einer Räuberin.

O Deutschland, bleiche Mutter!
Wie haben deine Söhne dich zugerichtet
Daß du unter den Völkern sitzest
Ein Gespött oder eine Furcht!

EINHEIT 7

FINALE DER *GÖTTERDÄMMERUNG*
Fliegt heim, ihr Raben!
Raunt es eurem Herren,
was hier am Rhein ihr gehört!
An Brünnhildes Felsen fahrt vorbei.
Der dort noch lodert,
weiset Loge nach Walhall!
Denn der Götter Ende dämmert nun auf.

So – werf' ich den Brand
in Walhalls prangende Burg.
Grane, mein Roß, sei mir gegrüßt!
Weißt du auch, mein Freund,
wohin ich dich führe?
Im Feuer leuchtend, liegt dort dein Herr,
Siegfried, mein seliger Held.

Dem Freunde zu folgen, wieherst du
   freudig?
Lockt dich zu ihm die lachende Lohe?
Fühl meine Brust auch, wie sie entbrannt;
helles Feuer das Herz mir erfaßt,
ihn zu umschlingen, umschlossen von
   ihm,
in mächtigster Minne vermählt ihm zu
   sein!

Heiajoho! Grane!
Grüß deinen Herren!
Siegfried! Siegfried! Sieh!
Selig grüßt dich dein Weib!

EINHEIT 9

BEZIEHUNGSGESPRÄCH 1
AUS *LOLA RENNT*

Lola   Manni?

Manni   Mmh …

Lola   Liebst du mich?

Manni   Ja, sicher.

Lola   Wie kannst du sicher sein?

Manni   Weiß ich nicht. Bin's halt.

Lola   Aber ich könnt' auch irgend 'ne andere sein.

Manni   Nee nee.

Lola   Wieso nicht?

Manni   Weil du die Beste bist.

Lola   Die beste was?

Manni   Na, die beste Frau.

Lola   Von allen, allen Frauen?

Manni   Na klar!

Lola   Woher willst du das wissen?

Manni   Das weiß ich halt.

Lola   Du glaubst es.

Manni   Gut, ich glaub's.

Lola   Siehst du!

Manni   Was?

Lola   Du bist dir nicht sicher.

Manni   Na, spinnst du jetzt oder was?

Lola   Und wenn du mich nie getroffen hättest?

Manni   Wie, was wär' dann?

Lola   Dann würdest du jetzt dasselbe 'ner anderen erzählen.

Manni   Ich brauch's ja nicht zu sagen, wenn du's nicht hören willst.

Lola   Ich will überhaupt nichts hören, ich will wissen, was du fühlst.

Manni   Ok, ich fühle, … dass du die Beste bist.

Lola   Dein Gefühl, wer ist denn das, dein Gefühl?

Manni   Na ich, mein Herz.

Lola   Dein Herz sagt: „Guten Tag Manni, die da, die is' es"?

Manni   Genau.

Lola   Und du sagst: „Ah ja, danke für diese Information. Auf Wiederhören bis zum nächsten Mal"?

Manni   Genau.

Lola   Und du machst alles, was dein Herz dir sagt?

Manni   Na, das sagt ja nichts, also, ja was weiß ich, das, … es fühlt halt.

Lola   Und was fühlt es jetzt?

Manni   Es fühlt, dass da gerade jemand ziemlich blöde Fragen stellt.

Lola   Mann, du nimmst mich überhaupt nicht ernst.

Manni   Lola, was is' denn los? Willst du irgendwie weg von mir?

Lola   Ich weiß nicht, ich muss mich halt entscheiden, glaub ich.

BEZIEHUNGSGESPRÄCH 2
AUS *LOLA RENNT*

Manni   Lola?

Lola   Mmh …

Manni	Wenn ich jetzt sterben würde, was würdest du dann machen?
Lola	Ich würde dich nicht sterben lassen.
Manni	Na ja, wenn ich todkrank wäre und es gibt keine Rettungsmöglichkeit.
Lola	Ich würde eine finden.
Manni	Jetzt sag doch mal ... Ich lieg' jetzt im Koma und der Arzt sagt: „Einen Tag noch."
Lola	Ich würde mit dir ans Meer fahren und dich ins Wasser schmeißen. Schocktherapie.
Manni	Na gut, und wenn ich dann trotzdem tot wär'?
Lola	Was willst du denn jetzt hören?
Manni	Jetzt sag doch mal.
Lola	Ich würde nach Rügen fahren und deine Asche in den Wind streuen.
Manni	Und dann?
Lola	Was weiß ich, so 'ne blöde Frage.
Manni	Ich weiß es, du würdest mich vergessen.
Lola	Nee.
Manni	Doch, doch, klar, sonst könntest du ja gar nicht weiterleben. Ich mein', klar würdest du trauern die ersten Wochen, bestimmt, ist ja auch

nicht schlecht. Alle total mitfühlend und echt betroffen und alles ist so unendlich traurig, und du kannst einem einfach nur tierisch Leid tun. Dann kannst du allen zeigen, wie stark du eigentlich bist, „Was für eine tolle Frau" werden die dann alle sagen, „die reißt sich echt am Riemen, ist nicht hysterisch und heult den ganzen Tag 'rum" oder so. Und dann kommt auf einmal dieser unheimlich nette Typ mit den grünen Augen und der ist so supersensibel, hört dir den ganzen Tag zu und lässt sich so richtig schön von dir volllabern. Und dem kannst du dann erzählen, wie schwer du es gerade hast und dass du dich jetzt echt erst mal um dich selbst kümmern musst und dass du nicht weißt, wie es weitergehen wird und bä, bä, bä ... dann hockst du plötzlich bei ihm auf dem Schoß und ich bin gestrichen von der Liste. So läuft das nämlich.

Lola	Manni?
Manni	Was?
Lola	Du bist aber nicht gestorben.

Unregelmäßige Verben

Diese Liste enthält die für dieses Textbuch relevanten unregelmäßigen Verben und Modalverben.

Infinitiv	3. Per. Sing. Präs.	3. Per. Sing. Prät.	Hilfsverb ... Partizip Perfekt
abnehmen	nimmt ... ab	nahm ... ab	hat ... abgenommen
anbieten	bietet ... an	bot ... an	hat ... angeboten
anfangen	fängt ... an	fing ... an	hat ... angefangen
ankommen	kommt ... an	kam ... an	ist ... angekommen
annehmen	nimmt ... an	nahm ... an	hat ... angenommen
anrufen	ruft ... an	rief ... an	hat ... angerufen
anschließen	schließt ... an	schloss ... an	hat ... angeschlossen
ansehen	sieht ... an	sah ... an	hat ... angesehen
ansteigen	steigt ... an	stieg ... an	ist ... angestiegen
anwerben	wirbt ... an	warb ... an	hat ... angeworben
auftreten	tritt ... auf	trat ... auf	ist ... aufgetreten
aufwachsen	wächst ... auf	wuchs ... auf	ist ... aufgewachsen
ausgeben	gibt ... aus	gab ... aus	hat ... ausgegeben
aussehen	sieht ... aus	sah ... aus	hat ... ausgesehen
aussteigen	steigt ... aus	stieg ... aus	ist ... ausgestiegen
befehlen	befiehlt	befahl	hat ... befohlen
beginnen	beginnt	begann	hat ... begonnen
behalten	behält	behielt	hat ... behalten
bekommen	bekommt	bekam	hat ... bekommen
beraten	berät	beriet	hat ... beraten
beschließen	beschließt	beschloss	hat ... beschlossen
beschreiben	beschreibt	beschrieb	hat ... beschrieben
besitzen	besitzt	besaß	hat ... besessen
bestehen	besteht	bestand	hat ... bestanden
betragen	beträgt	betrug	hat ... betragen
beweisen	beweist	bewies	hat ... bewiesen
sich bewerben	bewirbt sich	bewarb sich	hat sich ... beworben
sich beziehen (auf)	bezieht sich	bezog sich	hat sich ... bezogen
bitten	bittet	bat	hat ... gebeten

Infinitiv	3. Per. Sing. Präs.	3. Per. Sing. Prät.	Hilfsverb ... Partizip Perfekt
bleiben	bleibt	blieb	ist ... geblieben
brechen	bricht	brach	hat ... gebrochen
brennen	brennt	brannte	hat ... gebrannt
bringen	bringt	brachte	hat ... gebracht
denken	denkt	dachte	hat ... gedacht
durchfallen	fällt ... durch	fiel ... durch	ist ... durchgefallen
dürfen	darf	durfte	hat ... gedurft
einfallen	fällt ... ein	fiel ... ein	ist ... eingefallen
sich eingestehen	gesteht sich ... ein	gestand sich ... ein	hat sich ... eingestanden
einladen	lädt ... ein	lud ... ein	hat ... eingeladen
eintreten	tritt ... ein	trat ... ein	ist ... eingetreten
empfehlen	empfiehlt	empfahl	hat ... empfohlen
enthalten	enthält	enthielt	hat ... enthalten
entlassen	entlässt	entließ	hat ... entlassen
sich entscheiden	entscheidet sich	entschied sich	hat sich ... entschieden
sich entschließen	entschließt sich	entschloss sich	hat sich ... entschlossen
entstehen	entsteht	entstand	ist ... entstanden
erfahren	erfährt	erfuhr	hat ... erfahren
ergreifen	ergreift	ergriff	hat ... ergriffen
erhalten	erhält	erhielt	hat ... erhalten
erkennen	erkennt	erkannte	hat ... erkannt
erscheinen	erscheint	erschien	ist ... erschienen
essen	isst	aß	hat ... gegessen
fahren	fährt	fuhr	ist ... gefahren
fallen	fällt	fiel	ist ... gefallen
fangen	fängt	fing	hat ... gefangen
festhalten	hält ... fest	hielt ... fest	hat ... festgehalten
finden	findet	fand	hat ... gefunden
fliegen	fliegt	flog	ist ... geflogen
fliehen	flieht	floh	ist ... geflohen
frieren	friert	fror	hat ... gefroren
geben	gibt	gab	hat ... gegeben
geboren werden	wird ... geboren	wurde ... geboren	ist ... geboren worden

Infinitiv	3. Per. Sing. Präs.	3. Per. Sing. Prät.	Hilfsverb ... Partizip Perfekt
gefallen	gefällt	gefiel	hat ... gefallen
gehen	geht	ging	ist ... gegangen
gelingen	gelingt	gelang	ist ... gelungen
gelten	gilt	galt	hat ... gegolten
genießen	genießt	genoss	hat ... genossen
geraten	gerät	geriet	ist ... geraten
geschehen	geschieht	geschah	ist ... geschehen
gewinnen	gewinnt	gewann	hat ... gewonnen
graben	gräbt	grub	hat ... gegraben
greifen	greift	griff	hat ... gegriffen
haben	hat	hatte	hat ... gehabt
halten	hält	hielt	hat ... gehalten
hängen	hängt	hing	hat ... gehangen
heißen	heißt	hieß	hat ... geheißen
helfen	hilft	half	hat ... geholfen
hinfallen	fällt ... hin	fiel ... hin	ist ... hingefallen
hinterlassen	hinterlässt	hinterließ	hat ... hinterlassen
kennen	kennt	kannte	hat ... gekannt
klingen	klingt	klang	hat ... geklungen
kommen	kommt	kam	ist ... gekommen
können	kann	konnte	hat ... gekonnt
lassen	lässt	ließ	hat ... gelassen
laufen	läuft	lief	ist ... gelaufen
leiden	leidet	litt	hat ... gelitten
(sich) leihen	leiht (sich)	lieh (sich)	hat (sich) ... geliehen
lesen	liest	las	hat ... gelesen
liegen	liegt	lag	hat ... gelegen
lügen	lügt	log	hat ... gelogen
misslingen	misslingt	misslang	ist ... misslungen
möchten*	möchte	wollte	hat ... gewollt

---

*Die Verbform **möchten** wird hier als Infinitiv des Modalverbs benutzt, um die Verwechslung mit dem Hauptverb **mögen** zu vermeiden. Die Formen **wollte** und **hat ... gewollt** sind von dem Infinitiv **wollen** abgeleitet, da **möchten** keine eigene Vergangenheitsform hat.

Infinitiv	3. Per. Sing. Präs.	3. Per. Sing. Prät.	Hilfsverb ... Partizip Perfekt
mögen	mag	mochte	hat ... gemocht
müssen	muss	musste	hat ... gemusst
nehmen	nimmt	nahm	hat ... genommen
nennen	nennt	nannte	hat ... genannt
pfeifen	pfeift	pfiff	hat ... gepfiffen
raten	rät	riet	hat ... geraten
rennen	rennt	rannte	ist ... gerannt
rufen	ruft	rief	hat ... gerufen
scheinen	scheint	schien	hat ... geschienen
schießen	schießt	schoss	hat ... geschossen
schlafen	schläft	schlief	hat ... geschlafen
schlagen	schlägt	schlug	hat ... geschlagen
schließen	schließt	schloss	hat ... geschlossen
schmeißen	schmeißt	schmiss	hat ... geschmissen
schneiden	schneidet	schnitt	hat ... geschnitten
schreiben	schreibt	schrieb	hat ... geschrieben
schreien	schreit	schrie	hat ... geschrien
schweigen	schweigt	schwieg	hat ... geschwiegen
schwimmen	schwimmt	schwamm	ist ... geschwommen
schwören	schwört	schwor	hat ... geschworen
sehen	sieht	sah	hat ... gesehen
sein	ist	war	ist ... gewesen
singen	singt	sang	hat ... gesungen
sitzen	sitzt	saß	hat ... gesessen
sollen	soll	sollte	hat ... gesollt
sprechen	spricht	sprach	hat ... gesprochen
springen	springt	sprang	ist ... gesprungen
stattfinden	findet ... statt	fand ... statt	hat ... stattgefunden
stechen	sticht	stach	hat ... gestochen
stehen	steht	stand	hat ... gestanden
stehlen	stiehlt	stahl	hat ... gestohlen
steigen	steigt	stieg	ist ... gestiegen
sterben	stirbt	starb	ist ... gestorben

Infinitiv	3. Per. Sing. Präs.	3. Per. Sing. Prät.	Hilfsverb ... Partizip Perfekt
streichen	streicht	strich	hat ... gestrichen
streiten	streitet	stritt	hat ... gestritten
teilnehmen	nimmt ... teil	nahm ... teil	hat ... teilgenommen
tragen	trägt	trug	hat ... getragen
treffen	trifft	traf	hat ... getroffen
treiben	treibt	trieb	hat ... getrieben
treten	tritt	trat	hat ... getreten
trinken	trinkt	trank	hat ... getrunken
tun	tut	tat	hat ... getan
überfahren	überfährt	überfuhr	hat ... überfahren
überfahren werden	wird ... überfahren	wurde ... überfahren	ist ... überfahren worden
überfallen	überfällt	überfiel	hat ... überfallen
übernehmen	übernimmt	übernahm	hat ... übernommen
umbringen	bringt ... um	brachte ... um	hat ... umgebracht
umziehen	zieht ... um	zog ... um	ist ... umgezogen
sich unterhalten	unterhält sich	unterhielt sich	hat sich ... unterhalten
unternehmen	unternimmt	unternahm	hat ... unternommen
unterscheiden	unterscheidet	unterschied	hat ... unterschieden
unterschreiben	unterschreibt	unterschrieb	hat ... unterschrieben
verbieten	verbietet	verbot	hat ... verboten
verbinden	verbindet	verband	hat ... verbunden
verbringen	verbringt	verbrachte	hat ... verbracht
vergessen	vergisst	vergaß	hat ... vergessen
vergleichen	vergleicht	verglich	hat ... verglichen
sich verhalten	verhält sich	verhielt sich	hat sich ... verhalten
verlassen	verlässt	verließ	hat ... verlassen
verlieren	verliert	verlor	hat ... verloren
versprechen	verspricht	versprach	hat ... versprochen
verstehen	versteht	verstand	hat ... verstanden
verzeihen	verzeiht	verzieh	hat ... verziehen
vorkommen	kommt ... vor	kam ... vor	ist ... vorgekommen
vorschlagen	schlägt ... vor	schlug ... vor	hat ... vorgeschlagen
vorwerfen	wirft ... vor	warf ... vor	hat ... vorgeworfen

Infinitiv	3. Per. Sing. Präs.	3. Per. Sing. Prät.	Hilfsverb ... Partizip Perfekt
wachsen	wächst	wuchs	ist ... gewachsen
werden	wird	wurde	ist ... geworden
werfen	wirft	warf	hat ... geworfen
widersprechen	widerspricht	widersprach	hat ... widersprochen
wissen	weiß	wusste	hat ... gewusst
ziehen	zieht	zog	hat/ist ... gezogen
zugeben	gibt ... zu	gab ... zu	hat ... zugegeben
zunehmen	nimmt ... zu	nahm ... zu	hat ... zugenommen
zurückgehen	geht ... zurück	ging ... zurück	ist ... zurückgegangen
zwingen	zwingt	zwang	hat ... gezwungen

Bild 1

CASPAR DAVID FRIEDRICH

Der Wanderer über dem Nebelmeer, ca. 1817.
Öl auf Leinwand

Bild 2

CASPAR DAVID FRIEDRICH
Kreidefelsen auf Rügen, ca. 1818
Öl auf Leinwand

Bild 3

CASPAR DAVID FRIEDRICH

Zwei Männer bei der Betrachtung des Mondes,
ca. 1819–1820

Bild A.1

ANSELM KIEFER

Jeder steht unter seiner Himmelskuppel, 1970
Aquarell, Gouache und Bleistift auf zusammengefügtem Papier

Bild A.2

ANSELM KIEFER

Ohne Titel (Heroische Sinnbilder), ca. 1969
Aquarell, Gouache und Kohle auf Papier

Bild B.1
ANSELM KIEFER
Winterlandschaft, 1970
Aquarell, Gouache und Bleistift auf Papier

Bild B.2

Anselm Kiefer

Dein Goldenes Haar Margarethe, 1980
Aquarell, Acrylic, Gouache auf Papier

Bild C.1

ANSELM KIEFER

Glaube, Hoffnung, Liebe, 1976
Tusche, Aquarell, Pastelkreide und Bleistift auf
zusammengefügtem Papier

Bild C.2

ANSELM KIEFER

Sende Deinen Geist aus, 1974
Aquarell, Gouache, Feder und Tinte, Kugelschreiber und
Farbstift auf Papier

Bild D.1

ANSELM KIEFER

Der Mond ist aufgegangen, 1971
Aquarell und Gouache auf Papier

Bild D.2

ANSELM KIEFER

Über allen Gipfeln ist Ruh', 1971
Aquarell und Gouche auf Papier

Bild C, Seite 236
ANSELM KIEFER
Brünhildes Tod, 1976
Tusche, Aquarell und Acrylic auf
zusammengefügtem Papier

Glossar

ABKÜRZUNGEN

≈	Synonym	*jmdn.*	jemanden
⟷	Antonym	*mst.*	meistens
Akk.	Akkusativ	*Sg.*	Singular
Art.	Artikel	*Pass.*	Passiv
ca.	circa	*Pl.*	Plural
Dat.	Dativ	*z.B.*	zum Beispiel
etw.	etwas	*ugs.*	umgangssprachlich
jmd.	jemand	*usw.*	und so weiter
jmdm.	jemandem		

A

das Abgas, -e	*die schlechte Luft, die z.B. aus Autos und Fabriken kommt*
ab•hauen (haut ... ab), haute ... ab, ist abgehauen	*weglaufen:* Nach dem Banküberfall sagte der Räuber: „Kommt, lasst uns schnell abhauen!"
abhören, hat abgehört	*über versteckte Mikrofone mithören, was jmd. sagt, ohne dass diese Person es weiß*
das Abkommen, -	*ein Vertrag, der zwischen zwei oder mehreren Parteien geschlossen wird*
ab•leiten, (leitet ... ab), leitete ... ab, hat abgeleitet	*seinen Ursprung in etwas haben:* Aus dem Namen „die Grünen" kann man das Interesse an der Umwelt ableiten.
ab•nehmen (nimmt ... ab), nahm ... ab, hat abgenommen	*Gewicht verlieren, eine Diät machen; weniger werden:* Leider hat sein Interesse am Umweltschutz abgenommen.
der Abschied (*mst. Sg.*)	*Situation, in der man „Auf Wiedersehen" sagt:* Bevor Harry Deutschland für immer verlässt, besucht er zum Abschied das Grab seiner Eltern.
achten, hat geachtet: auf jmdn./etw. achten	*jmdm./etw. besonderes Interesse oder Aufmerksamkeit schenken:* Bitte achten Sie darauf, dass Sie Ihren Müll sortieren.
die Alliierten (*Pl.*)	*Mitglieder eines Bündnisses:* im Ersten und Zweiten Weltkrieg die Länder, die sich gegen Deutschland verbündeten

an•fangen (fängt ... an), fing ... an, hat angefangen	*beginnen*
an•fertigen (fertigt ... an), fertigte ... an, hat angefertigt	*machen, produzieren, herstellen*
das Anführungszeichen, -	*es markiert ein Zitat:* „..."
an•gehören (gehört ... an), gehörte ... an, hat angehört	*Mitglied sein; dazugehören:* Angela Merkel gehört der CDU an.
angemessen	*passend für eine Situation:* Die Braut trug zu ihrer Hochzeit einen Bikini – das war nicht gerade eine angemessene Kleidung.
angenehm	*etw., das genauso ist wie man es mag und eine positive Reaktion hervorruft:* Das Wasser hatte eine angenehme Temperatur.
der Angriff, -e	*die Attacke:* der Angriff auf Pearl Harbor
die Angst: Angst haben vor	*psychische Kondition, in der man sich bedroht fühlt:* Ich habe schreckliche Angst vor Hunden.
angstvoll	*wenn man sehr viel Angst hat:* Angstvoll schaute der Bungeespringer von der Brücke nach unten.
der Anhaltspunkt, -e	*Information, ... etw., das einem hilft:* Wir haben einen Hund gefunden und haben keinen Anhaltspunkt über seine Herkunft.
der Anhang (*mst. Sg.*)	*zusätzliche Materialien am Ende eines Buches, Appendix*
an•kommen (kommt ... an), kam ... an, ist angekommen	*den Destinationsort erreichen*
sich an•passen (passt sich ... an), passte sich ... an, hat sich angepasst	*sich adaptieren, angleichen:* Einige Leute sagen, dass sich die Ausländer an die Kultur anpassen sollen.
an•rufen (ruft ... an), rief ... an, hat angerufen	*telefonieren*
sich an•schließen (schließt sich ... an), schloss sich ... an, hat sich angeschlossen	*sich an etw. beteiligen, ein Teil von etw. werden:* Wir gehen heute ins Kino. Willst du dich uns anschließen?; *der gleichen Meinung sein*

an•sehen (sieht ... an), sah ... an, hat angesehen	*etw. anschauen, betrachten:* einen Film ansehen
an•steigen (steigt ... an), stieg ... an, ist angestiegen	*etw. wird größer:* Die Preise sind seit der Einführung des Euro angestiegen.
der Antrag, die Anträge: einen Antrag stellen	*eine offizielle und schriftliche Bitte, dass man etw. bekommt oder machen darf:* Die Comedian Harmonists stellten einen Antrag auf Aufnahme in die Reichskulturkammer.
an•werben (wirbt ... an) warb ... an, hat angeworben	*Arbeit anbieten/geben, einstellen:* In den 60er Jahren warb Deutschland viele Ausländer an.
die Anzahl (*nur Sg.*)	*die Quantität*
das Aquarell, -e	*dünn aufgetragene Farbe mit viel Wasser gemischt*
der Arbeitgeber, -/die Arbeitgeberin, -nen	*jmd., der Leute beschäftigt; jmd., der Leuten Arbeit gibt; der Firmenbesitzer*
der Arbeitnehmer, -/die Arbeitnehmerin -nen,	*Person, die für einen Arbeitgeber arbeitet*
die Arbeitskraft, die Arbeitskräfte	*Arbeiter*
die Arbeitslosenquote, -n	*eine Zahl, die in Prozent angibt, wie viele Menschen keine Arbeit haben:* Die Arbeitslosenquote in Deutschland liegt bei über 8 Prozent.
die Arbeitslosigkeit (*nur Sg.*)	*der Zustand, keine Arbeit zu haben*
die Armee, -n	*das Militär*
die Atomkraft	*nukleare Energie*
auf•arbeiten (arbeitet ... auf), arbeitete ... auf, hat aufgearbeitet	*an etw. arbeiten, bis es fertig ist; etw. innerlich verarbeiten, indem man noch einmal darüber nachdenkt und es analysiert:* Therapie ist eine gute Methode, Probleme aufzuarbeiten.
der Aufbau (*nur Sg.*)	*die Konstruktion, das Aufstellen:* Der Aufbau der Bühne ging sehr schnell; *etw. Zerstörtes wieder errichten:* Nach dem Krieg erfolgte der Aufbau der zerstörten Städte.
der Aufenthalt, -e	*die Zeit, in der man an einem bestimmten Ort ist:* Goethes erster Aufenthalt in Rom begann am 29.10.1786 und endete am 23.4.1788.

auf•heben (hebt ... auf), hob ... auf, hat aufgehoben	*für ungültig erklären:* Die Nazis hoben viele Rechte der Juden auf.
die Aufklärung (*nur Sg.*)	*eine geistige Strömung des 18. Jahrhunderts in Europa, die Konzepte wie den Rationalismus und naturwissenschaftliches Denken betonte*
die Aufnahme, -n	*man wird Mitglied einer Organisation; die Aufzeichnung von etwas auf CD, MP3 oder einem Video festhalten:* Die Aufnahme des Konzertes ist leider nicht sehr gut geworden.
der Aufschwung, die Aufschwünge	*Verbesserung einer Situation, der Boom, die Konjunktur:* Wirtschaftsaufschwung
auf•teilen (teilt ... auf), teilte ... auf, hat aufgeteilt	*in Stücke/Portionen zerlegen:* Nach dem Zweiten Weltkrieg wurde Deutschland in vier Zonen aufgeteilt.
auf•treten (tritt ... auf), trat ... auf, ist aufgetreten	*etw. vor einem Publikum darbieten, präsentieren*
der Auftritt, -e	*Darbietung/Präsentation vor einem Publikum*
auf•wachsen (wächst ... auf), wuchs ... auf, ist aufgewachsen	*groß werden, die Kindheit verbringen:* Anna aus dem Film *Deutschland, bleiche Mutter* ist im Krieg aufgewachsen.
auf•ziehen (zieht ... auf), zog ... auf, hat aufgezogen	*einem Kind helfen groß/erwachsen zu werden:* Der Junge hatte keine Eltern; er wurde von seiner Großmutter aufgezogen.
aus•geben (gibt ... aus), gab ... aus, hat ... ausgegeben	*Geld zahlen für Waren und Dienstleistungen:* In New York kann man viel Geld ausgeben.
das Ausland (*kein Pl.*)	*jedes Land, das nicht das eigene Heimatland ist*
der Ausländer, -/die Ausländerin, -nen	*jede Person, die in einem Land wohnt und nicht die Staatsbürgerschaft dieses Landes hat, ist dort prinzipiell ein Ausländer*
die Ausländerfeindlichkeit	*negative Gefühle und Aggressionen gegen Ausländer*
die Auslandsreise, -n	*eine Fahrt (zum Vergnügen oder auch beruflich) in ein Land, das nicht das eigene Heimatland ist*
aus•rufen (ruft ... aus), rief ... aus, hat ausgerufen	*deklarieren:* Nach dem Hurrikan rief der Gouverneur den Notstand aus.

aus•sehen (sieht ... aus), sah ... aus, hat ausgesehen	*die Art und Weise, wie eine Person oder Situation erscheint:* Dieses Kleid sieht schick aus.
aus•steigen (steigt ... aus), stieg ... aus, ist ausgestiegen	*ein Transportmittel (Auto, Bus usw.) verlassen:* Er stieg am Museum aus dem Bus aus; *das Leben radikal ändern und ein neues Leben beginnen:* Er wollte aus seinem jetzigen Leben aussteigen; also verließ er seine Arbeit, verkaufte seine Sachen in Österreich und zog nach Australien.
aus•tauschen (tauscht ... aus), tauschte ... aus, hat ausgetauscht	*sich gegenseitig Ideen, Gedanken, Erfahrungen usw. erzählen*
aus•wandern (wandert ... aus), wanderte ... aus, ist ausgewandert	*emigrieren; das Heimatland permanent verlassen*
auszeichnen, hat ... ausgezeichnet	*einen Preis verleihen:* Die Akademie hat den Film *Das Leben der Anderen* mit dem Oscar ausgezeichnet.
der Auszug, die Auszüge	*ein Teil von einem Buch, Artikel oder Dokument; Exzerpt*
der Autodiebstahl, die Autodiebstähle	*das illegale Nehmen eines Autos, das jmdm. anderen gehört*

∷ B ∷

der/die Bankangestellte, -n	*Person, die in einer Bank arbeitet*
das Bankkonto, die Bankkonten	*dort hat man sein Geld:* ein Bankkonto eröffnen, schließen
der Banküberfall, die Banküberfälle	*plötzlich in eine Bank kommen und die Angestellten mit Waffen bedrohen und Geld fordern*
der Bau (*nur Sg.*): der Bau der Mauer	*die Konstruktion der Berliner Mauer, die Ostberlin von Westberlin trennte*
beantragen, hat beantragt	*etw. von einer offiziellen Institution haben wollen:* einen Reisepass beantragen
sich beeilen, hat sich beeilt	*schnell machen*
beenden, hat beendet	*fertig machen, zu Ende machen*
die Beerdigung, -en	*das Legen eines toten Menschen in ein Grab*

das Beerdigungsinstitut, -e	*die Firma, die Beerdigungen organisiert*
sich befassen (mit), hat sich … mit … befasst	*sich beschäftigen mit; von etw. handeln:* Die Grünen befassen sich viel mit dem Schutz der Umwelt.
befehlen (befiehlt), befahl, hat befohlen	*jmdm. sagen, dass er etwas tun muss*
begehen (begeht), beging, hat begangen: Selbstmord begehen	*sich umbringen, sich selbst töten*
begeistert	*enthusiastisch; sehr glücklich:* Nach dem Konzert applaudierte das Publikum begeistert.
begrenzen, hat begrenzt	*limitieren:* Wenn mehr Menschen mit dem Bus oder Zug fahren, kann man die Zahl der Autos auf den Straßen begrenzen.
begründen, hat begründet	*sagen, warum etwas so ist; Gründe geben*
beispielsweise	*zum Beispiel*
bekommen (bekommt), bekam, hat bekommen	*erhalten:* ein Geschenk oder eine Postkarte bekommen
beliebt	*wenn viele Menschen eine Sache, eine Person oder einen Ort mögen:* Der Grand Canyon ist ein beliebtes Urlaubsziel.
die Bemerkung, -en	*kurze Äußerung oder kurzer Kommentar zu einem Thema:* Seine Bemerkung war sehr informativ.
das Benzin (*nur Sg.*)	*Flüssigkeit, die man in den Tank eines Fahrzeuges (Auto, Bus usw.) füllt, damit es fahren kann*
berichten, hat berichtet	*erzählen*
berühmt	*erfolgreich und bei vielen Menschen bekannt:* Waren die *Comedian Harmonists* damals so berühmt wie heute Britney Spears?
die Besatzung	*die Okkupanten*
beschäftigen, hat beschäftigt	*jmdm. etw. zu tun geben; jmdm. Arbeit geben*
der/die Beschäftigte, -n	*die Personen, die für einen Arbeitgeber arbeiten; die Angestellten*
beschleunigen, hat beschleunigt	*bewirken, dass etwas schneller wird:* das Auto/einen Prozess beschleunigen
beschreiben (beschreibt), beschrieb, hat beschrieben	*genau sagen, wie etw. aussieht:* ein Bild beschreiben

besitzen (besitzt), besaß, hat besessen	*etw. haben, das einem gehört:* ein Haus oder ein Auto besitzen
bespitzeln, hat bespitzelt	*jmdn. beobachten und Gespräche mithören, ohne dass die Person es weiß*
die Bespitzelung, -en	*Tätigkeit des Beobachtens und Mithörens von Gesprächen, ohne dass die Person, die bespitzelt wird, davon weiß*
bestehen (besteht), bestand, hat bestanden	*bei etw. Erfolg haben:* eine Deutschprüfung bestehen
bestimmen, hat bestimmt	*festlegen, sagen, wie etwas sein/geschehen soll:* Der Professor bestimmt die Verteilung der Referatsthemen.
sich beteiligen (an + *Dat.*), hat sich ... an ... beteiligt	*bei etw. mitmachen:* Marlene Dietrich hat sich nicht an der Nazi-Bewegung beteiligt.
betrachten, hat betrachtet	*etw. ansehen, anschauen:* Er betrachtete das Bild eine lange Zeit.
betrunken	*wenn man zu viel Alkohol getrunken hat*
die Bevölkerung	*alle Menschen, die in einem Land leben*
bewaffnet	*eine Waffe (Pistole usw.) bei sich tragen:* Manni ist bewaffnet, als er in den Supermarkt geht.
bewältigen, hat bewältigt	*ein Problem, ein Trauma usw. innerlich verarbeiten und analysieren*
bewältigen: die Vergangenheit bewältigen	*die Vergangenheit verarbeiten und analysieren*
sich bewerben (bewirbt sich), bewarb sich, hat sich beworben	*man versucht eine Arbeitsstelle durch ein Schreiben oder ein Gespräch zu bekommen*
sich beziehen (auf + *Akk.*) (bezieht sich ... auf ...), bezog sich ... auf ..., hat sich ... auf ... bezogen	*eine Verbindung besteht zwischen Menschen, Organisationen, Objekten usw.:* Anselm Kiefers Bild *Dein goldenes Haar, Margarete* bezieht sich auf Paul Celans Gedicht *Die Todesfuge.*
die Beziehung, -en	*eine Verbindung zwischen Menschen, Organisationen usw.:* Die *Comedian Harmonists* hatten zu Beginn eine gute Beziehung.
der Bezug	*mit etw. verbunden sein:* Wo ist der Bezug zwischen Anselm Kiefer und Paul Celan?
bilden, hat gebildet	*konstruieren:* Kannst du einen Satz mit dem Wort „Schadstoffe" bilden?
der Bildhauer, -/die Bildhauerin, -nen	*ein Künstler, der Skulpturen macht*

die Bildung (*nur Sg.*)	*das Wissen und Können, das man in der Schule und an der Universität erhält*
bitten (bittet), bat, hat gebeten	*jmdn. höflich fragen, ob er etw. für einen tun kann*
bleiben (bleibt), blieb, ist geblieben	*nicht weggehen; einen Ort nicht verlassen:* zu Hause bleiben
bleifrei	*ohne Blei:* Heute ist Benzin meistens bleifrei.
die BRD	*die Bundesrepublik Deutschland*
buchen, hat gebucht	*eine Reise (Zugfahrt, Hotel usw.) reservieren und bezahlen:* Ich habe gerade meinen Urlaub in Puerto Rico gebucht.
die Bühne, -n	*die erhöhte Fläche in einem Theater, auf der die Schauspieler sind*
die Bundeswehr (*nur Sg.*)	*die deutsche Armee*
bunt	*mit vielen Farben*
der Bürgersteig, -e	*ein Weg an der Seite der Straße für Fußgänger,* ≈ *der Gehsteig,* ≈*der Gehweg*

:: C ::

das Carsharing	*die gemeinsame Nutzung eines (oder mehrerer) Autos von Menschen, die sich nicht kennen*

:: D ::

dar•stellen (stellt ... dar), stellte ... dar, hat dargestellt	*zeigen, repräsentieren:* Dieses Bild stellt den Künstler in seinem Garten dar.
die DDR	*die Deutsche Demokratische Republik*
deuten, hat gedeutet	*interpretieren*
der Dichter, -/die Dichterin, -nen	*eine Person, die literarische Werke schreibt:* Goethe war ein großer Dichter; *jmd., der Gedichte schreibt*
der Dispatcher, -	*jmd., der in der DDR dafür verantwortlich war, dass z.B. in einem Betrieb der Produktionsplan erfüllt wird*

doppelt	*zweimal*
das Drehbuch, die Drehbücher	*ein Buch, in dem der Text für die Schauspieler und die Regieanweisungen für einen Film stehen*
drehen, hat gedreht: einen Film drehen	*einen Film machen*
das Dreieck, -e	*eine geometrische Form mit drei Ecken*
dunkel	*nicht hell, ohne Licht:* Wenn die Sonne untergeht, dann wird es dunkel.
durch•fallen (fällt ... durch), fiel ... durch, ist durchgefallen	*keinen Erfolg bei etw. haben, etw. nicht bestehen:* bei einer Deutschprüfung durchfallen

:: E ::

eifersüchtig	*extreme Angst einer Person, eine andere Person, die man liebt, an eine dritte Person zu verlieren:* Harry war eifersüchtig, als Erna mit Bob zusammen war.
die Einbürgerung, -en	*man gibt einer Person die Staatsbürgerschaft des Landes, in dem sie lebt:* Die Deutsche Marlene Dietrich wurde Amerikanerin. Ihre Einbürgerung fand 1939 statt.
die Einfahrt, -en	*ein Weg, der zu einem Haus/Gebäude führt:* Als ich nach Hause kam, stand der Wagen meines Vaters schon in der Einfahrt.
der Einfluss, die Einflüsse	*die Wirkung:* Westdeutschland hat einen großen Einfluss auf Ostdeutschland gehabt.
ein•führen (führt ... ein), führte ... ein, hat eingeführt	*importieren; etw. Neues bekannt machen; etw. Neues benutzen:* Wann wurde in Europa der Euro eingeführt?
ein•holen (holt ... ein), holte ... ein, hat eingeholt	*jmdm./etw. hinterhergehen und erreichen:* Der Polizist verfolgte den Verbrecher und holte ihn schließlich ein; *sammeln:* Informationen einholen
ein•laden (lädt ... ein), lud ... ein, hat eingeladen	*jmdm. sagen, dass er als Gast kommen soll*
ein•ordnen (ordnet ... ein), ordnete ... ein, hat eingeordnet	*etw. in Kategorien einteilen,* ≈ *zu•ordnen*

ein•treten (tritt … ein), trat … ein, ist eingetreten	*in einen Raum kommen; Mitglied einer Organisation werden:* Er ist in die SPD eingetreten.
die Einwanderung (*mst. Sg.*)	*die Immigration*
das Einwanderungsland, die Einwanderungsländer	*ein Land, in das viele Menschen immigrieren:* Amerika ist ein Einwanderungsland.
empfehlen (empfiehlt), empfahl, hat empfohlen	*etw. Positives über jmdn./etw. sagen, das für eine bestimmte Situation günstig ist:* Wenn du deutsche Grammatik verstehen willst, dann kann ich dir dieses Buch empfehlen.
das Ensemble, -s	*eine Gruppe von Künstlern (Sänger, Schauspieler, Musiker usw.), die zusammen auftreten*
entdecken, hat entdeckt	*finden:* Gestern habe ich ein sehr interessantes Buch in der Bibliothek entdeckt.
entlassen (entlässt), entließ, hat entlassen	*jmdn. nicht weiter bei sich arbeiten lassen*
entlehnen, hat entlehnt	≈ *ausleihen* (österreichisch): In Wien kann man kostenlos Fahrräder entlehnen und sich damit die Stadt ansehen.
sich entscheiden (entscheidet sich), entschied sich, hat sich entschieden	*aus mehreren Möglichkeiten eine wählen:* Ich habe mich entschieden, am Barnard College zu studieren.
sich (*Akk.*) entscheiden (für + *Akk.*)	*aus mehreren Möglichkeiten eine wählen:* Ich habe mich für Barnard College entschieden.
sich entschließen (entschließt sich), entschloss sich, hat sich entschlossen	*nach gründlicher Überlegung eine Entscheidung treffen:* Ich habe mich entschlossen, Deutschland zu verlassen.
sich entspannen, hat sich entspannt	≈ *relaxen*
entsprechend	*passend oder richtig für eine Situation oder Gelegenheit:* „Hochzeit" ist ein Nomen, wie heißt das entsprechende Verb?
entstehen (entsteht), entstand, ist entstanden	*ins Leben rufen, etw. beginnt zu sein:* Die *Comedian Harmonists* entstanden, weil Harry eine Annonce in die Zeitung gesetzt hat.
das Entstehungsjahr	*das Jahr, in dem etw. gemacht oder ins Leben gerufen wurde:* Das Entstehungsjahr des Filmes *Lola rennt* ist 1998.
enttäuscht	≈ *frustriert*, ≈ *unzufrieden*

sich entwickeln, hat sich entwickelt	*entstehen:* Zwischen den *Comedian Harmonists* entwickelte sich eine enge Freundschaft.
sich ereignen, hat sich ereignet	*≈ geschehen, ≈ passieren:* Der Mauerbau ereignete sich 1961.
das Ereignis, -se	*das, was geschieht oder passiert:* Der Fall der Mauer war ein freudiges Ereignis.
die Erfahrung, -en	*Wissen und Fähigkeiten, die man durch die Praxis und nicht durch die Theorie lernt*
die Erfahrung machen	*ein Erlebnis haben, aus dem man etwas lernt:* Ich habe die Erfahrung gemacht, dass die Handlung in Märchen oft sehr grausam ist.
Erfahrungen sammeln	*viele Erlebnisse haben, durch die man Wissen und Fähigkeiten bekommt:* Die Wanderburschen haben auf der Wanderschaft bestimmt viele Erfahrungen gesammelt.
der Erfolg, -e	*ein positives Resultat:* Der Film *Lola rennt* war ein großer Erfolg.
erfolgreich	*sehr positive Ergebnisse haben:* Viele Menschen haben die Musik der *Comedian Harmonists* gemocht – man kann also sagen, dass sie erfolgreich waren.
ergänzen, hat ergänzt	*hinzufügen, vollständig machen*
das Ergebnis, -se	*das Resultat*
das Ergebnis: zu einem Ergebnis kommen	*zu einem Resultat kommen*
ergreifen (ergreift), ergriff, hat ergriffen	*nehmen:* Hitler ergriff 1933 in Deutschland die Macht.
erhöhen, hat erhöht	*größer werden; mehr Geld kosten:* Die Grünen wollen die Benzinpreise erhöhen.
sich erholen, hat sich erholt	*sich ausruhen, z.B. im Urlaub; eine Pause machen*
erkennen (erkennt), erkannte, hat erkannt	*jmdn./etw. anhand bestimmter Merkmale identifizieren:* Ein Experte kann Kunstwerke verschiedener Künstler an der Technik erkennen.
das Erlebnis, -se	*etw., das einem passiert:* Vor zwei Jahren war ich im Grand Canyon in Urlaub; das war ein tolles Erlebnis.
ermöglichen, hat ermöglicht	*möglich machen:* Meine Eltern ermöglichten mir einen Urlaub in Afrika.
die Erwärmung (*nur Sg.*)	*der Prozess des wärmer Werdens:* Wir sprechen zurzeit von einer Erderwärmung.

erweitern, hat erweitert	*etw. größer/länger machen:* Vokabular erweitern
die Erwerbsquote, -n	*gibt an, wie viele Menschen (in einem Land oder einer bestimmten Region) arbeiten gehen:* Die Erwerbsquote bei Frauen in der Schweiz ist hoch, allerdings arbeiten viele Frauen nur in Teilzeit.

:: F ::

fadenscheinig	*nicht glaubwürdig, man erkennt sofort, dass es nicht wahr ist:* fadenscheinige Gründe
das Fahrzeug, -e	*ein Transportmittel (das Auto, das Fahrrad usw.)*
der Fall (*nur Sg.*): der Fall der Mauer	*das Entfernen der Mauer, das Öffnen der Grenze zwischen Ost- und Westdeutschland*
faul	*wenn man nichts tut:* Ich bin heute faul und liege den ganzen Tag auf der Couch.
faulenzen, hat gefaulenzt	*faul sein*
der Feinstaub	*der Teil der Emissionen, den man einatmen kann*
der Felsen, -	*eine hohe Masse aus Stein:* Kennst du die weißen Kreidefelsen von Dover?
die Ferien (*immer im Pl.*)	*eine bestimmte Zeitspanne, in der Schulen und Universitäten geschlossen sind:* Alle Schüler freuten sich schon auf die Sommerferien.
fest•halten (hält ... fest), hielt ... fest, hat festgehalten	*etw. mit den Händen greifen und nicht loslassen*
das Feuer, -	*etw. brennt (Holz usw.) und es entstehen Flammen und Hitze:* Um ein Feuer zu löschen, braucht man Wasser.
flanieren, ist flaniert	*spazieren gehen*
der Flüchtling, -e	*jmd., der sein Land verlassen will oder muss:* Jeden Sommer kommen viele Flüchtlinge aus Afrika mit Booten nach Europa.
die Folge, -n	*die Konsequenz:* Die drei Juden der *Comedian Harmonists* durften in Deutschland nicht mehr auftreten. Die Folge davon war, dass die Gruppe sich trennen musste.

fordern, hat gefordert	*etw. wollen/verlangen:* Der Pilot forderte, dass sich die Passagiere bei schlechtem Wetter hinsetzen.
der Fortschritt, -e	*eine Verbesserung, eine Weiterentwicklung:* Wir hoffen Fortschritte bei der Entwicklung von "grünen Autos" zu machen.
die Freizeit (*nur Sg.*)	*die Zeit, die man für sich hat und während der man nicht arbeiten oder lernen muss:* Als Student hat man während des Semesters nicht viel Freizeit.
fremd	*das, was man nicht kennt; was anders ist*
friedlich	*ohne Gewalt:* Es war eine friedliche Demonstration.
froh	*≈ glücklich*
furchtbar	*sehr negativ; schrecklich*

:: G ::

die Gage, -n	*das Geld, das Künstler für ihren Auftritt bekommen:* Sehr berühmte Schauspieler bekommen mehr als 20 Millionen Dollar Gage pro Film.
die Garderobe, -n	*ein Raum in einem Theater, Fernsehstudio usw., in dem sich Künstler vor oder nach ihrem Auftritt umziehen und schminken; ein Raum in einem Theater, Museum usw., wo Besucher ihre Mäntel abgeben können; die Kleidung, die man besitzt*
der Gastarbeiter, -/die Gastarbeiterin, -nen	*Menschen, die von einem fremden Land eingeladen werden, um dort für eine bestimmte Zeit zu arbeiten:* Die deutsche Regierung holte in den 60er Jahren viele Türken als Gastarbeiter nach Deutschland.
geboren werden (wird … geboren), wurde … geboren, ist geboren worden	*als Baby auf die Welt kommen*
der Geburtsort, -e	*die Stadt, in der man geboren wurde*
das Gedicht, -e	*ein meist sehr kurzer literarischer Text, der oft in Strophen aufgeteilt ist und der sich oft reimt:* Kennst du Goethes Gedicht *Wandrers Nachtlied*?
die Geduld	*die Fähigkeit, warten zu können:* Ich habe lange genug gewartet, meine Geduld ist am Ende.

gefährlich	*Mit Risiko verbunden, etwas Schlechtes kann passieren:* Bei Rot über die Straße zu gehen ist gefährlich.
gefallen (gefällt), gefiel, hat gefallen	*sich über etw. freuen oder etwas schön oder gut finden:* Mir gefällt Mozarts Musik.
die Geisel, -n	*Person, die man so lange gefangen nimmt, bis eine andere Person bestimmte Forderungen erfüllt:* Lola hat in einem Szenario ihren eigenen Vater als Geisel genommen und 100.000 DM gefordert.
der/die Geliebte, -n	*eine Person, mit der man eine sexuelle Beziehung hat, obwohl man verheiratet ist:* Lolas Vater hat eine Geliebte, die Jutta heißt.
gelungen	*besonders gut; erfolgreich*
das Gemälde, -	*ein Bild, das mit Farbe (Öl, Wasserfarbe usw.) gemalt wird*
genießen (genießt), genoss, hat genossen	*etw. sehr gerne mögen, an einer Sache viel Spaß haben:* Er hat die Ferien genossen.
der Genuss, die Genüsse	*die Freude, die man an einer Sache hat:* Dieses Essen war ein Genuss.
geprägt sein	*etw. ist typisch für eine Zeit:* Die 50er Jahre sind musikalisch durch die Entstehung des Rock and Roll geprägt.
gerecht	*≈ fair*
die Gerechtigkeit (*nur Sg.*)	*das faire Handeln:* Man bemüht sich darum, alle Menschen gleich zu behandeln, man bemüht sich um Gerechtigkeit.
gerührt	*in einer freudigen oder traurigen Situation sehr emotional sein:* Ich war sehr gerührt, weil meine Kollegen eine Überraschungsparty für mich gemacht haben.
geschehen (geschieht), geschah, ist geschehen	*≈ passieren, ≈ sich ereignen:* Heute ist ein langweiliger Tag, es ist nichts geschehen.
gesellschaftlich	*betrifft die ganze Gesellschaft*
das Gesetz, -e	*Regeln, die vom Staat gemacht werden und die alle beachten müssen*
die Gewerkschaft, -en	*eine Organisation von Arbeitnehmern, die das Ziel hat, die Arbeitsbedingungen zu verbessern*
gewinnen (gewinnt), gewann, hat gewonnen	*etw. durch Glück oder Zufall bekommen:* Ich habe heute eine Million im Lotto gewonnen.; *einen Wettbewerb durch Können oder Geschick für sich entscheiden:* im Fußball gewinnen

die Glasscheibe, -n	*der transparente Teil eines Fensters, der aus Glas ist*
die Gleichberechtigung (*nur Sg.*)	*wenn es keinen Unterschied zwischen Gruppen von Menschen (Männer und Frauen, soziale Klassen usw.) gibt:* Ein Ziel der Grünen ist die Gleichberechtigung von Männern und Frauen auf dem Arbeitsmarkt.
gleich•stellen (stellt ... gleich), stellte ... gleich, hat gleichgestellt	*keinen Unterschied zwischen Gruppen von Menschen (Männer und Frauen, soziale Klassen usw.) machen:* Männer und Frauen sollten immer gleichgestellt sein.
die Gleichstellung (*nur Sg.*)	*es gibt keinen Unterschied zwischen Gruppen von Menschen (Männer und Frauen, soziale Klassen, ethnische Gruppen):* Wenn es keinen Unterschied zwischen Männern und Frauen gibt, kann man von Gleichstellung sprechen.
die *Götterdämmerung*	*eine Oper von Richard Wagner*
das Grab, die Gräber	*ein Loch in der Erde, in das man einen Toten legt*
die Grenze, -n	*eine markierte Linie, die zwei Länder/Grundstücke trennt*
großzügig	*wenn man anderen gerne sein Geld, seine Zeit usw. gibt:* Mein Vater ist sehr großzügig – er hat mir eine Weltreise geschenkt.
gründen, hat gegründet	*etw. ins Leben rufen, etw. beginnen:* Carl Benz und Gottlieb Daimler gründeten die Daimler-Benz AG, die heute Daimler AG heißt.
das Grundrecht, -e	*elementare Rechte der Menschen, die als Gesetze aufgeschrieben sind*
die Gründung, -en	*etwas ins Leben rufen, der Beginn einer Sache:* Die Gründung der DDR erfolgte 1949.

H

das Hakenkreuz, -e	*im Dritten Reich Symbol für den Nationalsozialismus*
der Halbkreis, -e	*geometrische Form, die halbrund ist:* Wenn die Sonne am Horizont untergeht, ist sie ein Halbkreis.
halten (hält), hielt, hat gehalten	*etw. mit den Händen fassen und nicht loslassen:* Er hält das Buch.; *stoppen:* Das Auto hält an der Ampel.; *sich vor ein Publikum stellen und sprechen:* ein Referat, eine Rede halten
das Handy, -s	*Mobiltelefon*

hängen (hängt), hing, hat gehangen	*etw. ist am oberen Teil befestigt, sodass der untere Teil beweglich ist:* eine Lampe an die Decke hängen
häufig	*oft:* Ich gehe häufig ins Kino.
die Häufigkeit (*nur Sg.*)	*die Frequenz, wie oft man etw. tut*
der (männliche) Hauptdarsteller, -/ die (weibliche) Hauptdarstellerin, -nen	*Person, die die größte und wichtigste Rolle in einem Film spielt:* Franka Potente ist die Hauptdarstellerin in *Lola rennt.*
die Hauptrolle, -n	*die größte und wichtigste Rolle in einem Film oder einem Theaterstück:* Franka Potente spielt die Hauptrolle in *Lola rennt.*
die Heimat (*nur Sg.*)	*das Land, in dem man geboren wurde, in dem man lange Zeit gelebt hat oder in dem man sich zu Hause fühlt*
hell	*mit viel Licht:* Im Sommer wird es morgens früh hell.
heraus•greifen (greift ... heraus), griff ... heraus, hat herausgegriffen	*etw./eine Person aus einer Gruppe auswählen; isolieren:* Von den vielen Migranten, die in Deutschland leben, möchte ich die Italiener herausgreifen.
herrschen, hat geherrscht	*sein, existieren:* Auf der Party herrschte eine gute Atmosphäre.; *ein Land regieren:* Die englische Königin herrscht nicht mehr über ihr Land, sie repräsentiert es nur noch.
hin•fallen (fällt ... hin), fiel ... hin, ist hingefallen	*auf den Boden fallen:* Als Lola die Treppe hinunterläuft, stolpert sie und fällt hin.
hören (auf + *Akk.*), hat auf ... gehört	*hören, was jmd. zu sagen hat, zuhören:* Bitte hör auf mich und fahr nicht alleine in den Urlaub.
der Horizont, -e: den Horizont erweitern	*(Redewendung) die eigenen Gedanken modifizieren:* Auf der Wanderschaft haben die Gesellen durch ihre Erfahrungen ihren Horizont erweitert.

der Inhalt, -e	*das, was sich in einem Behälter befindet; die Ereignisse eines Filmes, eines Buches usw.:* Was ist der Inhalt des Films?
die Inschrift, -en	*etw., das man auf Stein, Holz oder Metall schreibt:* die Grabinschrift

J

das Jahrhundert, -e	*eine Zeitspanne von 100 Jahren, die von einem bestimmten Zeitpunkt an gerechnet wird:* Das 20. Jahrhundert dauerte von 1900 bis 1999.
der Jude, -n/die Jüdin, -nen	In Israel leben viele Juden.
jüdisch	Israel ist ein jüdischer Staat.
Jura (*ohne Art.*)	*die Wissenschaft, die sich mit den Gesetzen und dem Recht beschäftigt:* Er studiert Jura an der Universität.

K

kennen (kennt), kannte, hat gekannt	*Information über jmdn./etw. haben, vor allem Charakteristika:* Ich kenne meinen Nachbarn nicht.
klar	*man kann etwas genau verstehen:* eine klare Erklärung; *man kann etwas deutlich und genau sehen:* Ich kann den Mann auf dem Bild klar erkennen.; *etw. ist so sauber, dass es durchsichtig ist:* Ich kann die Fische im klaren Wasser sehen.
klatschen, hat geklatscht	≈ *applaudieren*
klauen, hat geklaut	*(ugs.) etw. nehmen, das jmdm. anderen gehört;* ≈ *stehlen:* Manni will Geld in einem Supermarkt klauen.
klingen (klingt), klang, hat geklungen	*etw. hört sich auf eine bestimmte Weise an:* Dieses Lied klingt traurig.
die Klippe, -n	*ein großer, steiler Felsen an der Küste des Meeres*
knallhart	*(ugs.) extrem:* knallharte Konkurrenz; *sehr schwer:* ein knallhartes Examen
die Kollektivschuld (*nur Sg.*)	*nicht nur eine Person ist an etw. schuld, sondern alle Menschen:* die Kollektivschuld einer Gesellschaft
der Kommilitone, -n, -n/ die Kommilitonin, -nen	*die anderen Studenten*
komponieren, hat komponiert	*Musik schreiben:* Mozart komponierte schon als kleines Kind.

der Komponist, -en, -en/ die Komponistin, -nen	*Person, die Musik schreibt:* Beethoven war ein großer Komponist.
die Konjunktur, -en	*die wirtschaftliche Situation eines Landes*
der Konkurrenzkampf (*nur Sg.*)	*Rivalität; Situation, die entsteht, wenn viele Gruppen das Gleiche anbieten:* Der Konkurrenzkampf zwischen Musikgruppen ist groß, nur die besten haben Erfolg.
das Konzentrationslager, -	*Ort, an dem die Nationalsozialisten viele Menschen gefangen hielten und töteten*
sich konzentrieren (auf + *Akk.*), hat sich ... auf ... konzentriert	*die Aufmerksamkeit auf einen gewissen Punkt richten:* Beim Autofahren sollte man sich auf den Verkehr konzentrieren.
die Kraft, die Kräfte: in Kraft treten	*beginnen zu wirken:* 2008 trat in Deutschland das Rauchverbot in Kraft.
außer Kraft treten	*nicht mehr gültig sein:* In einigen Regionen in Deutschland trat das Rauchverbot schnell wieder außer Kraft, da viele Leute dagegen waren.
kräftig	*stark, robust; eine intensive Wirkung haben:* Rot und Blau sind kräftige Farben.
der Kraftstoff, -e	*Stoff, den man braucht um eine Maschine, einen Motor anzutreiben:* Ein Auto braucht zum Fahren Kraftstoff.
der Kreis, -e	*geometrische Form, die rund ist:* Ein Rad hat die Form eines Kreises.
kritisieren, hat kritisiert	*Kritik üben*
der Künstler, -/die Künstlerin, -nen	*Personen, die Gemälde, Skulpturen usw. herstellen:* Picasso ist ein Künstler, der sehr bekannt ist.
künstlerisch	*≈ artistisch*
das Kunstwerk, -e	*die Kreation eines Künstlers/einer Künstlerin:* Die *Mona Lisa* von da Vinci ist ein beeindruckendes Kunstwerk.

L

die Landschaft, -en	*ein Teil der Erdoberfläche mit Bäumen, Häusern usw., so wie wir ihn sehen:* Die Wüstenlandschaft Arizonas ist fantastisch.
die Landsleute (*Pl.*)	*die Menschen, die mit einem in einem Land wohnen*

lassen (lässt), ließ, hat gelassen	*jmdm. etw. erlauben oder ermöglichen; bewirken, dass etw geschieht:* Der Polizist ließ den Räuber verhaften.
der Lebenslauf, die Lebensläufe	*ein Text, der die wichtigsten Stationen eines Lebens auflistet*
die Lebensmittel (*Pl.*)	*Essen:* Gemüse, Milch usw.
leihen (leiht) lieh, hat geliehen	*jmdm. etw. für eine bestimmte Zeit geben*
leisten, hat geleistet: Militärdienst leisten	*Militärdienst absolvieren; die Zeit beim Militär verbringen*
sich etw. leisten können	*genug Geld für etw. haben:* Ich kann mir den Pullover nicht leisten, er ist für mich zu teuer.
leuchtend	*etw. strahlt sehr hell:* Der leuchtende Mond steht am dunklen Himmel.
die Linie, -n	*ein (mst. gerader) Strich:* Eine Tabelle besteht aus horizontalen und vertikalen Linien.
lügen (lügt), log, hat gelogen	*nicht die Wahrheit sagen*

:: M ::

die Machtergreifung (*nur Sg.*)	*wenn jmd. die Kontrolle über etw./jmdn. (ein Land, ein Volk usw.) bekommt:* Hitlers Machtergreifung erfolgte 1933.
malen, hat gemalt	*mit Farbe (Öl, Wasserfarbe usw.) ein Bild erstellen*
der Maler, -/die Malerin, -nen	*Person, die ein Bild mit Farbe (Öl, Wasserfarbe usw.) erstellt*
das Märchen, -	*Hänsel und Gretel ist ein Märchen der Brüder Grimm.*
die Marktwirtschaft: die soziale Marktwirtschaft	*das wirtschaftliche System in Deutschland*
der Militärdienst (*nur Sg.*)	*eine bestimmte Zeit, die eine Person in der Armee verbringt oder verbringen muss*
misslingen (misslingt), misslang, ist misslungen	*nicht funktionieren:* Mein Versuch, heute Nachmittag zu lernen, ist misslungen, da ich eingeschlafen bin.
das Mitglied, -er	*eine Person, die Teil einer Organisation/Gruppe ist:* Die *Comedian Harmonists* bestanden aus sechs Mitgliedern.
moderieren, hat moderiert	*ein Programm führen:* Jay Leno moderiert *The Tonight Show*.

mögen (mag), mochte, hat gemocht	*etw. gerne haben:* Ich mag Pizza.
der Mond, -e	*Himmelskörper, der sich um die Erde dreht und den wir nachts am Himmel sehen*
morden, hat gemordet	*töten*

N

nachhaltig	*sich langfristig positiv auf die Umwelt auswirkend:* Ich versuche, nachhaltig zu konsumieren: Lieber bezahle ich ein bisschen mehr Geld, aber dafür gehen die Dinge auch nicht so schnell kaputt.
die Nachkriegszeit	*die Zeit nach dem Krieg*
der Nachteil, -e	*der negative Aspekt*
die Natur, -en	*alles, was nicht von Menschen gemacht wurde (Bäume, Pflanzen, Tiere usw.)*
der Nebel, -	*Wolken, die sich am Boden bilden, sodass man schlecht oder gar nicht sehen kann:* London ist für seinen Nebel berühmt.
die Nebenrolle, -n	*eine kleine Rolle in einem Film oder Theaterstück:* Die Rolle des Penners in *Lola rennt* ist eine Nebenrolle.
nehmen (nimmt), nahm, hat genommen: Rücksicht nehmen (auf + *Akk.*)	*auf die Gefühle, die Situation usw. anderer achten; eine Situation berücksichtigen:* Wir recyceln, weil wir auf die Umwelt Rücksicht nehmen.
nennen (nennt), nannte, hat genannt	*jmdm. einen Namen geben; etw. angeben:* Ich kann dir 100 Gründe nennen, warum du zu Hause bleiben sollst.
das *Nibelungenlied*	*mittelalterliche Heldendichtung*

obdachlos	*auf der Straße lebend*
der/die Obdachlose, -n	*Person, die auf der Straße lebt*

das öffentliche Verkehrsmittel, die öffentlichen Verkehrsmittel (*mst. Pl.*)	*Transportmittel, die von vielen Menschen benutzt werden (Bus, Zug usw.)*
oft	*etw., was immer wieder passiert; ≈ häufig:* Ich gehe oft ins Kino.
die Ökologie (*nur Sg.*)	*das System der Umwelt und ihrer Lebewesen und wie sie miteinander leben*
die Oper, -n	*ein musikalisches Theaterstück mit Sängern und Orchester*
das Opfer, -	*jemand, dem etw. Böses getan wurde oder dem etw. Schlimmes passiert:* Opfer eines Banküberfalls, Opfer eines Verkehrsunfalls
das Original, -e: einen Film im Original sehen	*einen Film in der originalen Sprache sehen:* Lola rennt *ist im Original auf Deutsch.*
im Original mit Untertiteln	*einen Film in der originalen Sprache sehen, aber mit Text in der Sprache des Publikums:* Ich habe Lola rennt *auf Deutsch mit englischen Untertiteln gesehen.*

P

die Partei, -en	*eine Gruppe von Menschen, die die gleichen politischen Ideen haben:* Die Grünen sind eine Partei.
der Pass, die Pässe	*ein Dokument, mit dem man in andere Länder einreisen kann*
der Penner, -/die Pennerin, -nen	*(ugs.) Person, die auf der Straße lebt; ≈ der Obdachlose*
pflegen, hat gepflegt	*sich um jmdn. kümmern:* Er pflegte den Kranken bis zu seinem Tod; *etwas gewöhnlich tun:* Morgens pflege ich immer einen Kaffee zu trinken.
die Pflicht, -en	*das, was man tun muss*
die Plakette, -n	*ein Sticker, der bestimmte Informationen enthält:* Ich kann nicht mit dem Auto ins Zentrum von Berlin fahren, weil mein Auto keine Umwelt-Plakette hat.

Plattenbauten	*die typischen DDR-Häuser: aus Platten in großen Mengen preiswert gebaute Häuser*
proben, hat geprobt	*etw. üben; etw. so oft tun, bis man es gut kann:* ein Theaterstück, ein Lied proben
provozieren, hat provoziert	*jmdn. durch Handlung zu einer Reaktion bringen:* Künstler wollen provozieren, um die Menschen zum Nachdenken zu bringen.
prüfen, hat geprüft	*untersuchen, ob etw. so ist, wie es sein soll; testen:* Kannst du bitte prüfen, ob die Antwort richtig ist?
das Publikum (*nur Sg.*)	*die Menschen, die bei einem Konzert, einem Theaterstück usw. zusehen und zuhören*
pünktlich	*genau zur vereinbarten Zeit:* Wir wollten uns um 12 Uhr treffen. Jetzt ist es 12.05 Uhr und du bist nicht pünktlich.

:: Q ::

quadratisch	*viereckig, aus vier gleich langen Linien und vier 90°-Winkeln geformt*
die Quelle, -n	*der Ursprung; Ort, wo etw. herkommt*

:: R ::

der/das Raster, -	*eine Tabelle:* Tragen Sie die Verbkonjugationen in das folgende Raster ein.
raten (rät), riet, hat geraten	*jmdm. sagen, was er tun sollte:* Ich rate dir, für die Prüfung zu lernen.
rechteckig	*viereckig, aus vier Linien geformt, von denen jeweils zwei gleich lang und parallel sind:* Postkarten sind meistens rechteckig.
sich rechtfertigen, hat sich gerechtfertigt	*sich verteidigen, eine Entschuldigung finden:* Der Dieb versuchte, sich zu rechtfertigen, aber niemand hat ihm geglaubt.
die Rechtfertigung, -en	*Ausrede; Erklärung, Entschuldigung:* Für den Holocaust gibt es keine Rechtfertigung.

die Rede, -n	*das Sprechen vor einem Publikum:* Jeder erinnert sich an J. F. Kennedys Rede in Berlin.
das Referat, -e	*ein Text mit Informationen zu einem Thema, die man gesammelt hat und dann vor einem Publikum mündlich vorträgt:* Im Deutschunterricht musste ich ein Referat über Paul Celan halten.
das Referendum, Referenden	≈ *die Volksabstimmung*
die Regie (*nur Sg.*)	*die Anweisungen des Regisseurs an die Schauspieler*
Regie führen	*die Herstellung eines Filmes leiten:* Tom Tykwer hat bei dem Film *Lola rennt* Regie geführt.
die Regierung, -en	*die Politiker eines Landes, die von der Bevölkerung gewählt werden*
der Regisseur, -e/die Regisseurin, -nen	*Person, die die Anweisungen an die Schauspieler gibt:* Tom Tykwer ist der Regisseur des Films *Lola rennt.*
der Reim, -e	*der gleiche Klang von Wörtern oder Silben am Zeilenende eines Gedichtes*
sich reimen (reimt sich), reimte sich, hat sich gereimt	*Wörter benutzen, die am Ende gleich klingen:* Die Wörter „Lust" und „Frust" reimen sich.
die Reise, -n	*eine Fahrt, die man zum Vergnügen in den Ferien macht; eine Fahrt, die man wegen des Berufes macht (die Dienstreise)*
die Reiselust (*nur Sg.*)	*der Spaß am Reisen*
reisen, ist gereist	*an andere Orte, in andere Länder fahren, zur Erholung oder beruflich*
relaxen, hat relaxt	≈ *sich entspannen*
die Romantik (*nur Sg.*)	*eine Epoche; ein Kunststil in der ersten Hälfte des 19. Jahrhunderts*
rufen (ruft), rief, hat gerufen	*laut sprechen*
die Ruhe (*nur Sg.*)	*die Stille,* ⟷ *der Lärm:* Auf dem Berg hörte man nichts – es herrschte absolute Ruhe.
ruhig	*still; ohne viel Bewegung:* Nach dem Sturm war es sehr ruhig.
rund	*kreisförmig:* Die Erde ist rund.

:: S ::

der Schadstoff, -e	*Substanz, die nicht umweltfreundlich ist (CO_2 usw.)*
schadstoffarm	*enthält wenige nicht umweltfreundliche Substanzen*
der Schauspieler, -/die Schauspielerin, -nen	*Person, die eine Rolle in einem Film oder Theaterstück spielt:* Franka Potente ist die Schauspielerin, die die Rolle der Lola in *Lola rennt* spielt.
der Scheiterhaufen, -	*Holzstücke, die übereinander liegen und angezündet werden und auf denen früher Leute verbrannt wurden:* Im Mittelalter wurden Frauen, die man für Hexen hielt, auf dem Scheiterhaufen verbrannt.
scheitern, ist gescheitert	*etw. hat nicht funktioniert; man hat mit etw. keinen Erfolg gehabt:* Die Hoffnung auf ein vereintes Deutschland scheiterte 1961 definitiv mit dem Mauerbau.
schießen (schießt), schoss, hat geschossen	*mit einer Waffe eine Person oder ein Objekt treffen:* Er schoss mit einer Pistole auf ihn.
schlagen (schlägt), schlug, hat geschlagen	*jmdn. mit einem Objekt oder der Hand treffen, um ihm wehzutun; jemanden besiegen:* Holland hat Deutschland im Fußball geschlagen.
das Schlagwort, die Schlagwörter	*ein Begriff, der eine Periode (die Weimarer Republik), Richtung (Kunst, Politik usw.) charakterisiert:* Wenn ich an die Grünen denke, fallen mir die Schlagwörter „Umweltschutz", „Gleichberechtigung" und „multikulturelle Gesellschaft" ein.
schließen (schließt), schloss, hat geschlossen	*zumachen; eine Verbindung herstellen:* eine Ehe schließen
schmökern, hat geschmökert (*ugs.*)	*lesen*
schneiden (schneidet), schnitt, hat geschnitten: einen Film schneiden	*aus dem ganzen Filmmaterial Teile nehmen und sie zu einer Version für das Publikum zusammenfügen*
der Schriftsteller, -/die Schriftstellerin, -nen	*eine Person, die literarische Werke schreibt; ein Autor*
die Schuld (*nur Sg.*)	*konkrete oder moralische Verantwortung für eine schlechte Tat:* Ein Mörder muss mit seiner Schuld leben.

die Schulden (*Pl.*)	*Geld, das man jmdm. zurückzahlen muss*
schuldig	*wenn man konkret oder moralisch für eine schlechte Tat verantwortlich ist:* Der Mann hat den Mord gestanden – er ist schuldig.
schützen, hat geschützt	*verhindern, dass etw. Schlimmes passiert:* Wir müssen die Umwelt schützen.
schwach	*nicht stark*
die Schwäche, -n	*Gegenteil von Stärke*
schwanger	*wenn eine Frau ein Baby erwartet*
schweigen (schweigt), schwieg, hat geschwiegen	*nichts sagen; still sein*
schwören (schwört), schwor, hat geschworen	*(unter Eid) sagen, dass etw. wahr ist:* Ich schwöre dir, dass C. D. Friedrich ein Romantiker war.
die SED	*Sozialistische Einheitspartei Deutschlands; die einzige Partei in der DDR*
selten	*nicht oft; nicht häufig:* Ich gehe nur selten ins Kino.
senkrecht	*≈ vertikal*
setzen, hat gesetzt: in Brand setzen	*ein Feuer legen, etw. abbrennen*
sorgfältig	*sehr genau:* Wenn man einen Text sorgfältig lesen soll, kann man ihn nicht bloß überfliegen.
die Spannungen (*Pl.*)	*Konflikte, Schwierigkeiten, Streit*
sparsam	*wenn man nicht viel Geld ausgibt:* Ich muss sparsam sein, weil ich arbeitslos bin.
sperren, hat gesperrt	*die Weiterfahrt oder den Durchgang verhindern:* Mit dem Bau der Berliner Mauer sperrte die DDR den Zugang der Ostdeutschen nach Westdeutschland.
der Spitzel, -	*Person, die eine andere Person beobachtet und Gespräche mithört, ohne dass die andere Person es weiß*
der Staat, -en	*ein Land als politisches System*
staatlich	*gehört dem Staat, vom Staat verwaltet*

die Staatsangehörigkeit	*rechtliche Zugehörigkeit zu einem Land, ≈ Staatsbürgerschaft:* Ich habe einen österreichischen Pass und so habe ich die österreichische Staatsangehörigkeit.
der Staatsbürger, -/die Staatsbürgerin, -nen	*Person, die die Staatsangehörigkeit eines Landes hat:* Arnold Schwarzenegger war früher österreichischer Staatsbürger, aber jetzt ist er amerikanischer Staatsbürger.
die Staatsbürgerschaft	*rechtliche Zugehörigkeit zu einem Land, ≈ Staatsangehörigkeit:* Ich habe einen österreichischen Pass und so habe ich die österreichische Staatsbürgerschaft.
stammen (aus), hat ... aus ... gestammt	*kommen aus:* Anselm Kiefer stammt aus dem süddeutschen Donaueschingen.
ständig	*permanent, immer*
die Stasi	*Abkürzung für 'Ministerium für Staatssicherheit' in der DDR*
statt•finden (findet ... statt), fand ... statt, hat stattgefunden	*zu einer bestimmten Zeit an einem bestimmten Ort passieren:* Der Deutschkurs findet um 11 Uhr statt.
staunen, hat gestaunt	*überrascht sein:* Ich habe sehr gestaunt, als plötzlich meine Eltern vor der Tür standen.
stehen (für + *Akk.*) (steht ... für ...), stand ... für ..., hat ... für ... gestanden	*repräsentieren, symbolisieren:* Wofür steht das Wort „Milch" in der „Todesfuge"?
stehlen (stiehlt), stahl, hat gestohlen	*etw. nehmen, das jmdm. anderen gehört:* Manni will Geld in einem Supermarkt stehlen.
stellen, hat gestellt: ein Bein stellen	*das Bein in den Weg einer anderen Person stellen, sodass diese Person darüber stolpert und fällt*
die Stellungnahme, -n	*öffentlich die eigene Meinung zu einem Thema sagen:* Die Stellungnahme des Politikers wurde positiv aufgenommen.
sterben (stirbt), starb, ist gestorben	*aufhören zu leben*
das Stichwort, -e (*mst. Pl.*)	*einzelne Wörter und Satzfragmente, die man notiert, um sich später zu erinnern*
die Stimmung, -en	*der seelische Zustand einer Person; die Laune; die Atmosphäre*
der Streik, -s	*eine Protestaktion, bei der eine Gruppe von Menschen für eine bestimmte Zeit nicht arbeitet, um bestimmte Konditionen (mehr Geld usw.) zu bekommen*

streiken, hat gestreikt	*eine Gruppe von Menschen organisiert sich und beschließt für eine bestimmte Zeit nicht zu arbeiten, weil sie bestimmte Forderungen (mehr Geld usw.) hat*
streiten (streitet), stritt, hat gestritten	*einen Disput haben*
der Strich, -e	*eine Linie, die man mit einem Stift macht:* Ein Strichmännchen ist eine Figur, die nur aus Strichen gezeichnet wird.
die Strophe, -n	*ein Teil eines Gedichtes oder Liedes:* Matthias Claudius' Gedicht *Der Mond ist aufgegangen* hat fünf Strophen.
Sturm und Drang	*eine literarische Richtung in der zweiten Hälfte des 18. Jahrhunderts, die Gefühle und den Wunsch nach Freiheit betonte*
subtil	*man beachtet alle kleinen Unterschiede und Nuancen; nicht sehr direkt sein, sondern etw. nur andeuten:* Die Kritik in diesem Gedicht ist sehr subtil.
synchronisiert: die synchronisierte Version	*wenn Schauspieler im Film eine andere Sprache sprechen:* In Deutschland werden alle ausländischen Filme synchronisiert.

T

der Täter, -	*jmd., der eine böse Tat begangen hat und der jmdn. zum Opfer gemacht hat:* Der Täter stahl das Geld der alten Dame und dann lief er davon.
die Tätigkeit, -en	*der Beruf; die Aktivität*
der Teil, -e	*ein Stück, eine Portion*
teilen, hat geteilt	*etw. in Stücke zerlegen:* Nach dem Krieg wurde Deutschland geteilt.
teil•nehmen (nimmt ... teil), nahm ... teil, hat teilgenommen	*partizipieren*
die Teilung	*das Zerlegen in Stücke/Portionen:* Die offizielle Teilung Deutschlands dauerte bis 1990.
(in) Teilzeit arbeiten	*nicht 100 % arbeiten, sondern weniger*
die Telefonzelle, -n	*ein sehr kleines Haus, eine Kabine, in der ein öffentliches Telefon ist*

der Trabi, -s, der Trabant, -en	*Automodell, das in der DDR hergestellt wurde; das typische DDR-Auto*
traurig	*nicht glücklich:* Als Goethes Frau Christiane starb, war er sicher sehr traurig.
treffend	*etw. passt genau:* Der Zeuge gab eine treffende Beschreibung des Täters.
der Treffpunkt, -e	*der Ort, an dem zwei oder mehrere Personen zusammenkommen*
trennen, hat getrennt	*etw. nicht zusammen lassen, etw. räumlich auseinander bringen:* Wenn man recycelt, muss man unterschiedliche Abfallprodukte trennen und in unterschiedliche Behälter geben.
sich trennen, hat sich getrennt	*auseinander gehen, nicht mehr zusammen sein:* Die Comedian Harmonists mussten sich trennen, da die jüdischen Mitglieder Deutschland verlassen mussten.
das Treppenhaus, die Treppenhäuser	*mehrere Stufen, die die Etagen in einem Haus verbinden*

überfahren (überfährt), überfuhr, hat überfahren	*über einen Menschen oder ein Tier mit einem Fahrzeug (Auto, Bus usw.) fahren und so verletzen oder töten:* In einem Szenario von *Lola rennt* hat ein Rettungswagen Manni überfahren.
überfahren werden (wird überfahren), wurde überfahren, ist überfahren worden	*(Pass.) ein Fahrzeug (Auto, Bus usw.) fährt über jmdn. und verletzt oder tötet jmdn.:* In einem Szenario von *Lola rennt* wird Manni von einem Krankenwagen überfahren.
überfallen (überfällt), überfiel, hat überfallen	*jmdn. plötzlich mit Waffen bedrohen und etw. fordern:* In einem Szenario von *Lola rennt* hat Lola beschlossen, eine Bank zu überfallen.
überfliegen (überfliegt), überflog, hat überflogen	*einen Text schnell und nicht im Detail lesen, sondern nur bestimmte Stichworte oder Elemente suchen*
übernachten, hat übernachtet	*schlafen:* Im Urlaub haben wir in einem Hotel übernachtet, weil alle Ferienhäuser schon voll waren.
überwachen, hat überwacht	*spionieren*

der Überwachungsstaat, -en	Staat, der die Menschen, die in diesem Staat leben, überwacht und kontrolliert
um•bringen (bringt ... um), brachte ... um, hat umgebracht	jmdn. töten
umgangssprachlich	so sprechen Leute in inoffiziellen Situationen
der Umriss, -e	wenn man nur den Rand einer Person/eines Objektes sehen kann: In der Dunkelheit konnte ich nur die Umrisse des Mannes sehen.
um•tauschen, hat umgetauscht	eine Währung gegen eine andere tauschen: Wenn man 100 Euro umtauscht, bekommt man zur Zeit 147 US-Dollar dafür.
die Umwelt (nur Sg.)	die Welt, in der wir leben, also die Luft, das Wasser, die Bäume, die Tiere, die Menschen usw.
umweltbewusst	wenn man so handelt, dass es gut für die Umwelt ist: Da ich sehr umweltbewusst bin, habe ich mir ein umweltfreundliches Hybrid-Auto gekauft.
umweltfreundlich	was gut für die Umwelt ist: Ein Auto mit einem Elektromotor ist umweltfreundlich.
die Umweltplakette, -n	ein Sticker, der anzeigt, dass ein Auto beim Fahren keine gefährlichen Emissionen produziert
der Umweltschutz (nur Sg.)	Maßnahmen, um die Umwelt in gesunder Form zu erhalten
um•ziehen (zieht ... um), zog ... um, ist umgezogen	die Wohnung oder den Wohnort ändern/wechseln
unangenehm	etw., was nicht so ist, wie man es gern hat und eine negative Reaktion bewirkt: Mein Hotelzimmer roch sehr unangenehm und mir wurde schlecht.
ungewöhnlich	anders, als man es erwartet hat/gewöhnt ist: Lola hat eine ungewöhnliche Haarfarbe.
untergeordnet: eine untergeordnete Rolle spielen	weniger wichtig sein
sich unterhalten (unterhält sich), unterhielt sich, hat sich unterhalten	miteinander sprechen; Konversation betreiben
die Unterkunft, Unterkünfte	Zimmer, in dem man schlafen kann, wenn man auf Reisen ist, z.B. ein Hotel

der Unterschied, -e	*ein Merkmal, das bei zwei Personen, Objekten, Dingen usw. nicht gleich ist:* Es gibt Unterschiede zwischen der deutschen und der türkischen Kultur.
unterzeichnen, hat unterzeichnet	*den Namen unter ein Dokument schreiben, unterschreiben*
der Urlaub, -e	*eine gewisse Zeitspanne, in der man nicht arbeiten muss:* Mein Vater und meine Mutter können im Sommer nie Urlaub bekommen.
der Urlaub: auf/in den Urlaub fahren (fährt), fuhr, ist gefahren	*an einen Ort fahren, um sich dort zu erholen und etwas Neues zu erleben:* Viele Amerikaner fahren gern nach Europa in den Urlaub.
das Urlaubsziel, -e	*der Destinationsort des Urlaubs:* Ich fahre nächste Woche in den Urlaub und mein Urlaubsziel ist Gran Canaria.

:: V ::

die Verabredung, -en	*ein Treffen, das man mit jmdm. ausgemacht hat*
sich verabschieden, hat sich verabschiedet	*„Auf Wiedersehen" sagen:* Ich muss mich verabschieden, denn ich muss jetzt nach Hause gehen.
verändern, hat verändert	*etw. anders machen*
die Veränderung, -n	*der Prozess des anders Machens:* Eine Krise führt oft zu Veränderungen.
verbessern, hat verbessert	*etw. besser (schöner, produktiver usw.) machen*
verbieten, (verbietet), verbot, hat verboten	*jmdm. sagen, dass er etw. nicht tun darf*
das Verbot	*Regel, die besagt, dass man etwas nicht tun darf:* Seit einigen Jahren gibt es in vielen Ländern Europas Rauchverbote.
der Verbrauch (*nur Sg.*)	*das, was man benutzt, was man konsumiert:* Der Verbrauch von Benzin ist derzeit hoch.
verbrauchen, hat verbraucht	*konsumieren, benutzen*
verbrennen (verbrennt), verbrannte, hat verbrannt	*etw. durch ein Feuer zerstören:* Im Dritten Reich wurden die Bücher vieler Autoren verbrannt.

verbringen (verbringt), verbrachte, hat verbracht: den Urlaub verbringen	*für eine bestimmte Zeit an einem Ort zur Erholung sein:* Meine Familie verbringt den Urlaub immer in den österreichischen Alpen.
verdienen, hat … verdient	*Geld bekommen:* Ich verdiene mir ein bisschen Geld durch Babysitting.
verfassen, hat verfasst	*sich einen Text ausdenken und aufschreiben*
die Verfassung, -en	*das Grundgesetz; Gesetze, die einen Staat funktionsfähig machen:* Wie heißt die amerikanische Verfassung?
die Vergangenheitsbewältigung (*nur Sg.*)	*die Vergangenheit innerlich verarbeiten und analysieren*
vergessen (vergisst), vergaß, hat vergessen	*sich nicht an etw. erinnern; etw. nicht mehr wissen*
der Vergleich, -e: im Vergleich zu	*das Betrachten zweier oder mehrerer Personen oder Objekte, um Ähnlichkeiten oder Unterschiede zu finden und diese zu verbalisieren:* Im Vergleich zum Grand Canyon ist Bryce Canyon relativ klein.
vergleichen (vergleicht), verglich, hat verglichen	*man betrachtet zwei oder mehr Personen oder Objekte, um Ähnlichkeiten oder Unterschiede zu finden*
sich verhalten (verhält sich), verhielt sich, hat sich verhalten	*sich benehmen*
verharmlosen, hat verharmlost	*etw. weniger schlimm darstellen, als es wirklich war:* Du verharmlost dieses Examen, wenn du sagst, es war nicht so schlimm. Es war schrecklich.
der Verkehr (*nur Sg.*)	*das System der Straßen und der Transportmittel (Autos, Busse usw.), die sich auf den Straßen bewegen.*
verlangen, hat verlangt	*jmdm. klar und deutlich sagen, dass man etw. haben will:* Lola verlangte in der Bank 100.000 DM.
verlassen (verlässt) verließ, hat verlassen	*von einem Ort weggehen; von einer Person weggehen:* Er verließ seine Frau nach 20 Jahren Ehe.
vermeiden, (vermeidet), vermied, hat vermieden	*etw. oder jmdm. aus dem Weg gehen, etw. nicht tun.* Ich vermeide es, Plastikflaschen zu benutzen.
vermindern, hat vermindert	*kleiner machen; reduzieren*
vermuten, hat vermutet	*raten:* Er war ein Dichter der Klassik, ist sehr alt geworden und hat Faust geschrieben. Vermuten Sie, wer das ist.

veröffentlichen, hat veröffentlicht	*publizieren*
verreisen, ist verreist	*zur Erholung oder beruflich an andere Orte oder in andere Länder fahren:* Mein Vater muss in seinem Beruf viel verreisen.
verringern, hat verringert	*kleiner machen*
versorgen, hat versorgt	*das Bereitstellen von etwas für jmdn, der es braucht:* Während der Blockade wurde Berlin aus der Luft mit Lebensmitteln versorgt.
die Versorgung	*sich darum kümmern, dass jmd. etw. bekommt, was er/sie braucht:* Während der Blockade geschah die Versorgung Berlins mit Lebensmitteln aus der Luft.
versprachlichen, hat versprachlicht	*etw. (eine Tabelle usw.) in Worte umsetzen*
versprechen (verspricht), versprach, hat versprochen	*jmdm. sagen, dass man etw. bestimmt tun oder nicht tun wird:* Rotkäppchen versprach der Mutter, nicht vom Weg abzugehen.
verstehen (versteht), verstand, hat verstanden	*die Bedeutung gesprochener oder geschriebener Worte erkennen:* Es tut mir leid, aber ich verstehe nicht, was du meinst.
verurteilen, hat verurteilt	*jmdn. vor Gericht schuldig sprechen; jmdn. sehr kritisieren*
vervollständigen, hat vervollständigt	*etw. komplettieren, komplett machen*
die Verwaltung	*die Administration*
verwandeln, hat verwandelt	*etw. umändern, abändern:* Die Hexe verwandelte den Frosch in einen schönen Prinzen. Verwandeln Sie die Stichworte in einen Aufsatz.
verwanzt	*mit Abhörmikrofonen versehen:* Wenn eine Wohnung verwanzt ist, kann man alle Gespräche mithören.
verweisen (auf + *Akk.*) (verweist … auf …), verwies … auf …, hat auf … verwiesen	*auf etw. hinweisen, etw. betonen:* Wenn Sie Kiefers Bild *Dein goldenes Haar, Margarete* verstehen wollen, kann ich Sie auf Paul Celans Gedicht *Die Todesfuge* verweisen.
verzichten (auf + *Akk.*), hat auf … verzichtet	*etw. nicht machen, was man eigentlich gerne machen möchte:* Ich wollte ein Jahr ins Ausland gehen, aber da meine Mutter krank war, verzichtete ich darauf.
die Volksabstimmung, -en	*≈ das Referendum*

die Vorbereitung, -en	*was man vor einem Ereignis tut z.B. Planung, Einkauf, Lernen … :* Die Vorbereitungen für die Party haben lange gedauert.
der Vordergrund (*nur Sg.*)	*die Elemente eines Bildes, einer Landschaft usw., die für den Betrachter am nächsten sind:* Auf Familienfotos stehen die Familienmitglieder meistens im Vordergrund und im Hintergrund sieht man ein Haus, einen Baum, ein Zimmer usw.
vorgegeben sein	*etw. ist schon als Ausgangspunkt/Basis da:* Bei einem Backmix sind die meisten Zutaten schon vorgegeben; man muss sie nur vermischen und den Kuchen backen.
vor•haben (hat … vor), hatte … vor, hat vorgehabt	*planen:* In den nächsten Ferien habe ich eine Weltreise vor.
vor•kommen (kommt … vor), kam … vor, ist vorgekommen	*etw. ist vorhanden, präsent:* Das Wort „Milch" kommt oft in Celans *Todesfuge* vor.
die Vorladung, -en	*eine offizielle Aufforderung, bei einer Behörde zu erscheinen:* eine Vorladung zum Gericht
vor•schlagen (schlägt … vor), schlug … vor, hat vorgeschlagen	*in einer Situation eine Option geben:* Es gibt viele Möglichkeiten zu reisen, aber ich schlage das Flugzeug vor.
vor•stellen (stellt … vor), stellte … vor, hat vorgestellt	*eine Idee, ein Produkt, eine Person usw. präsentieren*
sich (*Akk.*) vor•stellen (stellt sich … vor), stellte sich … vor, hat sich vorgestellt	*sich präsentieren; jmdm. sagen, wer man ist/wie man heißt:* Darf ich mich vorstellen? Mein Name ist Robert Biberti.
sich (*Dat.*) etw. vor•stellen (stellt sich … vor), stellte sich … vor, hat sich vorgestellt	*sich ein Bild von etw. machen, was man noch nicht kennt:* Kannst du dir vorstellen, wie es wäre, wenn Deutschland heute noch geteilt wäre?
vor•täuschen, hat vorgetäuscht	*so tun, als ob:* Ich habe meine Freude nur vorgetäuscht, in Wirklichkeit hat mir das Geschenk nicht gefallen.
der Vorteil, -e	*der positive Aspekt*
das Vorurteil, -e	*Meinung von einer Person, ohne die Person zu kennen:* ein Vorurteil gegen Ausländer, Menschen anderer Religionen usw. haben
vor•werfen (wirft … vor), warf … vor, hat vorgeworfen: jmdm. etw. vorwerfen	*jmdm. sagen, dass er etw. falsch gemacht hat:* Manni wirft Lola vor, dass sie zu spät gekommen ist.

:: W ::

waagerecht	*≈ horizontal*
der Wachmann, die Wachmänner	*Person, die für die Sicherheit zuständig ist:* der Wachmann einer Bank
wachsen (wächst), wuchs, ist gewachsen	*größer werden:* ein Kind wächst, eine Nation wächst
die Waffe, -n	*ein Instrument, mit dem man kämpft:* Pistole, Messer, nukleare Waffen usw.
die Währungsreform, -en	*wenn man das Geldsystem eines Landes (die Münzen und Geldscheine) ändert, reformiert, um es zu stabilisieren (bei einer Inflation z.B.)*
der Wald, die Wälder	*eine Ansammlung von vielen Bäumen:* der Schwarzwald
wandern, ist gewandert	*eine relativ lange Strecke zu Fuß gehen (mst. außerhalb der Stadt und mst. um sich zu erholen):* In den Ferien sind wir immer in den Alpen gewandert.
weinen, hat geweint	*Tränen in den Augen haben*
die Wellness	*Trend, bei dem es um Entspannung geht. Meistens wird die Entspannung durch Behandlungen wie Massagen und leichte sportliche Betätigungen wie Schwimmen erreicht.*
die Weltwirtschaftskrise	*wenn die internationale Wirtschaft in der Krise ist*
die Wende (*nur Sg.*)	*Zeitpunkt, an dem sich etwas ändert*
das Werk, -e	*das Opus eines Künstlers:* Mozarts Werke sind im Köchelverzeichnis zusammengefasst.
widersprechen (widerspricht), widersprach, hat widersprochen	*nicht der gleichen Meinung sein und es sagen; eine Meinung für falsch erklären*
wiedervereinigen, hat wiedervereinigt	*Länder oder Menschen wieder zusammenbringen; wieder eine Einheit sein:* Deutschland wurde 1990 wiedervereinigt; aus der BRD und der DDR wurde wieder ein Land.
die Wiedervereinigung (*nur Sg.*)	*der erneute Zusammenschluss von Ländern oder Menschen:* Die Wiedervereinigung Deutschlands war ein historischer Moment.

die Wiese, -n	*ein Stück Land, auf dem Gras und Blumen wachsen*
wirtschaftlich	*die Wirtschaft betreffend*
das Wirtschaftswunder	*der schnelle Wiederaufbau und die besonders positive Entwicklung der deutschen Wirtschaft nach dem Zweiten Weltkrieg*
witzig	*lustig:* Über den Film *Deutschland, bleiche Mutter* kann man nicht lachen; er ist nicht witzig.
das Wort, die Wörter: zu Wort kommen	*etw. sagen können; einen mündlichen Beitrag leisten können:* Mein Diskussionspartner war so dominant, dass ich gar nicht zu Wort gekommen bin.
wunderbar	*toll, großartig:* Goethe hat viele wunderbare Werke geschrieben; *wie ein Wunder:* Auf wunderbare Weise fanden Hänsel und Gretel am Ende des Märchens den Weg nach Hause.
sich wundern (über + *Akk.*), (wundert sich ... über ...), wunderte sich ... über ..., hat sich ... über ... gewundert	*überrascht sein; über etw. erstaunt sein:* Es wundert mich, dass Biberti Harrys Angst vor den Nazis nicht verstanden hat.

:: Z ::

zeichnen, hat gezeichnet	*ein Bild mit einem Stift (Bleistift, Kreidestift usw.) malen*
die Zeichnung, -en	*ein Bild, das mit einem Stift (Bleistift, Kreidestift usw.) gemalt wird*
die Zeile, -n	*eine Reihe geschriebener Wörter in einem Text:* Shakespeares Sonette haben gewöhnlich 14 Zeilen.
das Zeitalter, -	*die Epoche, ein gewisser Zeitabschnitt:* Im Zeitalter der modernen Technologie fliegt fast jeder mit dem Flugzeug in Urlaub.
die Zeitleiste, -n	*eine Linie, auf der chronologische Ereignisse eingetragen werden*
zerschneiden (zerschneidet), zerschnitt, hat zerschnitten	*etw. mit einer Schere oder einem Messer in Teile/Stücke zerlegen*
zögern, hat gezögert	*etw. nicht sofort tun, weil man nicht weiß, ob es richtig ist, oder weil man Angst hat:* Die Braut zögerte, bevor sie „Ja" sagte.

(etw.) zu•geben (gibt ... zu), gab ... zu, hat zugegeben	*sagen, dass man etw. Falsches oder Schlechtes getan hat, obwohl man es eigentlich nicht sagen will*
zu•nehmen (nimmt ... zu), nahm ... zu, hat zugenommen	*mehr Volumen oder Masse bekommen:* Ich habe über Weihnachten 10 Kilo zugenommen. Die Zahl der Computerviren nimmt ständig zu.
zu•ordnen (ordnet ... zu), ordnete ... zu, hat zugeordnet	*etw. in Kategorien einteilen,* ≈ *ein•ordnen*
zurück•gehen (geht ... zurück), ging ... zurück, ist zurückgegangen	*man geht von Punkt A nach B und geht wieder nach A; kleiner/ weniger werden:* Wann geht die Zahl der Arbeitslosen zurück?
zurück•kehren (kehrt ... zurück), kehrte ... zurück, ist zurückgekehrt	*wieder an einen Ort kommen:* Viele ausländische Arbeitnehmer kehren wieder in ihre Heimat zurück.
zusammen•tragen (trägt ... zusammen), trug ... zusammen, hat zusammengetragen	*Objekte oder Ideen sammeln*
sich zu•wenden (wendet sich ... zu), wandte/ wendete sich ... zu, hat sich zugewandt/ zugewendet	*sich in die Richtung einer Person drehen:* Als ich lachte, wandte der Professor sich mir zu.; *sich interessieren für:* Schon als Kind wandte sich Mozart der Musik zu.
zwingen (zwingt), zwang, hat gezwungen	*jmd. wird durch Gewalt oder eine Form von Druck dazu gebracht etw. zu tun:* Meine finanzielle Lage zwang mich, mein Haus zu verkaufen.

Index

Credits

This page constitutes an extension of the copyright page. We have made every effort to trace the ownership of all copyrighted material and to secure permission from copyright holders. In the event of any question arising as to the use of any material, we will be pleased to make the necessary corrections in future printings. Thanks are due to the following authors, publishers, and agents for permission to use the material indicated.

Appendix pp. 316–317, Copyright, Swiss federal authorities. Reprinted by permission of FDFA.

Einsteig. p. 12, © 2009 Iglu-Dorf GmbH. Reprinted by permission. **p. 13,** From www.juffing.at. Reprinted by permission. **pp. 21–22,** From "Nur Mut zum Nichtstun" by Roland Dreger, http://www.dieuniversitaet-online.at. Reprinted by permission of Online-Zeitung der Universität Wien.

Chapter 1. pp. 34–36, Reprinted by permission of Goethe-Institut e.V. **pp. 46–49,** From Rosemarie Griesbach, *Deutsche Märchen und Sagen*. Copyright © 1995. Reprinted by permission of Hueber Verlag GmbH & Co KG.

Chapter 2. p. 70, Reprinted with permission from www.tagesschau.de. **pp. 77–78,** Reprinted by permission of Cem Özdemir. **pp. 84–85,** From AutoScout24.com. Reprinted by permission. **pp. 86–87,** Umweltschutzorganisation GLOBAL 2000–Friends of the Earth Austria.

Chapter 3. p. 107, From www.culturebase.net. Reprinted by permission. **pp. 109, 312,** Used by permission of Wolfgang Galler. **pp. 112–114, 312–315,** Wladimir Kaminer, *Russendisko* © 2002 Wilhelm Goldmann Verlag, Munich, a member of Velagsgruppe Random House GmbH. Reprinted by permission of Velagsgruppe Random House.

Chapter 4. pp. 134, 315–316 VERONIKA, DER LENZ IST DA. Words and Music by FRITZ ROTTER and WALTER JURMANN. © WIENER BOHEME-VERLAG GMBH (GEMA). All Rights Administered by CHAPPELL & CO., INC. All Rights Reserved. Used by Permission of ALFRED PUBLISHING CO., INC. **p. 316,** AUF WIEDERSEHEN, MY DEAR. By AL HOFFMAN, ED NELSON, AL GOODHART and MILTON AGER. © 1932 (Renewed) WARNER BROS. INC. (ASCAP). All Rights Reserved. Used by Permission of ALFRED PUBLISHING CO., INC.

Chapter 5. p. 162, From www.nzz.ch. Copyright © Neue Zürcher Zeitung AG. Reprinted with permission. **p. 162,** From "Die Schweiz ist kein Arbeitsparadies für Frauen" by Alexander Künzle, www.swissinfo.ch. October 8, 2007. Reprinted by permission. **pp. 176–180, 317,** Excerpts from "Schwarzer Peter" by Peter Henisch. Copyright © 2000 Residenz Verlag, St. Pölten-Salzburg. Reprinted with permission.

Europa

0 200 400 600 km
0   200   400 mi

ISLAND
Reykjavik

ATLANTISCHER
OZEAN

Europäisches
Nordmeer

FINNLAND

NORWEGEN
Oslo
SCHWEDEN
Helsinki

Stockholm
ESTLAND
Tallinn
RUSSLAND

Nordsee
Riga
LETTLAND
Moskau

IRLAND
Dublin

LITAUEN
Wilna

Ostsee
Minsk
BELARUS

GROSSBRITANNIEN
London

DÄNEMARK
Kopenhagen

NIEDERLANDE
Den
Haag
Amsterdam

Berlin
Warschau

Kiew

Brüssel
BELGIEN
DEUTSCHLAND
POLEN

Paris
LUXEMBURG
Luxemburg
Prag
TSCH. REP.
UKRAINE

FRANKREICH

Vaduz
Bern
SCHWEIZ
LIECHTENSTEIN

SLOWAKEI
Wien
Bratislava
ÖSTERREICH
Budapest
UNGARN
MOLDAWIEN
Kischinew

SLOWENIEN
Ljubljana
Zagreb
KROATIEN
RUMÄNIEN

PORTUGAL
Lissabon

ANDORRA
Madrid

ITALIEN
Rom

BOSNIEN-
HERZEGOWINA
Sarajevo
SERBIEN
UND
MONTENEGRO
Belgrad
Bukarest

Schwarzes
Meer

SPANIEN
Korsika

Sardinien

BULGARIEN
Sofia

Skopje
MAKEDONIEN
Tirana
ALBANIEN

GRIECHENLAND

TÜRKEI

Mittelmeer

Athen

MAROKKO
ALGERIEN
TUNESIEN
Sizilien

Kreta